＊이 도서의 국립중앙도서관 출판시도서목록(CIP)은 e-CIP홈페이지(http://www.nl.go.kr/ecip)와
국가자료공동목록시스템(http://www.nl.go.kr/kolisnet)에서 이용하실 수 있습니다. (CIP제어번호: CIP2011002145)

취업백과사전

한 권 으 로 끝 내 는
취 업 의 A t o Z

커리어경력개발연구소 지음

은행나무

청춘이여,
직업이 아닌 꿈을 찾아 날갯짓하라

커리어 컨설턴트라는 의외의 과외선생님

이 대한민국이 청춘들에게 취업에 있어서만큼은 너그러운 사회라면 얼마나 좋을까. 초등학교에서부터 대학교까지 거의 16년, 더 길게는 20년 세월을 사교육과 함께한 이들이 취업시장에 뛰어들면 부모를 잃은 고아처럼 무얼 어떻게 해야 할지 방황하는 건 어쩌면 당연한 일인지도 모른다.

어떤 직장을 목표로 해야 하는지, 자기소개서는 어떻게 쓰는지, 면접은 어떻게 준비해야 하는지 일일이 손을 잡고 알려주는 사람은 없다. 20여 년의 세월을 따라가기만 하면 되었는데 막상 혼자, 그것도 인생에서 가장 어려운 취업을 준비해야 하니 그 막막함과 공포야 이루 말로 다할 수 있을까.

그래서 취업준비생에게는 그 어느 때보다도 간절하게 함께 손을 잡고 역경을 헤치고 나갈 멘토가 필요하다. 그 멘토는 멀리 있지 않다. 바로 곁에 커리어 컨설턴트라는 의외의 과외선생님이 기다리고 있으니까.

이 책은 무엇이 다른가

이 책 이전에도 취업에 관련된 책은 끊임없이 출간되었다. 그 중에는

도움이 되는 책도 있었을 것이고, 집어던지고 싶도록 정보가 얄팍했던 책도 있었을 것이다. 우리 커리어 컨설턴트들의 고민도 만만치 않았다. 현장을 접목하면서도 값어치 있는 정보를 실을 수 없을까? 어떻게 하면 대학 현장에서 경험한 사례와 컨설팅, 강의를 효과적으로 전달할 수 있을까? 어떤 방법으로 커리어 컨설턴트들이 다양한 학생들의 취업 애로사항을 해결했던 점을 알려줄 수 있을까?

첫째는 우리의 경험을 모두 모아 현장접목형의 내용을 충실하게 싣도록 노력하였다. 취업에 성공한 선배들의 알려지지 않은 전략을 만날 수 있을 것이다.

둘째는 낱낱이 흩어진 정보가 아닌 취업 전 과정에서 필요한 정보를 집합하는 것이다. 기존의 취업관련 서적들처럼 단순한 구직 기술의 나열이 아닌 취업준비와 실행, 그리고 새로운 시작(경력개발)에 이르기까지 커리어(Career)의 첫 단추인 취업을 잘 꿸 수 있도록 구직의 전 단계를 다 싣고자 노력했다. 취업을 위해 노력하는 단계는 서로 유기적으로 연결되어 있어서 어느 하나도 소홀히 건너뛸 수 없다. 첫 단추가 잘못 꿰어지면 엉망이 되어버리는 건 누구나 다 아는 사실이다.

목표는 취업이 아니라 꿈이어야 한다

청년 구직자들을 만나면 꼭 물어보는 질문이 있다. "너의 꿈은 뭐니? 뭐가 되고 싶어? 무얼 하고 싶니?" 이 질문에 그들은 대부분 "이 급박한 상황에 웬 꿈 타령이에요? 발등에 떨어진 불부터 꺼야죠"라고 대답한다. 하지만 그 대답은 유보하자. 취업을 하려는 사람은 적어도 자신의 꿈에 대해서 도전할 만한 패기를 갖고 취업시장에 나서야 한다. 내가 몽상가여서가 아니다. 그건 구직자들의 조기퇴직과 잦은 이직률과 연관이 있기 때문이다. 구직자들은 우선 취업을 목표로 달려갈 것이다. 막상 취업을 하게 되면 목표를 잃고 헤매게 되는 경우가 많은데 이는 취업이란 목표를 빨리 달성하기 위해 자신의 특성이나 직업의 환경들을 제대로 확인하지 못하고 달려가기만 하기 때문이다. 이는 추후 직장에 적응하는 데에 많은 난관을 안겨주게 된다. 이것이 조기퇴사라는 결과를 가져오는 것이다. 자신만의 장기적인 꿈을 목표로 설정해야 한다. 취업은 그 꿈을 달성하기 위한 단계로서 인식하고 달려가야 한다는 것이다.

최근 취업시작에 큰 이슈가 청년실업이기도 하지만 그것보다 더 뜨거운 감자로 급부상하는 것이 조기퇴직률이다. 2010년 대한상공회의소의 조사에 따르면 청년취업자들 중 1년 미만의 조기퇴직자가 무려

50%라고 한다. 즉 두 명이 입사를 하면 한 명은 1년도 되지 않아 포기를 하는 것이다. 무엇 때문에 그토록 뚫기 어렵다는 취업 관문을 통과한 지 채 1년도 지나지 않아 포기를 해버리는 것일까? 바로 꿈 때문이다. 과연 꿈을 꾸었는가, 꾸었다면 그 꿈을 얼마나 구체적으로 구상했는가. 이와 큰 연관이 있는 것이다. 목표가 있으면 좌절 속에서도 길을 찾으며 앞을 향해 달려갈 수 있지만 목표가 없는 사람은 좌절이라는 슬픔이 다가오면 그저 방향을 틀거나 포기해버리기 쉽다.

꿈이 커리어가 되고 직업이 되기를

그래서 우리는 이 책에서 여러분의 꿈을 찾고 구체화하고 현실화하여, 꿈이 커리어가 되고 직업이 될 수 있는 단계들을 차근차근 소개하고자 한다. 여러분의 꿈과 직업을 찾는 이 여행에 커리어경력개발연구소의 대표 컨설턴트 7인이 함께하고자 한다.

이 책은 커리어경력개발연구소의 대표 컨설턴트 7인이 자신의 오랜 취업컨설팅 경험을 바탕으로 취업의 장벽에 어려워하고 있는 4명의 청년들을 취업준비 단계별로 지도해 주는 이야기를 담아내고 있다.

각 장은 크게 일곱 가지 이야기로 이루어져 있다. 첫 번째는 취업준비

단계, 두 번째는 취업전략 단계, 세 번째는 스토리텔링 단계, 네 번째는 입사지원서 작성 단계, 다섯 번째는 이미지메이킹 단계, 여섯 번째는 면접전략 단계이다. 면접은 취업으로 다가가는 마지막 단계이면서 가장 구직자들이 부담스러워하는 것이기도 하다. 이 면접을 즐기며 이길 수 있는 비법을 전수한다.

마지막 일곱 번째는 성공적인 직장생활 편이다. 취업은 그것으로 목표달성의 끝이 아니라 시작이기 때문에 일곱 번째 이야기는 사족이 아니라 꼭 필요한 또 다른 입문 단계이다. 직장 생활에 적응하는 것은 신입사원에게 매우 중요하다. 꼭 마지막까지 읽어보기 바란다.

지금 이 순간 많이 떨린다. 최대한 현실적이고 바로 적용할 수 있는 정보를 싣고자 애썼으나 그럼에도 불구하고 많은 부분이 부족함을 느낀다. 다만, 이 부족함을 드러냄으로써 한 발 더 내디딜 수 있는 계기가 되기를 바라며 이 책을 조심스레 여러분 앞에 내어 놓는다.

이 책이 출간되기까지 많은 도움 주신 (주)커리어넷의 강석린 대표이사님과 경력개발연구소의 많은 선후배 컨설턴트 분들께 감사의 말을 전한다. 이 책의 인연을 만들어 준 도서출판 은행나무에게도 심심한 감사의 말을 전한다.

"짧은 시간 이러한 완성도를 가질 수 있었던 것은 모두 여러분의 힘입니다."

마지막으로 정말로 강한 믿음과 따뜻함으로 항상 응원을 아끼지 않는 커리어 HR사업본부 노은희 본부장님께 늘 그렇듯 감사의 마음을 전하고 싶다.

이 책이 자신의 능력을 어떻게 보여줘야 할지 몰라 먼 길을 돌아가고 있는 이들에게 지도 같은 안내서가 되면 좋겠다. 꿈을 향해 힘차게 날갯짓하는 행복한 청춘들에게 이 책을 바친다.

구로동 연구소에서
수석 컨설턴트 황은희

Part 1

취업준비, 실전처럼 해보자
나의 강점과 기업의 강점 연결하기_취업준비 편

Part 2

숨은 정보를 찾아내라
스펙이 아닌 정보를 가지고 전략을 세워라_정보 전략 세우기 편

Part 3

모든 경험을 경력화하라
스토리는 나의 힘_스토리텔링 편

Part 4

서류전형부터 통과하자
정성을 보이면 감동이 따라온다_입사지원서 편

Part 5

한 번에 통하는 이미지 메이킹

세상에 나를 제대로 알린다_이미지 메이킹 편

Part 6

철저한 준비만이 합격을 부른다

면접에 이기는 기술_면접 편

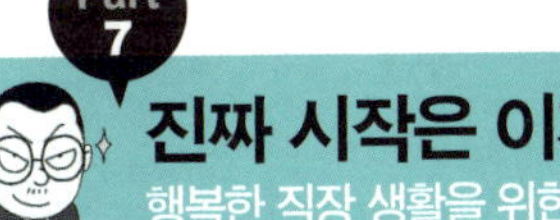

Part 7

진짜 시작은 이제부터다

행복한 직장 생활을 위한 기본 매너_직장생활 편

취업백과사전 _ 취업준비 편

취업준비,
실전처럼 해보자

나의 강점과 기업의 강점 연결하기

Vision Maker 안재현

취업 전선

• 의뢰자 소개

고스펙(남, 26세)

유형 능고동저형. 미국과 중국에서 유학하고 한국에서 명문대를 다니고 있는 이름 그대로 고스펙의 소유자이나 실제로 취업시장에 뛰어들어 고군분투한 기간은 오래되지 않음.

학력사항 서울 상위권 경영대학 경영학과 4학년

스펙 학점 _ 4.2 / 토익 _ 940점 / 신HSK 6급

해외경험 _ 미국 3년 / 중국 3년 유학

사회경험 _ 무역회사 통·번역 아르바이트

지원분야 미정 / 해외마케팅 혹은 금융권 지망

구직 최대 이슈 스펙이 아닌 진정으로 하고 싶은 직무 찾기. 그 직무를 잘할 수 있는 자신만의 강점 찾기!

2010년 대한민국은 오디션 신드롬에 열광했다. 그 중심에는 '슈퍼스타K 2'라는 가수 오디션 프로그램이 있었고, 출연자들은 대중들의 사랑을 받는 슈퍼스타가 되었다. 그 가운데에서도 결승전에 오른 두 사람은 프로그램이 진행되는 기간 내내 화제가 되었다. 한 사람은 말쑥한 외모와 무대 매너로 큰 인기를 얻었고, 다른 한 사람은 친근하고 귀여운 외

모와 뛰어난 가창력으로 많은 사람들에게 인정받았다. 결국 가창력이 뛰어난 후보가 우승을 거머쥐었다. 우승의 결정적인 요인은 가수라는 직업의 본질 때문일 것이다. 뛰어난 가창력이 강점으로 작용했고, 강점에 집중하자 우승자의 약점은 전혀 약점으로 작용하지 않았고, 오히려 강점을 부각시키는 요인이 되었다.

그렇다면 삶의 중요한 전환점인 취업을 준비하는 구직자들의 상황은 어떨까? 여러 대학에서 진로 및 취업과 관련된 강의를 해보면 자신의 강점을 제대로 인식하지 못하는 경우가 대부분이라는 걸 느낀다. 좀 더 직설적으로 표현하자면 아예 강점 따위는 신경을 쓰지 않는 듯싶다. 강점은 염두에 두지 않고 구직활동을 하다 보니 자연스럽게 실패가 잦아지고 그 요인을 내적인 것이 아닌 외적인 것으로 연결시켜버린다. 즉, 자신이 몰입해야 할 강점이 무엇인지도 모른 채 스펙 만들기에만 열을 올리는 구직 현상이 두드러지게 되는 것이다.

과연 취업에 실패하는 가장 큰 이유가 스펙이 모자라서일까? 그럼 스펙을 두루 다 갖추었음에도 불구하고 취업이 쉽지 않은 사람들이 늘어나는 이유는 무엇일까? 모든 이들이 두루 갖추고 있는 스펙은 그만큼의 변별력을 잃었기 때문이다.

진정으로 자신이 원하는 곳에서 원하는 업무를 담당하고 싶은가? 그렇다면 강점에 집중해야 한다. 단순히 상황에 맞추다 보면 만족스럽지 않아서 조기 퇴직을 반복하기 쉽기 때문에 경력을 쌓기도 어려워진다. 따라서 자신의 강점을 정확히 알고 이에 근접한 분야에 뛰어든다면 채용 시장에서 경쟁우위를 확보할 수 있다. 조기이직을 예방할 수 있을 뿐만 아니라, 지속적인 성과를 창출하는 채용시장의 슈퍼스타가 될 수 있다.

그러므로 본 장에서는 모두가 부러워할 스펙을 보유한 가상의 인물 '고스펙' 군이 자신만의 강점을 찾아가는 전략적 과정을 그리고자 한다. 일차적으로는 자기분석을 통해 자신에 대해서 명확히 인식하는 과정을, 이차적으로는 기업환경에 구직자가 얼마나 적합한지 알 수 있도록 환경분석을 병행할 것이다. 자! 지금부터 강점을 찾고 기업의 맞춤인재가 되기 위한 여행을 떠나보자!

01 왜 강점을 찾아야 하는가

Key Points
- 강점에 집중하면 보다 차별화된 목표와 전략을 수립할 수 있다.
- 강점은 과거의 구체적인 성취경험 분석에서 찾을 수 있다.
- 노동부 워크넷에서 제공하는 무료 심리검사를 활용하자.

CASE

졸업을 앞두고 본격적인 취업준비를 시작한 고스펙 군! 평소 따르던 동아리 선배가 저녁을 사주겠다는 기분 좋은 문자를 받고 기대에 부풀었다. 언제나 자신감 넘치고 당당하던 선배의 모습을 떠올리며 혹시나 약속에 늦을까 서둘러 약속 장소로 향한다.

약속한 시간이 조금 지나자 선배가 도착했다. 겉으로는 웃고 있지만 왠지 모르게 지쳐 보이는 선배의 얼굴. 고스펙 군이 먼저 어렵게 말을 건넸다.

"형! 회사생활은 좀 어떠세요? 대기업에 다니시니 부러워요. 저도 얼른 대기업에 취업하고 싶어요."

"꼭 그렇지만도 않아. 사실은 나 오늘 사직서 제출했어. 좀 더 내가

잘 할 수 있는 일을 하고
싶어서. 사실 학교에 다닐
때는 대기업에 입사하는
것이 삶의 목표였는데 현
실은 많이 다르더라. 역시
돈 많이 주는 데는 다 이
유가 있더군. 나랑 잘 맞지

않는 것 같아! 너도 잘 생각해봐. 다른 길이 있을 수도 있잖아? 네가 잘
할 수 있는 일을 해, 스펙아!"

그 어렵게 들어간 대기업을 그만둘 생각을 하다니 분명 이유가 있겠
지만 고스펙 군은 덜컥 겁도 난다. 집으로 돌아오는 지하철에서 자신의
강점에 대해 곰곰이 생각해 보았다.

'도대체 내 강점은 뭐지?'

미국 갤럽리서치 부사장을 지낸 마커스 버킹엄(Marcus Buckingham)
은 자신의 저서《위대한 나의 발견, 강점 혁명》에서 다음과 같은 의미
있는 주장을 했다. 첫 번째, 모든 사람은 자신만의 독특한 재능을 갖고
있으며 그것은 결코 변하지 않는다. 두 번째, 모든 사람의 가장 큰 성장
가능성은 그들이 가진 강점에 있다.

강점의 중요성은 한 외국계 회사의 인사담당자의 조언을 통해서도
분명하게 드러난다.

"스스로 무엇이 강하고 무엇이 부족한지를 정확히 알 수만 있다면, 그

강점을 바탕으로 자신을 브랜딩(Branding)할 수 있는데, 남들이 하는 대로 다 하려다 보니 자신의 강점을 잘 어필하지 못하는 겁니다."

면접관이 당신에게 "지원하신 직무를 잘할 수 있는 차별화된 강점은 무엇입니까?"라는 질문을 던졌다고 가정해 보자. 잠시 눈을 감고, 누가 들어도 고개를 끄덕거릴 만한 당신만의 강점은 무엇인지 생각해 보기 바란다. 질문에 대한 당신의 답은 무엇인가?

• 나의 강점 : ____

• 근거 : ____

만약 위의 질문에 자신 있게 대답하지 못하고, 대답했더라도 그 근거를 제시할 수 없다면, 서둘러 강점을 찾아야 한다. 강점에 집중했을 때보다 차별화된 목표와 전략을 수립할 수 있기 때문이다. 많은 구직자들이 자신의 강점이 무엇인지 모른 채 채용시장에 뛰어들고 고배를 마신다. 인사 담당자들은 이런 지원자들에게 흥미를 못 느낀다. 강점은 곧 당신을 채용해야만 하는 이유인데도 불구하고 그것이 없기 때문이다.

그래서 구직자들이 자신만의 전략과 개발을 포기한 채 '묻지마 스펙 쌓기'에 집중하는 양상을 보인다. 대부분의 시간을 강점이 아닌 약점을 보완하고 극복하기 위해 써버리는 것이다.

영어가 대표적인 예다. 졸업도 유보한 채 토익 950점에 목을 매거나 대학 4학년 여름방학에 뜬금없이 어학연수를 떠나는 학생들이 증가하고 있다. 마치 영어가 만병통치약이라도 되는 듯이 말이다. 영어를 잘하는 사람은 너무 많으니까 이는 어쩌면 비효율적인 전략일 수도 있다.

하지만 강점에 집중한다면 진로결정도 빠르고 명확하게 부족한 점을 보완 추진할 수 있고, 보다 차별화된 취업전략을 수립할 수도 있다. 약점을 보완하는 일은 강점을 명확하게 인식하고 더욱 강화시킨 후에 해도 늦지 않다. 자! 이제 자신만의 강점을 찾아보자!

나만의 강점을 찾는 2가지 전략

첫번째, 과거의 성취경험을 찾아내라

먼저 고스펙 군의 과거 경험을 분석해 보자! 앞서 잠시 소개한 고스펙 군은 미국과 중국에서 각각 3년을 보냈고, 무역회사에서 통·번역 아르바이트 경험을 쌓았다. 어떤 것을 경험했다는 것은 구체적인 상황과 역할, 일정한 목표와 성과 등 다양한 상황들이 있었음을 의미한다.

다음의 상황을 가정해 보자.

'삼촌이 운영하는 무역회사에서 번역 아르바이트를 하게 된 고스펙 군! 대규모 수입이 예정된 제품의 매뉴얼 번역을 맡게 되었다. 엄청난 양은 그렇다 치더라도 전문용어가 많아 번역이 순조롭지 않았다. 그래서 생각해낸 것이 비슷한 제품의 매뉴얼 번역서였다. 인맥을 통해 비슷한 성격의 국산제품 매뉴얼을 구할 수 있었고 정독을 통해 용어에 대한 이해도를 높였다. 이후 번역의 정확도와 속도가 현저하게 증가하여 일을 잘 마무리할 수 있었다.'

〔표1-1〕 과거 성취경험 분석표

구 분	성취경험 분석	강점 도출
아르바이트	무역회사 전자제품 매뉴얼 번역 시 인맥을 활용해 관련 매뉴얼을 입수하여 번역의 정확도와 속도를 향상시킴	적절한 상황판단과 대인관계를 통한 적극적 문제해결 능력

이 일을 해낸 고스펙 군에게는 어떤 강점이 있는지 추론해 보자. 먼저 인맥을 통한 대인관계, 포기하지 않는 인내와 근성, 상황판단, 문제해결 등의 요소가 보인다. 다만 여기까지는 각각의 분리된 독립적 개념이지만 정리해 보면, 적절한 상황판단과 대인관계를 통한 문제해결 능력 등으로 표현이 가능하다. 이것이 고스펙의 스토리이고 강점이 된다.

더 많은 성취경험과 에피소드를 찾기 위해 마인드 맵 등과 같은 도구를 활용하는 것도 좋은 방법이다. 여기서는 [표1-1]을 따라 간단한 것을 시도해 보자.

[구분] 란에는 성취경험을 도출할 수 있는 아르바이트, 인턴, 공모전, 프로젝트, 군대 시절 등의 테마를 적는다. [성취경험 분석] 란에는 구체적인 상황과 자신의 역할, 자신의 행동과 결과 등을 정리한다. [강점 도출] 란에는 해당 성취경험에서 도출 가능한 강점을 개념적으로 정리하면 된다. 도출된 강점은 향후 스토리, 입사지원서, 면접 파트 등에서 보다 구체적으로 논의될 것이다.

두 번째, 직업심리검사를 활용하라

만일 특별히 기억나거나 의미 있는 사건이 없다면, MBTI와 같은 성격유형검사나 미국의 갤럽 리서치에서 제공하는 Strengths Finder와 같은 도구를 활용하는 것도 좋은 방법이다. 비용과 해석 때문에 부담이 된다면 노동부 워크넷(www.work.go.kr)에서 제공하는 무료 직업심리검사도 활용할 만하다. 검사 이후에는 고용센터나 각 시·도 일자리센터 등에서 무료로 해석결과를 상담 받을 수도 있다.

〔표1-2〕 직업선호도검사 L형 활용표

구 분	결 과	나에게 해당하는 강점	적합하지 않는 활동이나 환경
2개의 높은 흥미유형			
성격특성	외향성		
	호감도		
	성실성		
	정서적 불안정성		
	경험에 대한 개방성		
결과종합			

여러 검사가 있지만, 여기서는 노동부 워크넷의 직업선호도검사 L형 활용법을 소개하겠다. 직업선호도검사 L형은 흥미유형 및 성격 5대 특성 등을 확인할 수 있는 검사로써 선호활동 및 회피활동, 유형별 적합분야와 성격의 강·약점 등을 확인할 수 있다. 흥미유형의 경우 John Holland의 직업선택이론을 기반으로 하며, 성격특성은 Big 5 Personality 모델을 제시하고 있다.

이 직업선호도검사 L형을 수행한 후에 [표1-2]를 활용해 자신의 강점을 찾는 연습을 해보자. 우선 [2개의 높은 흥미유형] 란에는 영문 알파벳 R(현장형)-I(탐구형)-A(예술형)-S(사회형)-E(진취형)-C(관습형) 중에서 해당하는 유형을 찾아 적는다. [나에게 해당하는 강점] 란에는 검사결과를 꼼꼼하게 읽어보며 실제로 자신에게 해당하는 사항만 적어본다. 같은 유형이라도 세부적으로는 내용에 차이가 있을 수 있기 때문이다. 따라서 반드시 자신에게 해당하는 내용만 정리해서 적는다. [적합하지 않는 활동이나 환경] 란에는 검사 결과 회피활동이나 상대적으로 낮게 나온 알파벳의 특징들을 요약해서 적으면 된다.

어떤 활동과 환경에 흥미를 가진다는 것은 관심과 집중력을 제공해주기 때문에 매우 중요하다.

성격특성은 [외향성 – 호감도 – 성실성 – 정서적 불안정성 – 경험에 대한 개방성]으로 구성되어 있다. 이때 각각의 성격특성에 대한 하위요소가 'H(high)/L(low)'의 형태로 나타나게 되는데, 위의 흥미유형과 마찬가지로 꼼꼼하게 읽어보면서 [H]로 표시된 하위요소 중에서 자신에게 해당하는 내용들은 [나에게 해당하는 강점] 란에, 공통점이 없거나 자

신과 멀다고 느껴지는 해석내용은 [적합하지 않은 활동이나 환경] 란에
정리해서 적는다.

　끝으로 [결과종합] 란을 활용하여 흥미유형과 성격특성에서 공통적
이고 두드러지게 나타나는 특성을 찾아 자신의 말로 직접 정리한다. 강
점에 대한 간략한 분석을 마쳤다면 3개월 정도의 시간적 여유를 두면서
이 책의 '취업전략'과 '스토리텔링' 파트를 중점적으로 정리하면서 자신
만의 강점 스토리를 만들어 본다.

Check! Check! Check!

❶ 과거의 구체적인 성취경험을 철저하게 분석한다.
❷ 노동부 워크넷에서 제공하는 직업선호도검사 L형을 실시하여 자신에게 적합한 특징
　과 부적합한 특징을 명확히 구분하여 강점을 도출한다.

02 직무분석은 취업의 출발점

Key Points
- 직무분석은 '하는 일(직무기술)'과 '되는 방법(직무명세)'을 구체화하는 것이다.
- 더 이상 궁금한 것이 없는 수준까지 직무를 파헤쳐야 강점도 강화되고, 입사 후 직무만족도도 높아진다.

CASE

　　　　자신에 대해 좀 더 객관적으로 인식하게 된 고스펙 군의 자신감은 하늘을 찌를 듯했다. 기분 좋은 마음을 간직하고 동아리방에 잠시 들렀다. 점심시간이 되자 평소 그를 잘 따르던 후배가 찾아왔다. 잠시 이런저런 얘기를 나눈 후에 후배가 진지한 표정으로 고스펙에게 질문을 던졌다.

"선배님, 저 궁금한 게 하나 있어요. 전에 해외마케팅 직무에 대해 관심이 있다고 하셨는데, 그게 어떤 일인지 궁금해요."

고스펙은 친절하게 설명하기 시작했다.

"음…… 쉽게 말해서 중국과 같은 해외시장의 특성을 분석하고, 소비자들이 원하는 것은 어떤 것이고 어떻게 하면 제품이나 서비스가 많이 팔릴 수 있는지를 연구하는 거야.”

후배의 눈이 더욱 커졌다.

“그럼, 해외시장의 특성은 어떻게 분석하고, 소비자의 니즈는 어떻게 분석하는 거죠?”

“음, 통계분석도 하고, 마케팅 전략 같은 걸 활용하는 거지.”

후배는 이해가 되지는 않았지만, 더 이상의 질문은 난처할 것 같아 그만두었다. 고스펙 군은 자신이 정작 마케팅에서 좋은 학점은 받았지만, 정확히 어떤 일을 하고 어떻게 해야 하는 것인지 잘 모르고 있다는 사실을 깨달았다.

직무분석은 취업의 본질이자 기본이다. 원래 직무분석은 기업내부에서 어떤 직무(Job)를 구성하고 있는 업무를 수행하기 위하여 담당자에게 요구되는 경험, 지식, 능력, 자질 등을 파악하여 어떤 직무가 다른 직무와 구별되는 요인을 명확하게 밝혀 정의하는 것이다. 따라서 기업은 직무분석 결과를 토대로 ‘모집 – 선발 – 배치 – 교육훈련 – 평가 – 보상’ 등 인적자원 관리를 수행한다.

당신이 기업의 인사담당자라면 어떤 일을 해야 하는지, 어떻게 하면 잘 할 수 있는지 모르는 지원자를 채용하고 싶겠는가. 그렇다고 가능성만 보고 사람을 과감하게 채용하는 모험을 하기도 쉽지 않다. 다만, 직무분석 결과는 기업마다 차이가 있기 마련이어서, 공통분모라고 할 수 있는 개념을 정리하고 자신이 그 직무를 잘 할 수 있고 적합한 지원자임을 어필하는 것이 매우 중요하다.

직무분석을 통해 무엇을 준비할지 정하기

워크넷 직무분류 활용법

우리나라에는 당신이 생각하는 것보다 훨씬 다양한 직무가 존재한다. 아직 직무결정이 어렵거나 다른 직무에 대한 정보가 필요한 상황이라면 고용노동부에서 운영하는 워크넷(www.work.go.kr)에서 다양한 정보를 얻을 수 있다. 다음의 [표2-1]은 워크넷 자료 중 청년 구직자들이 선호하는 분야를 요약한 것이다.

실전 직무분석

직무분석은 쉽게 말해서 '하는 일(직무기술서 ; Job Description)'과 '되는 방법(직무명세서 ; Job Specification)'을 구체화하는 것이다. 직무기술서는 직무명과 과업내용, 권한관계, 작업환경 등을 포함하고 있다. 또한 직무명세서에 들어가는 내용이 이른바 '스펙'이다. 즉, 필요한 지식, 기술, 능력과 요구수준 등을 포함하고 있다.

만약 당신이 인사담당자라면 '하는 일'과 '되는 방법' 중 어떤 요소에 영향을 받겠는가? 대부분의 구직자들은 '되는 방법'이라고 대답한다. 그러나 되는 방법은 말 그대로 해당직무를 수행하기 위한 최소한의 자격요건이다. 그러므로 최종선발에는 큰 영향을 미치지 못한다. 오히려 지원자가 해당직무를 잘 수행할 수 있는가를 더 고려할 것이다. 결국 직무기술을 정확하게 알고 방법까지 이해하고 있어야 한다.

〔표2-1〕 노동부 워크넷 직무 분야 요약

구 분	성취경험 분석
경영/금융/ 회계/사무	경영, 금융, 생산 관련 관리자 / 경영, 회계, 마케팅 관련 전문직 / 경영, 마케팅 관련 사무직 / 금융, 보험 관련 전문직 / 경리, 회계 사무직 등
교육/연구/법률	교육, 연구, 법률 관련 관리자 / 대학교수, 교육 관련 전문직 / 자연, 생명과학 연구원, 시험원, 대학 교육조교, RA 등
문화/예술/ 방송/디자인	문화, 예술, 방송, 디자인 관련 관리자 / 작가, 창작, 공연 관련직 / 번역, 통역가, 기자 / 학예사, 사서, 기록물 관리, 출판 등
영업 / 판매	영업, 판매 관리자, 사무원 / 일반 영업, 자동차 영업원 / 기술, 해외 영업원 / 상품, 부동산 중개인 / 텔레마케터, 판매 등
여행/숙박/음식 오락/서비스	서비스 관리자 / 안내, 접수, 고객상담 / 미용 서비스 / 결혼, 장례 / 스포츠, 오락, 레크리에이션 / 조리사, 바텐더 등
건설/기계/환경 안전/재료	건설, 기계, 환경 관련 관리자 / 건축, 토목, 도시설계, 측량 기술자(엔지니어) / 기계, 환경, 소방, 안전, 위험물 기술자(엔지니어) / 금속, 재료공학 기술자 등
전기/전자	전기, 전자 관련 기술자(엔지니어), 관리자 / 전기공사 / 컴퓨터 수리 / 전기, 전자 설비 조작 / 전기전자 부품 등
화학/섬유/식품	화학, 섬유, 식품 관련 기술자(엔지니어), 관리자 / 화학물, 화학제품, 플라스틱, 고무 생산직 / 식품가공 등
IT/웹/통신장비 /프로그램 개발	컴퓨터, 통신 기술자(엔지니어), 관리자 / IT 컨설턴트, 컴퓨터 시스템, 네트워크, 보안 / 게임, 모바일, 소프트웨어 개발, 프로그래머 등

〔표2-2〕 인사관리 직무기술서 요약 샘플 및 적용

직무구분	직무 No.		직무명	소속본부	팀 명
	0000		인사관리	경영지원본부	인사팀
구 분	경영목표 달성에 기여할 수 있도록 전략적 인적자원 관리 및 제반 인사업무를 경영상의 규정에 따라 공정하게 수행한다.				
과업내용	구분	업무명	세부 업무내용		
	1	인사기획	인사제도 핵심문제 분석, 개선방안 수립		
	2	제도개선	최신 인사관리 트렌드 연구 및 적용		
	3	근무평정	연 1회 근무평정 및 승격명부 작성		
	4	보상관리	기본급 및 성과급 관리		
	–	–	–		
권한관계	의사결정 권한		인사제도 개선 발의 (적정인력 규모 등)		
			채용, 이동, 승진 등의 운영 시행안 발의		
	예산관련 권한		인사업무 관련 예산의 기안 및 시행		
작업환경	대부분 실내 / 필요시 외근				

직무구분	직무명		소속본부	팀 명
구 분				
과업내용	구분	업무명	세부 업무내용	
	1			
	2			
	3			
	4			
	5			
권한관계				
작업환경				

〔표2-3〕 인사담당자 직무명세서 샘플 및 적용

직무구분	직무 No.		직무명	소속본부	팀명
	0000		인사매니저	경영지원본부	인사팀
직무요약	경영목표 달성에 기여할 수 있는 인사관리 전반 수행				
신체 요건	요구조건 :		/ 최적 연령범위 :		

인적 요건	필요 지식/기술/능력	요구수준		
		A	B	C
	1. 인적자원관리 전반에 대한 지식	○		
	2. 해외 채용을 위한 외국어 능력		○	
	3. 원활한 대인관계를 위한 의사소통 능력	○		
	4. 기본 PC 및 S/W 활용능력		○	
	–	–	–	–

최소학력	필요자격	전공	권장 자격
정규대졸	PHR 우대	상경, 법정, 어문	공인노무사

직무구분	직무명		소속본부	팀명
직무요약				
신체 요건	요구조건 :	/ 최적 연령범위 :		

인적 요건	필요 지식/기술/능력	요구수준		
		A	B	C
	1.			
	2.			
	3.			
	4.			
	–			

최소학력	필요자격	전공	권장 자격

[표2-2 / 2-3]은 인사관리 직무에 대한 직무기술서와 직무명세서 샘플이다. 일반기업에서 활용하는 양식도 크게 다르지 않으니 직무가 어떻게 구성되고 평가되는지에 대한 대략적인 정보를 확인할 수 있을 것이다. 샘플을 바탕으로 적합도가 높은 직무를 선정하고 분석하는 연습을 해보기 바란다.

실제 직무분석은 대단히 긴 시간과 노력, 전문적 지식이 필요한 고도의 작업이다. 그러므로 구직자가 [표2-2]와 같은 직무분석을 직접 진행하는 것은 현실적으로 매우 제한된다. 따라서 단순한 데이터로서의 자료는 최근에는 검색기술의 발달로 주요 포털 사이트나 커리어(www.career.co.kr)와 같은 취업포털 사이트에서도 직업 정보를 확인할 수 있다. 만약 고급 정보를 원한다면 한국직업능력개발원(www.krivet.re.kr)이나 한국직업정보시스템(know.work.go.kr)을 이용하기 바란다. 중요한 것은 데이터를 정보화하는 작업이다.

질문은 많이, 답변은 명쾌하게

자! 그럼 이제 고스펙 군이 원하는 해외마케팅 직무 이야기로 다시 돌아가 보자. 그가 후배에게 한 대답은 해외마케팅에 대한 일반적 이해에 그치는 수준이다. 그 정도 대답은 관심이 있는 지원자라면 누구나 할 수 있다. 한 발 더 나가야 한다. 예를 들어, 소비자의 니즈를 분석해야 한다고 했는데, 어떻게 하는지를 구체적으로 말할 수 있어야 한다. 필자라면 다음과 같이 대답할 것이다.

"소비자의 니즈를 분석하는 가장 기본적인 방법은 통계적 추론입니다. 제품과 시장의 특성에 따라 샘플을 정해 설문조사를 하게 됩니다. SPSS나 SAS 등의 통계패키지 프로그램을 활용해 어떤 변수가 구매의도에 영향을 미치는지 등을 확인해 전체 모수를 추정하게 됩니다.”

해당직무를 조기에 결정하고 해당 전공수업을 주의 깊게 들었다면 이 정도는 어렵지 않게 대답할 수 있다. 탐색한 직무기술서를 검토하면서 과업마다 세밀한 질문에 질문을 거듭거듭 자신에게 던져야 한다.

“마케팅 전략은 어떻게 수립하지?”

질문을 던졌다면 인터넷 검색, 전공서적 분석, 해당직무 전문가와의 인터뷰 등을 바탕으로 나름대로의 답안을 스스로 정리해야 한다.

고스펙 군의 지원분야는 해외마케팅이다. 해외소비자에는 북미지역이나 중국 거주자가 포함된다. 이것은 무엇을 의미하는가? 해당 지역의 언어는 기본이고 문화적 특성을 정확하게 파악하고 있어야 한다는 뜻이다. 중국과 미국에 각각 3년씩 유학했던 경험을 살려 이 지역에 해외마케팅 직무능력을 발휘할 수 있다는 점을 어필할 수 있을 것이다. 이런 것도 직무분석을 하면 자신의 강점을 보다 구체적으로 인식할 수 있다.

Check! Check! Check!

❶ 지원하는 분야의 '하는 일'과 '되는 방법'을 한국직업정보시스템 등의 관련 사이트를 통해서 명확하게 정리하라.

❷ 일반적인 정리에 그치지 말고 종합한 내용을 토대로 각 과업마다 더 이상 궁금한 것이 없을 정도로 구체화하라.

CASE

직무분석을 마친 고스펙 군에게는 또 한 가지 궁금증이 생겼다. 얼마 전 읽은 경제신문에서 '최근 대기업을 중심으로 역량을 기반으로 채용하는 추세가 보편화되고 있다'는 기사를 읽었는데 역량이라는 게 무엇인지 구체적으로 와닿지 않았다. 먼저 '역량'이라는 걸 알기 위해 먼저 삼촌에게 도움을 청했다.

삼촌은 직무마다 요구되는 역량이 있으며, 그 중에서도 업무 성과에 가장 결정적인 영향을 미치는 핵심역량을 찾아서 자신이 그 역량을 갖추고 있음을 어필해야 한다고 했다.

"역량은 지식과 기술, 태도로 구성돼. 예를 들어 마케팅 이론에 대해서 알고 있는 것과, 경험을 통해 숙련된 것은 전혀 다르잖아? 어떻게 하면 잘 할 수 있는지, 왜 실패했는지 등을 경험적으로 알아야 하는 거야! 거기에 직무에 대한 책임감 있는 태도도 필요하단다.”

핵심역량(Core Competency)이란 본래 기업의 경영전략에서 사용하는 개념이다. 1990년 미시건대학 비즈니스스쿨의 프라할라드(C. K. Prahalad) 교수와 런던 비즈니스스쿨의 게리 하멜(Gary Hamel) 교수에 의하여 발표되었다. 경쟁과 기술의 급속한 변화로 시장에 대한 정확한 예측이 어려워지면서 기업 외부환경에 치중하던 경영전략을 지양하고, 기업의 내부로 관심을 돌려 내부에서 기업성공의 원천을 찾으려는 노력을 배경으로 한다. 여기서 핵심역량이란 단순히 일을 잘하기 위한 활동을 의미하는 것이 아니다. 경쟁기업에 비하여 훨씬 우월한 능력, 경쟁기업보다 고객에게 만족을 월등하게 제공할 수 있는 기업의 강점을 의미한다.

핵심역량은 취업한 이후의 먼 일 같지만 채용시장에서도 매우 중요한 요소로 작용한다. 왜냐하면 구직자의 강점도 핵심역량으로 표현되기 때문이다. 여러 역량들 중에서도 해당직무에서 요구하는 가장 본질적이고 핵심적인 역량은 반드시 존재한다. 현재 자신이 보유하고 있는 역량과 직무에서 요구하는 핵심역량이 정확하게 일치한다면 더없이 좋겠지만, 이런 경우는 극히 드물다. 따라서 현재 당신이 보유하고 있는 핵심역량을 강점으로 승화시키는 전략이 필요한 것이다. 이제 그 방법을 알아보자!

공통역량에서 나의 직무역량을 찾아내라

[표3-1]은 여러 기업과 인사컨설팅 회사에서 정리한 공통역량을 근거로 가장 보편적으로 요구되는 20가지를 정리한 표이다. 역량의 정의를 꼼꼼히 읽어보고, 자신에게 그러한 역량이 있는지 체크해야 한다. 우선은 내가 무엇을 가지고 있는지 명확하게 인식하는 것이 중요하기 때문이다. 그리고 난 뒤에 자기분석을 통한 강점 찾기 결과와 연결 지어야 한다.

한국직업정보시스템(http://know.work.go.kr)을 통해 실시한 직무분석에서 '하는 일'과 질문을 통해 이를 구체화시킨 내용이 있었다. 이 내용을 토대로 스스로 관심을 가지고 역량을 도출해 내야 한다. 정리한 과업을 수행하기 위해서는 어떤 역량이 우선적으로 필요할지를 [공통역량 베스트 20]을 보면서 하나씩 도입해 보는 것이다. 대략적으로 7~8가지를 선정한 후에 우선순위에 따라 5가지 역량을 정리하면 된다.

고스펙 군의 예를 통해 좀 더 쉽게 이해해 보자. 고스펙 군이 관심이 있는 해외마케팅 직무에서 요구되는 역량을 우선순위에 따라 5가지만 선정해 보면 [글로벌 감각 – 도전정신 – 전략적 사고 – 문화적 개방성 – 고객 지향적 마인드] 등을 꼽을 수 있다. 이렇게 자신의 역량을 찾아보는 것이다.

핵심역량을 찾는 방법

앞서 제시된 [글로벌 감각 – 도전정신 – 전략적 사고 – 문화적 개방

〔표3-1〕 공통역량 베스트 20[*]

구분	역량명	역량의 정의
1	변화와 혁신 주도	회사를 대표하는 마음가짐으로 끊임없는 변화와 개혁을 통해 새로운 업무방식이나 조직의 새로운 모습과 형태를 생각하고 수행하는 역량
2	고객 지향적 마인드	업무와 관련된 내부 수혜자나 고객의 니즈를 이해하여 업무 결과가 그들의 요구를 충족하도록 배려하는 역량
3	조직에 대한 헌신	자신의 이익보다는 소속부서, 나아가 전사적 차원의 이해관계를 우선적으로 생각하고, 기업의 전사적 전략에 따라 행동하는 역량
4	팀워크	팀 동료와 협력하여 업무를 수행하거나, '팀의 일원'이라는 자각을 갖고 팀 플레이어로서 공동의 목표 달성을 위해 노력하는 역량
5	의사소통	상황 및 상대방의 감정을 정확히 이해하고, 유연성을 가지고 상대에게 자신이 의도하는 바를 문장, 언변 등으로 명확하게 이해시키거나, 상대방의 의사를 경청하면서 상대방의 의도를 정확히 이해하는 역량
6	문제해결	정확한 상황판단을 통해 핵심문제에 대한 원인을 분석하여 최적의 대안을 제시하는 역량
7	자기계발	자신의 비전과 목표를 설정하고, 이를 성취하기 위해 끊임없이 학습하고 자신의 성과에 대한 피드백을 통해 자신의 역량을 개발하는 역량
8	전략적 사고	기업의 전사적 전략관점에서 업무환경을 이해하고, 사업부의 전략적 방향을 판단하거나 수용하여 해결방안을 스스로 제시하는 역량
9	문화적 개방성	자신이 속한 집단과 문화적으로 다른 집단과의 업무수행을 위해 문화적 다양성을 이해하고, 그 지식을 활용하여 유연하게 적응하는 역량
10	의사결정	주어진 정보를 신속하게 종합하고, 필요한 정보를 보완하여 적절한 시기에 구체적인 행동 방향을 결정하는 역량
11	비즈니스 이해	지원 기업과 업계의 특성, 성공요인 등을 파악하고 자신의 역량과 연계하여 이해하고 적용하는 역량
12	조직 적응성	해당 조직 및 구성원들과 조기에 융화할 수 있는 능력과 조직에 공헌하려는 적극적인 태도
13	리더십	조직 공동의 목표달성을 위해 구성원들에게 긍정적 영향력을 발휘하여 동기를 부여하고, 이끌어내는 역량
14	설득	상대방의 특성을 바르게 이해하여 효과적으로 설득함으로써 상호이익이 되는 합의를 이끌어내는 역량
15	조직화	상대방의 특성을 바르게 이해하여 효과적으로 설득함으로써 상호이익이 되는 합의를 이끌어내는 역량
16	프레젠테이션 기술	자신의 의견, 제안, 문제에 대한 대안을 효과적으로 발표하고 상대방의 동의와 행동을 이끌어내는 역량
17	정보수집 및 활용	업무에 필요한 데이터를 효율적으로 수집하고 가공함으로써 업무 상 활용이 가능하도록 정보화하는 역량

구분	역량명	역량의 정의
18	글로벌 감각	글로벌 스탠다드에 부합하여 업무를 수행할 수 있는 국제적인 감각과 어학능력
19	도전정신	현실에 안주하지 않고 더 높은 성과목표를 수립하고 열정적으로 추진할 뿐만 아니라, 실패를 학습과 성장의 기회로 삼는 태도
20	신뢰	모든 업무를 성실하고 정직한 자세로 수행함으로써 동료들에게 신뢰감을 주고, 책임지고 업무를 수행하는 역량

성-고객 지향적 마인드] 중에서 해외마케팅 직무성과에 가장 결정적인 영향을 미치는 핵심역량을 어떻게 도출할 수 있을까? 구직자가 억지로 핵심역량에 있지도 않은 경험을 만들어 끼워 맞추는 것은 무의미하고 직업윤리에 위배되는 행위이므로 지양해야 한다. 시간적 여유가 충분해서 핵심역량을 뒷받침할 만한 성취경험을 쌓을 수 있다면 좋겠지만, 그보다는 현재 구직자가 보유하고 있는 역량을 강점으로 어필해야할 것이다.[**] 물론 직무 핵심역량과 현재 구직자가 보유하고 있는 핵심역량이 정확히 일치하는 경우가 가장 바람직하다.

고스펙 군의 경우 중국에서 학창시절을 보냈기 때문에 문화적 다양성과 특성을 알고 있다. 뿐만 아니라 그 차이를 여러 차례 경험하면서 중국인들을 존중하고 이해하는 태도를 가지게 되었을 것이다. 따라서 글로벌 감각, 문화적 개방성 등의 역량을 핵심역량으로 선정하고 강점으로 승화시키면 된다. 그 외에 공모전이나 아르바이트 기간 중 고객 지

---

[*] 공통역량 구성 및 세부내용은 기업에 따라 다소 차이가 있을 수 있음.

[**] '고객 지향적 마인드'는 마케팅의 핵심역량이다. 그러나 같은 직무라도 산업의 특성, 기업문화, 주력 제품과 브랜드 영향력 등에 따라 핵심역량을 다르게 정의할 수도 있다.

향적 마인드를 입증할 만한 성취경험을 가지고 있다면 역시 핵심역량
으로 어필할 수 있다.

Check! Check! Check!

❶ 직무기술서의 수행과업을 잘 수행할 수 있는 역량을 공통역량 리스트에서 우선순위
에 따라 도출하라.
❷ 보유하고 있는 과거의 성취경험 중에서 직무역량으로 도출된 역량과 연관된 것을 핵
심역량으로 재선별하라. 또 입사지원 시까지 시간적 여유가 있다면 관련 역량을 개발
할 수 있는 여러 활동들에 집중하라.

04 목표기업 분석

Key Points
- 특정 목표기업이 없는 경우, 우선 메가트렌드 분석을 통해 유망산업과 관련된 기업을 선정하라.
- 의사결정을 위한 정보를 수집하되, 데이터 자체보다는 데이터의 의미에 집중해야 하며, 시장의 관점에서 분석해야 한다.

CASE

고스펙 군은 맛있는 저녁을 사주겠다는 삼촌을 만나러 집을 나섰다. 약속장소에 도착하자 삼촌이 손을 흔들며 반겼다.

"어디 갈까?"

하고 삼촌이 물었지만 고스펙 군은 딱히 떠오르는 메뉴가 없어서

"아무거나요."

하고 대답했다.

마치 그럴 줄 알았다는 듯이 삼촌이 말을 이어간다.

"그게 문제야. 미리 내가 어떤 메뉴를 좋아하고 어떤 가게가 맛있는지를 파악하면 혼란스러움도 줄고, 시간도 절약할 수 있을 텐데 말이지?"

'아차' 싶은 고스펙 군.

"취업도 마찬가지겠죠? 미리 목표기업을 결정하고 준비한다면 훨씬 효과적일 거예요."

삼촌은 이제 그렇게 생각을 연결할 줄 알게 된 조카를 대견한 듯이 바라보았다.

"그래 바로 그거야!"

세계적인 경영 컨설턴트이자 교수인 짐 콜린스(Jim Collins)의 저서 《좋은 기업을 넘어 위대한 기업으로(Good to Great)》에는 오직 위대함을 추구했던 기업만이 위대한 기업이 되었다는 단순한 사실을 보여준다. 그런데 좋은(good) 정도의 수준에 만족한 기업들은 어떻게 되었을까? 놀랍게도 거의 모든 기업이 지속되지 못하고 역사 속으로 사라졌다. 당신이 근무하게 될 기업도 역사 속으로 사라질지 모른다.

그러므로 올바른 기업분석은 단순히 데이터를 분석하고 평가해서 내가 일하기 좋은 회사인지 아닌지를 구분하는 차원을 넘어서야 한다. 비전과 적성 및 강점을 고려하여 유망산업과 직무 등이 정해졌다면 목표기업을 결정하고 집중할 수 있는 정보를 수집해야 한다. 숫자가 아닌 의미를 파악해야 한다는 뜻이다. 그렇게 하면 다양한 측면에서의 강점 활용이 가능하다. 지원동기를 분명하게 하고, 구체적인 입사 후 포부로 연결할 수도 있다. 이것은 단순히 서류를 통과하는 수준이 아니다. 당신과 목표기업 간의 개인 – 조직적합성(Person – Organization – Fit)을 부각시킬 수 있는 것이다.

시중에 출판된 책을 보면 한 기업에 집중하기보다 여러 기업을 목표로 정한 후 서로 비교하는 것이 좋다고 되어 있는데, 전략적 관점에서 보자면 그렇지 않다. 물론 무턱대고 한 기업에 올인 하는 것은 금물이다. 하지만 집중하는 것은 그 의미가 다르다. 전략이라는 개념이 성립하려면 불특정 다수를 대상으로 해서는 의미가 없다. 불특정 다수의 기업이 아닌 지원자의 가치관과 철학, 관심 분야와 어느 정도 연관되어 있는 기업을 선정하는 것이 좋다.

메가트렌드를 통해 유망산업을 예측하라!

메가트렌드란 우리의 힘으로 어쩔 수 없는 거대한 시대적 흐름을 의미한다. 즉 피할 수 없다는 것이다. 본질적으로 기업은 변화를 무시한 채 현실에 안주하는 사람을 거의 채용하지 않는다. 가장 최근에 일어난 메가트렌드의 영향력을 확인할 수 있었던 것은 바로 휴대전화 시장의 변화이다. 이미 독자들은 스마트폰을 중심으로 재편성되는 시장의 변화를 경험하고 있을 것이다. 또, 디지털 음원 중심의 음악시장의 변화도 기억할 것이다. 거대한 변화의 중심에는 '애플'이라는 세계에서 가장 영향력 있는 기업이 있었다.

다음의 [표4-1]은 세계미래회의(World Future Society) 회원들과 미래학자들의 의견을 모아 정리한 10대 메가트렌드이다. 얼마나 이해하고 있는지 의미와 경제에 미칠 영향에 대해 적어보자(연구기관마다 차이가 있을 수 있다).

〔표4-1〕10대 메가트렌드와 유망산업분야 도출표

구 분	내 용	유망산업분야 도출
1	부상하는 아시아	
2	세계화에서 지역화로	
3	고령화와 여성 주도권 시대	
4	물과 에너지 부족	
5	지구 온난화	
6	대체에너지 개발	
7	문명통합의 시대	
8	핸드폰으로 연결된 세계*	
9	책 읽기의 종말	
10	인터넷이 교사가 되다	

* 핸드폰으로 연결된 세계는 스마트폰의 등장과 트위터와 페이스북으로 대표되는 소셜 네트워크 서비스를 통해 본격화되고 있다. 스마트폰 활용에 대한 보다 구체적인 활용법은 Part2에서 논의될 것이다.

고스펙 군의 경우라면 다음의 트렌드에 주목해야 할 것이다. 출중한 중국어 실력과 국제 경험을 보유한 그는 중국 전문 마케터로서의 가능성을 보유하고 있다. 필자가 선택한 트렌드는 '부상하는 아시아', '대체 에너지 개발', '고령화 및 여성 주도권', '문명통합', '핸드폰(스마트폰)으로 연결된 세계' 등이다. 정리해 보면, 중국과 관련된 미용, 헬스케어, 대체의학, 생명공학, 휴대전화, 방송통신, 그린 및 블루에너지 산업 등을 꼽을 수 있고 거기에 점차 진화하는 자동차산업 등은 여전히 주목할 만하다.

목표기업 분석하기!

목표기업 선정을 위한 정보 수집

많은 구직자들이 어떤 기업에 집중해야 하는지 잘 모르겠다는 질문을 자주 한다. 그 이유는 진심으로 찾으려 하지 않기 때문이다. 예를 하나 들어보자. 당신이 새로 가방을 구입하려고 한다. 아마 가방을 구입하기로 결정한 순간부터 당신의 인식기능은 가방에 관련된 데이터를 우선적으로 수집하게 된다. 지나가는 사람들의 가방, 지하철 맞은 좌석에 앉아 있는 사람의 가방 등등. 동의하는가? 이러한 현상을 '선택적 지각'이라고 한다.

가방을 구입하기 위한 노력보다 조금만 더 노력한다면 원하는 기업을 반드시 찾을 수 있다. 발로 뛰어 시간과 열정을 투입해야 한다. 가방 하나를 구입하기 위한 노력보다 못하면서 하물며 당신의 열정을 투자할 기업을 찾을 수 있을까?

앞서 메가트렌드 분석을 통해 유망산업분야를 선정했다면 목표기업을 선정하기 위한 정보수집이 필요하다. 현재 선풍적인 인기를 끌고 있는 스마트폰이나 태블릿PC에 부품을 제공하는 업체, 100% 전기로 작동하는 자동차의 핵심부품인 리튬-이온 배터리의 재료를 공급하는 업체, 풍력발전기 지지대를 생산하는 회사 등 다양한 기업들이 당신을 기다리고 있다. 히든 챔피언(Hidden Champion)*을 찾으라는 소리다!

유망 기업은 한국수출입은행에서 2010년에 선정한 '한국형 히든챔피언'을 찾아보거나, 경기도 일자리센터(www.intoin.or.kr), 대한상공회의소(www.korcham.net), 정부에서 제공하는 우수 중소기업 데이터베이스(www.goodcompany.go.kr)를 통해서도 찾을 수 있다. 그 외에도 조직문화 등의 관계적 요소를 중요하게 생각한다면, 한국능률협회 컨설팅에서 선정하는 '가장 일하고 싶은 기업 30' 목록 등을 찾아보는 것도 좋다. 기업에 관한 정보는 많이 공유되고 있다. 중요한 것은 조금만 더 관심을 가지고 찾아보면 기업은 많다는 사실이다. 남보다 더 부지런히 뛰어야 함을 잊지 마라!

관심 있는 기업의 목록을 작성했다면, 일차적으로는 홈페이지를 통해 역사와 비전, 세부 사업분야 및 인재상 등을 확인해야 한다. 이 정도 분석은 누구나 생각하고 당연히 해야 하는 것이다. 그러나 현재 채용시장에서 승자는 결국 다른 사람보다 얼마나 더 양질의 정보를 파악해서 풀

---

* 독일의 세계적인 경영학자이자 컨설턴트인 헤르만 지몬의 저서로, 소비자들에게 잘 알려져 있지 않지만, 높은 생산성과 글로벌 영향력을 지닌 강소기업을 지칭하는 용어이다.

〔표4-2〕목표기업 선정을 위한 정보수집

기업명		지원분야	
대표이사		직원수	
주력제품 / 서비스		본사 위치	
영업이익 변화량 (최근3년)			
연구개발 투자비용 (핵심기술)			
최근 뉴스			
인재상			
채용 프로세스 및 합격자 후기			
부채비율 혹은 유동비율			
기 타			

어내느냐의 승부이다. 따라서 진정성과 간절함을 바탕으로 최근 뉴스 자료의 흐름이나 재무안정성(유동비율이나 부채비율), 성장성(매출액 대비 R&D투자 비율이나 영업이익 변화량) 등을 면밀하게 살펴야 한다. 기업정보는 신용평가등급이나 한국금융감독원에서 제공하는 전자공시시스템(http://dart.fss.or.kr) 사이트에 등록된 각 기업의 사업보고서를 참고하면 된다. 혹은 상장 기업의 경우 각 기업 홈페이지에 게재된 IR(Investor Relations - 투자자 홍보)자료도 좋다.

[표4-2]를 활용하여 관심기업에 관한 정보를 정리해 보자.

시장의 관점에서 데이터의 의미

정보의 가치가 상승하면 사람의 가치도 상승한다

목표기업을 분석하는 과정에서 중요한 것은 경쟁사와 비교해 강점과 약점까지도 파악하는 것이다. 기업도 당신이 타 기업에 지원했다는 사실을 알고 있다. 지원자의 입장에서 비교 대상이 되는 기업의 강점과 약점을 파악해서 보완할 점과 나름대로의 대안을 직무관점에서 풀어낸다면 당신의 가치가 높아져 좋은 평가를 받을 수 있다. 그 이유는 경쟁사를 분석할 정도의 준비라면 그 준비를 토대로 입사 후 바로 실무에 적용이 가능하기 때문이다.

숫자 자체보다 숫자가 가지는 의미를 알아내라

예를 들어, S사의 경우 연간 매출액 대비 연구개발에 투자하는 비율

〔표4-3〕 시장분석 결과 종합[*]

구분	기업 1	기업 2	기업 3
영업이익 추이 비교			
주력제품의 강약점 분석			
연구개발 실적			
시장점유율 (시장영향력)			
출퇴근 소요시간			
기 타			
결과종합 및 평가			

---

[*] [구분] 란의 내용은 개인의 가치관이나 기준, 기타 기업선정에 중요하다고 생각하는 요소를 자유롭게 선정 가능하며, 항목별로 가중치를 두어서 정량화된 비교분석을 하는 것도 좋다.

이 무려 평균 9.6%에 달한다. 이는 2007년 미국발 금융위기 시에 상승한 수치이기 때문에 더욱 의미가 있을 것이다. 대부분의 경쟁사들은 연구개발비를 줄였기 이 기업의 결정은 심지어 위대해 보이기까지 한다. 이 위대한 결정의 결과는? 당연히 높은 성과와 실적을 통해 증명되었다. 이런 정보는 정말로 관심을 갖지 않고는 찾아내기 어렵기 때문에 지원동기로 연결할 수 있는 강점이 된다.

다시 한 번 강조하지만, 숫자 자체가 아닌 숫자가 지닌 의미를 파악해야 한다. 그렇다면, 경쟁사의 상황은 어땠을까? 궁금하지 않은가? 만일 경쟁사가 10%라는 금액을 투자한다면, S사가 가진 9.6%라는 숫자에 의미가 있을까? 또, 경쟁사의 투자비율이 다소 적더라도 매출액 자체가 S사보다 많다면 어떨까? 결국 S사의 9.6%라는 숫자가 위대하게 느껴지는 이유는 경쟁사보다 압도적으로 많이, 그것도 경기불황으로 소비심리가 위축된 가운데 내려진 결정이기 때문이다. 이런 의미 있는 정보만이 정보의 우위를 가져다준다.

[표4-3]을 활용하여 시장의 관점에서 기업정보를 정리하기 바란다.

❶ 메가트렌드 분석을 통해 유망산업 분야에 집중하라.
❷ 우수 중소기업 데이터베이스와 같은 관련 사이트를 통해서 관심 기업을 선정한 후, 개인의 가치관이나 가중치에 따라 양질의 기업정보를 수집하고 분석하라.
❸ 수집된 정보의 비교를 통해 목표기업을 결정했다면, 반드시 시장의 관점에서 해당기업을 분석해서 정보의 가치를 높이는 동시에 데이터가 가지는 의미를 파악하라.

CASE

삼촌의 든든한 지원 덕분에 고스펙 군도 자신의 현재 상황에 대해 현실적인 판단을 하게 되었다.

'졸업 전에 취업해야 할 텐데……'

지푸라기라도 잡는 심정으로 수시로 채용정보를 검색하며 기업이 요구하는 조건을 확인하기 시작했다. 그런데 왜 이리 양이 방대한지, 도대체 어디부터 시작해야 할지도 모를 정도이다. 고스펙 군은 다시 삼촌에게 전화해서 물어본다.

"삼촌, 채용정보를 검색해 보니까 기업이 너무 많아요. 이거 매일매일 계속 체크해야 하는 걸까요?"

"그래? 요즘 채용공고 그리 많지 않은 걸로 아는데. 네 전공으로만 검색해도 그리 많지는 않을 걸? 너 어떻게 검색하고 있는데?”

“저요? 서울/대졸/신입(경력무관 포함)으로 보고 있어요. 더 자세하게 봐야 하는 걸까요?”

역시 아직은 도움이 많이 필요한 조카 고스펙. 삼촌은 모든 직종을 보는 것보다 정말 자신에게 맞는 정보를 선택적으로 검색할 것을 얘기한다. 그러자 어떤 일을 해야 할지 도저히 모르겠다는 고스펙 군.

“부모님은 회계 관련 일을 하기를 원하세요. 그런데 난 숫자는 별로 안 좋아해요. 요즘엔 마케팅이 재미있어 보여요.”

진로를 결정하는 것은 앞서 제시한 자기분석, 직무분석, 역량분석, 기업분석 내용을 바탕으로 하여 합리적으로 진행되어야 한다. 등장인물 고스펙 군에게 지금 필요한 것은 무엇? 바로 어떤 직무를 선택해야 하는가이다. 이번에는 ‘나에게 맞는 직무’를 어떻게 정할 수 있을지 합리적 진로결정 방법을 통해 알아보도록 하자.

합리적 진로결정의 단계

문제를 명확히 알고 구조화할 것

부모님이 원하는 직업과 내가 원하는 직업이 같다면 ‘직무’에 대한 의사결정이 완료된 상태일 수 있다. 늘 여러 대안들 중 최적의 대안을 선택해야 함을 잊지말자.

의사결정을 위한 기준 설정

'직무'를 결정하기 위해 필요한 기준은 무엇일까? 흥미, 적성, 성격, 가치관 등 여러 가지 요건들이 있을 것이다. 어떠한 기준을 적용하는 것이 좋을지 곰곰이 생각해 보는 시간이 필요하다.

기준 설정의 '우선순위'

A는 직업 선택에 있어서 '임금'이 제일 중요한 요인이지만, B에게는 돈보다 '흥미'가 더욱 중요할지 모른다. 이렇듯 각 개인은 기준에 대한 '우선순위'가 다르다. 내가 직업을 결정할 때 가장 중요하게 생각하는 기준은 무엇인지 순위별로 정리해 두자.

대안 평가하기

선택 가능한 여러 가지 직무를 '나만의 기준'에 맞추어 평가하는 단계이다. 우선순위 설정에 의한 가중치 점수를 적용하여 평가하게 된다.

최적의 대안 선택하기

가장 높은 점수를 얻는 직무를 선택하는 것.

〔나의 직무를 결정하는 시트 만들기(예시)〕

구분	디자인	회계	마케팅
흥미(가중치 10점)			
적성(가중치 15점)			
능력(가중치 10점)			
가치1(연봉)(가중치 20점)			
가치2(안정성)(가중치 10점)			
취업 기회(가중치 10점)			
가족의 지지(가중치 10점)			
직업 전망(가중치 15점)			
합계(100점)			

한국고용정보원(2001) 자료 응용

〔나의 직무를 결정하는 시트 만들기〕

구분	희망직무1	희망직무2	희망직무3
가치1(　　점)			
가치2(　　점)			
가치3(　　점)			
가치4(　　점)			
가치5(　　점)			
가치6(　　점)			
합계(100점)			

— 가장 높은 점수의 대안은? ____

　직업을 고려하는 기준은 내가 직업을 선택할 때 중요하게 고려하는 사항으로 변경하고, 필요하다면 더 추가할 수 있다. 자신이 원하는 직무는 무엇인지 한번 살펴보는 시간을 가져야 할 것이다.

　희망직무를 선택하기 위해 고려하는 요인은 시간이 지남에 따라 달라질 수 있다. 예를 들어 나의 가치관이 달라질 수도 있고, 산업의 변화에 따라서 직무에 대한 취업 기회가 늘어날 수도, 줄어들 수도 있다. 현실적이고 냉철한 판단을 바탕으로 하여 합리적인 의사결정을 하는 것이 필요하다.

희망직무를 결정하기 위해서 고려해야 할 요인을 다시 정리하라.
❶ 개인적 요인 : 흥미, 적성, 능력, 가치관 등.
❷ 직업(직무) 요인: 취업 기회, 임금, 근무 시간, 직무 환경 등.
❸ 환경적 요인 : 부모님의 기대, 주변에서 지원이 가능한 여부 등.

06

취업상담 Q&A
– 대한민국 대표 커리어 컨설턴트와의 JOB談(잡담)

Q1

인사분야에 관심이 있습니다. 하지만 전공은 전혀 다른 공대 출신입니다. 이제 졸업할 시기가 됐는데, 준비도 부족하고, 자신감도 없는 상황입니다. 취업을 위해 맘먹고 공부하고 준비를 하려고 하는데요. 어느 쪽에서 어떤 교육을 받고 공부를 해야 하는지 정말 막막합니다. 조언 부탁드립니다.

A

전공분야에 큰 차이가 있는 경우 업무 숙련기간이 길어지고 업무수행 시 큰 어려움을 겪으실 수 있습니다. 진심으로 인사분야에 관심이 있으시다면 우선 어느 방향으로 전문성을 향상시킬지 결정해야 하고, 전문성을 확보하셔야 합니다. HRM(Human Resource

Management)이라고 하는 인적자원관리 직무를 위해서는 대학원에서 인사조직을 전공하거나 PHR(Professional of Human Resource) 자격증을 취득하시면 됩니다. 참고로 PHR 자격은 실무경력이 필요하기 때문에, 전문교육기관에서 '인사관리 전문가과정' 등을 이수하시는 것도 도움이 됩니다. HRD(Human Resource Development)이라고 하는 인적자원개발 직무를 원하신다면 기업교육이나 산업심리, 인적자원개발 등을 추가로 전공하시면서, 충분한 경력을 쌓으셔야 합니다. 또 일반기업으로 진출할 것인지, 컨설팅 회사에서 경력을 쌓을 것인지도 분명하게 결정하셔야 합니다.

Q2

올해 27세 된 여성이고 3년 가까이 직장생활을 하고 있습니다. 중견기업에 칼퇴근과 월급이 밀리지 않고 나와 만족하며 다니다 보니 어느 순간 현실에 안주해버려 더 이상 발전이 없는 자신을 발견하고 이직을 준비 중입니다. 그러나 자기계발을 소홀히 해서인지, 자기소개서가 부실해서인지 서류전형에 전패하고 있습니다. 나이도 있으니 그냥 기존 회사에서 비전이 없는 업무를 계속 해야 옳은 것인지, 이직을 해야 하는 것인지 확신이 서지 않습니다. 어떻게 해야 하죠?

A

더 깊은 논의가 필요하지만, 우선 지원하시는 분야에 대한 분석과 목표기업에 대한 적용이 부족한 것으로 보입니다. 또, 이전 직장에서의 성과와 지원하시는 분야와의 상관관계가 적은 것으로 보입니다.

질문하신 분의 상황을 고려해 볼 때, 우선 현재 직장에서 더 큰 자기계발의 기회가 있을 것으로 보입니다. 경력직의 경우엔 자기소개서보다는 이전 직장에서의 성과와 평판이 더 큰 영향을 미칩니다. 그러므로 우선 커리어 비전을 구체화하신 후, 현 회사에서 좋은 성과를 내시면서, 장기적 차원에서 자격증이나 어학 등을 준비하시기 바랍니다.

위와 같은 질문이 적지 않은 편인데, 이런 어려움을 겪지 않으려면 최초 구직단계에서부터 명확한 목표를 설정하고, 구체적인 환경분석을 통해 취업에 임해야 한다는 사실을 일깨워준다. 이 책을 보는 독자들이 꼭 명심해야 할 대목이다.

임재민(가명) 군은 수도권에 소재한 ○○대학에서 경영학을 전공했다. 그의 지원분야는 중국 및 대만 지역을 대상으로 한 해외 영업이었다. 취업목표를 일찍 결정한 편이었는데, 이유는 비교적 단순했다. 중국문화가 좋았기 때문이었다. 이유야 어쨌든 목표는 분명해 보였다. 학창시절 이미 대만에서 어학연수 및 1학기 동안의 교환학생 경험이 있었고, 중국어 실력도 훌륭했다.

자기소개서를 검토했는데, 직무역량분석을 간과했기 때문에 입사 후 포부가 일반적이었고, 목표기업을 결정하지 못했기 때문에 지원동기도 불분명했다. 영업에 적합하게 커뮤니케이션과 대인관계 위주로 장점을

어필했지만, 사례가 모호하고 대만에서의 교환학생 경험을 녹여내지 못
하고 있었다. 서류전형에 통과할 확률이 매우 낮음을 예측할 수 있었다.
설사 서류전형에 통과한다고 해도 결코 면접전형을 통과할 수는 없다.
면접은 지원자의 인성, 직무관련 지식과 경험, 태도, 잠재역량, 기업문화
와의 적합성 등을 종합적으로 검토하는 질적 평가의 꽃이라 할 수 있다.
그러므로 직무와 기업 관점에서 면접관을 설득하지 못하면 전략적 인
적자원관리 차원에서 탈락의 주요 원인이 된다.

　우선 직무역량 강화를 위해 직무분석과 목표기업을 설정하기로 했다.
처음에는 중국시장을 개척하는 국내 대기업에 입사하고 싶었지만, 학점
과 토익점수가 부족하여 지원자격을 갖추지 못했다. 그래서 강점인 대
만에서의 경험과 중국어 실력을 바탕으로 대만계 IT기업의 한국지사에
지웠했다. 대한상공회의소 사이트와 홈페이지, 뉴스 등 각종 정보를 수
집하면서 직무역량을 어필하기 위해 사례와 문제해결 중심의 자기소개
서를 작성하였다. 놀라운 것은 재민 군이 목표기업 분석을 하는 과정에
서 실제 해당 회사에 큰 매력을 느끼게 되었다는 점이다. 생각을 바꾸면
더 넓은 세상과 기회가 존재한다는 사실을 새삼 깨닫게 된 것이다. 처음
자신 없던 그의 태도는 점점 더 큰 자신감으로 채워졌다. 이 과정을 자
기소개서에 적용하였다. 그의 입사 후 포부는 너무나 구체적으로 발전
했다. 심지어 연간 매출목표와 자신이 기여할 수 있는 목표를 도출할 수
있는 수준에 이르렀다. 이제 무엇을 더 알아야 하고, 어떤 경험을 쌓아
야 하는지, 그 결과는 무엇이며, 얼마나 겸손해야 하는지를 분명하게 표

현했다. 이를 바탕으로 분명하면서도 솔직한 지원동기도 작성할 수 있었다.

해당기업은 수시채용을 진행중인 상황이었다. 정성스럽게 입사지원 서류를 마련하고 대만에서의 활동사항을 포트폴리오로 구성해서 첨부하였다. 잘 준비한 덕분에 서류전형을 가볍게 통과했다. 이후, 높아진 자신감과 직무역량을 바탕으로 면접에서도 최종합격하였다. 그는 자신의 회사가 영향력 있는 기업이 되도록 최선을 다해 업무에 임하겠는 각오 아래 매우 만족스럽게 업무에 임하고 있다.

본 사례를 읽고 있는 당신에게 최우선적 목표는 눈앞의 취업일 것이다. 그렇다고 하더라도 취업 자체보다는 좀 더 미래 지향적인 사고와 태도를 갖추기 바란다. 무엇을 해야 할지, 어디서 나의 역량을 발휘할 것인지 분명한 방향을 정하고 승부를 걸어야 한다.

임재민 군처럼 행동한다고 해서 합격이 보장되는 것은 아니다. 당신은 무엇을 하기 이전에, 먼저 존재하기 위해 태어났다. 당신은 매우 특별한 존재이다. 아무쪼록 지금까지 본서를 읽은 독자 모두가 포기하지 말고 끝까지 정독하여 자신에게 적용함으로써, 원하는 기업에서 원하는 직무에 성공적으로 정착하기를 진심으로 기원한다.

숨은 정보를
찾아내라

스펙이 아닌 정보를 가지고 전략을 세워라!

Passionistar 문연경

Part
2

• 의뢰자 소개

나잘난(여, 26세)

유형 능저동저형. 학교 공부는 잘 하지만, 취업 준비
가 미흡한 상황에서 능력과 동기, 노력 등이 모
두 저하되어 있음

학력사항 서울 중상위권 대학 4학년 1학기 재학 중

전공 디자인

스펙 학점 _ 3.8 / 토익 _ 780점
어학연수 _ 캐나다 어학연수 1년
자격증 _ 없음

지원분야 여러 직무 고민 중 (회계/디자인/마케팅)

구직 최대 이슈 자신에게 없는 2% 찾아 취업에
성공하기

지금까지 어려운 고비 없이 '잘 나간다'고 스스로 생각했던 나잘난
양. 평소 '이름값하며 살자'라는 모토로 살아왔다. 어학연수에서 돌아와
우연히 인턴사원을 지원하였는데 보기 좋게 서류에서 떨어진다. 이럴
수가! 평소 주변의 도움 없이 혼자 잘난 척해온 나잘난 양은 결국 주변
에 도움을 청하기에 이른다. 그 회사에 고교동창 한성공이 입사했다는
사실을 알고 먼저 만나자고 한 것. 과연 한성공에겐 어떤 비밀이 있을

까? 이번 장에서는 평소 자아도취에 빠진 나잘난 양이 취업선배 한성공

에게 도움 받는 과정을 통해 취업에 관한 정보를 얻고 전략을 수립하는

방법을 알아보려고 한다.

01 취업도우미를 찾아라

CASE

대학생이라면 한번쯤 경험해 보고픈 유럽 배낭여행에 이어 어학연수까지 다녀온 나잘난 양. 항상 3학년일 줄만 알았는데, 1년 반 만에 돌아와 보니 4학년 1학기를 맞게 되었다. 준비된 것이라고는 아무것도 없고, '지금부터 시작이다.' 하고 있는데 여기저기서 들리는 '스펙' 이야기. 너무 혼란스럽다. 나의 호(好)시절은 이게 끝인가? 하는 생각이 불현듯 스친다.

유럽으로 떠나기 전, 교수님 소개로 2개월간 인턴사원으로 근무한 경험을 바탕으로 ○○기업에 인턴지원서를 제출했다. 결과는 서류 불합격. 이제껏 스스로 잘 나간다고 생각했던 나잘난 양에게 위기가 닥쳤다.

'왜 떨어진 걸까?' 이유를 궁금해 하던 차에 문득 고교 동창 한성공이

그 회사 신입으로 입사했다는 소문을 듣게 된다. 자존심 강한 나잘난 양이지만, 이미 시선은 자신의 핸드폰으로 향해 있다.

누구나 자신의 '미취업' 사실이 알려지는 걸 원하지 않는다. 한마디로 '자존심' 상하는 일이라는 거다. 더군다나 한때는 내가 공부도 좀 했는데, 별 볼 일 없던 친구가 떡 하니 나보다 먼저 좋은 회사에 입사한다면? 그 괴로움은 말할 수 없을 만큼 크다.

하지만, 나의 취업 도우미 역할을 해줄 수 있는 사람들을 찾아보는 것은 무엇보다 중요하다. 이것이 바로 구직자에게 필요한 '인적 네트워크'이다.

취업과 병은 소문낼수록 여러 가지 방법과 도움의 손길이 뻗친다. 나의 구직활동을 주변 사람들에게 널리 알려라.

인적 네트워크를 통해 얻을 수 있는 것

서류 · 면접 전형 피드백

가장 기본적으로 얻을 수 있는 사항은 내가 미처 알지 못했던 사항에 대한 피드백이다. 등장인물 '나잘난 양'도 한성공과의 통화를 통해서 어떤 부분이 잘못 되었는지 알게 된다.

서류 · 면접 경험이 많을수록 보다 깊은 조언을 해줄 수 있다. 서류 · 면접 전형이 진행되기 전에 궁금한 사항을 물어보는 것도 좋다. 특히 내가 가고자 하는 기업이나 직무에 몸담고 있는 사람이 있다면, 제 아무리 눈인사만 나눴던 사이라도 주저하지 말고 도움을 구해보자. 혼자 힘들게 취업준비를 한 사람도, 선배에게 도움을 받았던 사람도 이런 부탁을 거절할 사람은 많지 않다. 그 선배가 들려준 생생한 면접 후기가 앞으로의 면접 준비에 큰 역할을 차지할지도 모른다.

부족한 2% 채우기

여러 사람에게 도움을 받으면서 나에게 없는 2%가 무언지 깨달을 수 있다. 토익점수가 물론 고득점이면 좋겠지만, 선배의 성공 · 실패담을 통해 '어느 점수 정도 나와야지 서류통과가 쉽겠구나.' 하는 생각도 정리될 수 있고, 그렇다면 '우선적으로 토익시험 준비에 매진해야지.' 하는 단기 계획도 세울 수 있다. 또한 업무에 실질적인 도움이 되는 자격증은 무엇인지, 방학 동안에 어떠한 경험을 쌓으면 좋은지 파악할 수 있어 부족한 부분을 채우는 데 큰 도움이 된다.

해당 산업의 핫이슈 파악하기

기본적인 스펙 채우기에 여념이 없는 취업준비생들이 놓치는 것 중에 하나가 지원하고자 하는 산업과 기업의 동향이다. 사실 뉴스나 인터넷을 통해서 접할 수 있지만, 현직에 있는 취업도우미를 통해 접하는 것이야말로 실질적인 것이다. 인사담당자들의 전문적인 질문에 핫이슈를 활용하여 답변하는 태도는 남다른 결과를 가져다 줄 것이다.

며느리도 모르는 채용정보

인터넷 취업포털을 통해 알게 되는 채용정보는 우리가 가장 흔히 접하는 채용소식이다. 하지만 인터넷에 보이는 채용정보는 '수면 위'로 떠오른 것일 뿐, 기업의 채용소식은 그보다 많다. '정보'가 경쟁력인 시대에서 취업 가능성을 높이기 위해서는 당연히 인맥을 통한 채용정보를 많이 얻는 것이 유리하다.

A라는 기업 회계부서의 문 대리가 갑작스럽게 퇴사하게 되었을 때, 기업은 어떤 조치를 취할까?

① 유사업무를 담당한 김 주임에게 문 대리의 업무를 맡긴다.
② 사내추천을 통해서 적합한 인재를 물색, 면접을 진행한다.
③ 인사부서에 알려 채용공고를 등록한다.

이밖에 여러 상황이 있을 수 있지만, 갑작스럽게 인력이 필요한 경우에는 채용공고를 올리고 서류전형에 면접까지 일정을 충분히 고려할 만한 시간적인 여유가 없다.

이때, 사내추천제도가 유용하게 쓰일 수 있다. 주변 사람들이 나의 희망직무와 역량을 알고 있다면, 발 빠르게 연락을 취할 수 있다. '수면 위'로 떠오르지 않은 '숨은 일자리'를 알 수 있는 경로가 많다면 취업가능성도 높아질 것이다.

Check! Check! Check!

• 지원군이 되어줄 주변 사람들에게 알려야 할 사항 몇 가지!

❶ 나의 구직 사실

내가 알리지 않는다면, 상대가 알 리 만무하다. 요즘 '취업준비'는 전혀 부끄러운 일이 아니다. 구직 사실을 알리고 많은 '숨은 일자리'를 알게 될 때, 당신은 보다 빨리 취업 관문을 통과할 수 있다.

❷ 희망직무 및 기본적인 사항

내가 어떤 직무를 원하는지, 그리고 현재 어떤 요건을 갖추었는지 상대방이 알고 있어야 '추천'도 가능한 법. 굳이 선배의 회사가 아니라, 선배 회사 거래처까지 여러 연결고리가 있을 수 있다는 점, 잊지 말자!

❸ 일취월장하는 나의 역량

부족한 모습을 채워나가는 모습은 조언을 해주는 입장에서도 흐뭇한 일이다. 필요한 부분을 채워나가면서 역량을 키워나가는 모습을 꼭 알려라. 그럼 조만간 좋은 채용정보가 손에 들어올 수도 있다.

CASE

인턴 입사지원에서 자신의 부족함을 알게 된 나잘난 양. 한성 공 군과 통화하면서 '성공이가 꾸준히 취업준비를 잘 했구나.' 하는 생 각이 들었다. 오늘은 한성공 군과 만나기로 한 날. 약속장소에 먼저 가 서 기다리고 있는데 문이 열리더니 낯익은 얼굴이 눈에 띈다. 한성공 군은 말끔한 차림으로 나잘난 양을 향해 걸어온다. 당당한 사회인의 모 습이 느껴지자 나잘난 양은 부러움을 감추지 못한다.

반가운 인사를 나누고 자리에 앉았다.

한성공 군이 나잘난 양에게 물었다.

"요즘에도 취업포털 △△ 사이트에서 특강 많이 하지? 나도 거기서 도움 좀 받았는데……"

순간 나잘난 양은 어리둥절한 표정으로 한성공을 바라본다. 사실 나잘난 양은 희망직무를 명확히 정하지 않아 취업포털에 아직 들어가 보지도 않았던 것.

"아, 내가 어학연수 다녀온 지 열흘밖에 안 돼서 그거…… 뭔지 잘 모르겠는데?"

한성공 군은 자신의 옛 모습을 떠올리자 고교 동창 나잘난 양에게 도움을 주고 싶어졌다.

"취업준비생은 채용정보 검색으로 하루를 시작한다고 해도 틀린 말이 아닐 거야. 이제부터는 취업관련 사이트를 자주 들여다 봐. 내 얼굴이다, 생각하고."

"그렇다고 그 많은 취업 사이트를 어떻게 매일 다 들여다 보냐?"

"다 방법이 있느니라."

취업준비생의 하루 일과는 채용정보 검색으로 시작한다고 해도 과언이 아니다. 구직자의 생활에 밀접한 연관이 있는 취업 관련 사이트들. 그렇다면 이 많고 많은 취업 관련 사이트들의 정보를 어떻게 하면 효과적으로 활용할 수 있을까?

취업 관련 사이트 활용법

'하는 일'과 '자격요건'

취업과 진로에 대한 상담을 하다 보면 '진로가 불명확한' 내담자들이 의외로 많다. 만약 당신도 두 가지 혹은 그 이상의 분야를 놓고 고민하고 있다면 해당직무를 자세히 알아볼 필요가 있다.

노동부 워크넷이나 한국직업정보시스템, 취업포털 사이트 등을 통해서 해당직무를 알아낼 수 있다. 그리고 쉽게 접하는 기업의 채용공고에는 해당직무의 과업뿐만 아니라, 그 직무를 수행하기 위한 자격요건도 명시되어 있다. 여러 채용공고를 검색함으로써 해당직무가 보편적으로 하는 일이 무엇인지, 어떤 인재를 선호하는지 알 수 있다. 공고를 자주 접하는 것만으로도 취업계획을 수립하는 데 큰 도움이 된다.

기업의 재무제표

아무리 취업이 어렵다지만 채용공고만 보고 지원을 결정할 수는 없다. 지원해도 될 만한 회사인지 회사에 대해 요모조모 따져봐야 할 것이다. 워크넷에서는 크게 두 가지를 살펴보는 게 포인트이다.

첫째, 기업이 튼튼한가? 이것은 기업의 재무제표를 통해 확인할 수 있다. 워크넷은 채용공고에서 회사정보를 클릭하면 KED기업정보, 코참비즈 기업정보를 확인할 수 있다. 최근 3년간의 기업의 대차대조표, 손익계산서를 확인할 수 있다. 매출액, 영업이익, 당기순이익 등 도움이 되는 정보를 한 번에 접할 수 있어 유용하다.

둘째, 기업의 채용이력을 알 수 있다. 이때 유의할 사항! 단기간, 동일직무의 채용이력이 빈번한 경우, 기업의 규모 등 여러 사항을 다시 한 번 재검토한 후에 지원을 결정하는 것이 바람직하다.

뉴스레터

대부분 취업포털에서는 개별 맞춤형 정보를 등록해 두면, 주기적으로 메일링 서비스를 제공한다. 매일 취업포털사이트를 방문하는 것이 힘들다면, 뉴스레터를 통해 공고를 아는 것도 방법이다.

이때 유의해야 할 점 두 가지가 있다. 첫째, 희망직무를 포함한 개별 설정을 잘 해두어야 한다. 그렇지 않을 경우 뉴스레터에는 나에게 불필요한 정보도 많이 실려 있어서 점점 '스팸메일'처럼 여겨질 수 있다.

둘째, 뉴스레터에 나와 있는 채용 공고만 봐서는 안 된다. 지극히 일부분의 정보에 불과하니, 메일을 받으면 꼭 해당 취업포털 사이트에 들어가서 더 많은 공고를 확인해야 한다.

취업포털의 특화 서비스

취업포털에서는 취업준비생에게 도움이 되는 다양한 시도와 이벤트를 찾아볼 수 있다.

프리미엄 취업포털 커리어를 중심으로 살펴보면, 인사담당자들에게 궁금한 질문에 대한 답변을 들을 수 있는 인사담, 이력서 무료 컨설팅 서비스, 취업선배와의 만남 및 취업특강 등 다양한 정보를 얻을 수 있다.

취업커뮤니티

'취업 뽀개기' 같이 흔히 알고 있는 취업커뮤니티에서는 주로 중견기업 및 대기업을 중심으로 지원자들의 스펙뿐만 아니라 면접 후기 등을 실시간으로 공유하고 있다. 또한 커뮤니티 가입자들끼리 동일직무 동일

기업 중심으로 여러 스터디 모임을 가지기도 한다. 대기업 공채 시즌에는 그 어느 곳보다 구직자들이 자주 찾는 곳이 취업 커뮤니티이니 꼭 챙겨두도록 하자.

스마트폰, 이렇게 활용하라

국내 스마트폰 가입자가 700만 명(2010년 12월 기준)을 넘어서면서 생소하던 관련 용어들은 일상이 되었다. 구직자들이 스마트폰을 단순한 유행이 아닌 취업에 도움이 되는 도구로 활용하려면 어플리케이션을 잘 이해해야 한다.

구직자를 위한 유용한 어플리케이션

노동부 [워크넷]과 대졸 취업준비생 전용사이트인 [잡영]도 스마트폰 전용 어플리케이션이 있다. [잡영] 어플리케이션은 초기화면에서 '내 맞춤채용정보 설정'을 하면 맞춤채용 정보를 한눈에 볼 수 있다. 취업 관련 뉴스, 직업정보 등도 검색이 가능하며 면접 후기 및 교육정보 등 사용자들이 나누는 공간도 마련되어 있다.

중소기업청의 [우수중소기업 취업도우미] 어플리케이션도 유용하다. 우수기업 검색과 채용기업 검색이 가능하며, GPS 연결이 되어 있으면 나의 위치를 기준으로 주변기업 검색을 할 수 있다. 출퇴근 거리나 시간을 중요시하는 구직자에게 유용한 기능이다.

앞서 살펴본 공공기관 이외에 민간 취업포털 커리어넷, 잡코리아, 인크루트 등도 어플리케이션을 통해 서비스를 제공하고 있다. 스마트폰을

이용하면 채용정보를 보다 쉽고 빠르게 접할 수 있으니 최대한 활용하
길 바란다.

SNS(Social Networking Service)를 통한 정보 얻기

지난해 방송통신위원회와 한국인터넷진흥원이 실시한 조사에 따르
면, 스마트폰 사용자 10명 중 6명이 SNS를 활용하는 것으로 나타났다.

평소 SNS를 즐기는 사람도 인터넷에 올라오는 카더라 통신에 반신반
의하는 구직자도 주목해야 한다. 채용시장에도 SNS의 영향력이 커졌기
때문이다. 기업들이 트위터를 개설하여 채용정보를 공유하고 궁금한 질
문에 대한 답변을 하면서 구직자들과 좀 더 친근하게 커뮤니케이션 하
려고 노력하고 있다. 과거에는 물어볼 길이 없어서 고민했던 사항도 실
시간으로 답변을 얻을 수 있어 만족감이 높다. 현재 삼성그룹, KT, CJ,
LG디스플레이, SKT 등 여러 기업에서 트위터를 활용하고 있으며, 점차
활용 기업이 증가될 것으로 예상된다.

SNS를 통해 취업선배들과 꾸준히 교류하는 것도 정보를 얻을 수 있
는 좋은 방법이다. 지금, 머릿속에 떠오르는 선배가 있다면, 얼른 SNS
친구로 만들어보자!

업종 직종 관련 기사 스크랩

다양한 뉴스 및 신문 관련 어플리케이션을 통해 희망직무에 관한 정
보를 손쉽게 찾아볼 수 있다. 대부분의 어플리케이션에 있는 스크랩기
능이나, 메모 관련 어플리케이션을 통해 중요한 정보를 손쉽게 정리 보

관하라. 오늘 본 정보가 미래의 면접에 중요한 영향을 미칠지 모르니, 신문기사는 지속적으로 스크랩해 두어야 한다.

스마트폰은 최고의 'Action Planner'

휴대성이 높은 스마트폰은 언제, 어디서나 함께 하기 때문에 보다 편하게 일정을 관리할 수 있다. 중요한 스터디 모임, 취업 선배와의 만남, 채용설명회 등을 알림 기능으로 등록해 놓으면 편리하다. 스마트폰을 일정관리 플래너로 적극 활용하자.

또한 취업계획을 관리하고 수립하는 데에도 용이하다. '나는 올해 상반기까지 취업할거야'라고 다짐한 구직자에게 필요한 것은? 바로 구체적인 취업 계획을 세우는 것이다. 보통 계획을 세우는 것까지는 다른 사람의 도움을 받아 잘 하지만 그 이후에 문제가 생기기 마련이다. 현재 나와 있는 어플리케이션은 마인드맵 방식, 우선순위 기준으로 할 일을 보여주는 어플리케이션 등 기능이 매우 다양하다. 다양한 어플리케이션 중에 지금 자신에게 필요한 것을 취사선택해서 활용하라. 현재 시점에서 무엇을, 얼마나 달성해야 하는지 점검하는 데에 스마트폰이 도움을 줄 것이다.

여러 취업포털 사이트에 회원가입은 되어 있지만, 활용하지 않는다면 무용지물.
취업포털 사이트 활용 시 유의사항 몇 가지!

❶ 이력서 등록은 성실하게

이력서에 빈칸이 많으면 충실도 점수가 낮아서 인사담당자들에게 눈에 띄기 어렵다. 구직활동 중 취득한 자격증이나 교육과정 이수 등의 항목을 꼬박꼬박 업데이트해 두는 것은 필수이다.

❷ 입사지원은 마감일에 맞춰서?!

입사지원은 최대한 '일찍' 하는 것이 좋다.

'하루 빨리 직원을 채용해야 하는 중소기업 BC공업의 인사담당자 박 대리는 입사지원 현황을 수시로 체크한다. 마침 자격요건에 맞는 지원자가 있어 곧 실무진 면접을 진행할 예정이다'와 같은 케이스는 흔하다. 모든 회사가 입사지원 마감일까지 구직자를 기다려주는 것은 아니다. 당신이 입사지원을 하는 이 시점에 누군가는 면접을 보고 있을지도 모른다는 사실을 명심할 것.

❸ 희망 직무에 맞는 이력서 등록

한 우물만 파는 사람이 있는 반면, 여러 우물을 파서 먼저 나오는 결과를 기다리는 사람도 있다. 희망직무가 두 가지 이상이라면, 각각의 직무에 맞도록 이력서와 자기소개서를 수정하여 등록해 놓는 것이 바람직하다. 해당직무가 요구하는 성격이나 능력이 각기 다른 만큼 하나의 틀에서 직무 이름만 바꿔 넣는 태도는 지양하도록.

❹ 스마트폰 활용하기

휴대성이 좋은 스마트폰을 활용하면 인터넷 정보를 움직이면서도 최대한 다 수집할 수 있다. 가장 필요한 어플리케이션을 깔아놓고 적극 활용하라.

03 박람회와 캠퍼스 리쿠르팅 활용하기

Key Points

- 채용정보를 미리 확인한 후 박람회에 사전등록을 할 것.
- 관심 기업에 관한 더 많은 정보를 원한다면, 오전시간을 활용할 것.
- 실제 면접장에 온 것처럼 옷차림과 태도에 신경을 쓸 것.

CASE

친구 한성공 군의 조언으로 나잘난 양은 매일 채용정보를 검색하는 습관을 들이고 있다. 꼬박꼬박 해야 하는 일이어서 일어나자마자 최근 자주 이용하는 취업포털 사이트에 들어가 채용정보를 검색하면서 하루를 시작하고 있다.

10여 분의 시간이 지났을까? 정말 가고 싶은 기업을 발견! 설레는 마음으로 채용공고를 다시 정독해 나갔다. 공통지원 조건은 영어.

'이 회사에서 진짜 요구하는 가장 중요한 능력이 뭘까? 요즘 구직자 치고 영어 못하는 이는 드물잖아.'

이런 생각을 하는 순간 자신이 무얼 더 준비해야 하는지 다시 미궁 속으로 빠지는 느낌이 들었다.

진정 기업이 요구하는 능력이 무엇인지, 이런 궁금증을 조금이나마 풀 수 있는 기회가 박람회나 취업설명회이다. 해당기업에 대해 보다 세부적인 정보를 원한다면 채용박람회나 캠퍼스 리쿠르팅(채용설명회)을 놓치지 말고 적극 활용하라.

채용박람회 활용법

박람회에 가기 전에 채용정보 미리 파악하기

대부분의 채용박람회는 온라인 사이트를 통해 박람회 참여 기업과 채용공고 등을 공개한다. 확인한 내용을 토대로 해당기업에 맞는 맞춤형 입사지원서를 준비해 보자. 그리고 기업에서 제시한 준비서류를 꼼꼼히 기재하고 미리 챙겨 가라. 준비된 구직자의 면모를 보여줄 수 있는 기회가 될 것이다.

사전등록은 필수

채용박람회에 참여하기 위해서는 구직자로서 등록을 해야만 한다. 박람회 당일, 입구에서 길게 늘어진 줄을 피하고 싶다면? '하이 패스'와 같은 사전등록을 권한다. 힘들게 찾아온 박람회장 입구에서 등록카드를 쓰며 들어갈 순서를 기다리다 보면 실제 기업 면접을 보기 전에 지칠 수 있다.

오전 시간이 더 유리

보통 박람회는 오전 10시 경부터 오후 5시 정도까지 진행이 된다. 보통 구직자들이 몰리는 시간은 오후 1시에서 3시 경이다. 너무 많은 구직자들이 한정된 기업 부스에 방문하다 보면 면접이 원활하게 진행되지 못할 수도 있다. 조금 더 일찍 박람회장을 찾는다면, 시간적인 여유와 함께 집중적인 면접도 가능하다.

여기는 실제 면접장

입사지원서도 곧잘 쓰고, 태도도 바른 편인 A구직자는 청바지에 모자를 눌러 쓰고 와서 취업준비 하면서 정보를 얻으려고 박람회를 찾았다고 말한다.

박람회 부스에서 컨설팅을 할 때 가장 아쉬움을 주는 유형이다. 박람회는 기업에 대한 정보를 얻을 수 있을 뿐 아니라, 실제 채용이 이루어지는 장(場)이다. 실제 컨설팅을 해온 구직자들 중 박람회에서 채용되어 입사한 경우가 꽤 있다. 면접장에서 캐주얼 복장을 입은 사람은 아무리 태도가 바르고 역량 있어 보여도 좋은 점수를 받기는 힘들다. 박람회의 드레스코드는 면접 복장, 즉 정장임을 기억하자.

캠퍼스 리쿠르팅 활용법

대기업의 채용설명회는 인사담당자가 직접 회사의 채용 전반에 관한 사항을 설명하는 자리인 만큼 따끈따끈한 뉴스를 얻을 수 있다.

해당기업에 관한 궁금한 사항을 질의응답 시간에 물어볼 수도 있다.

이때 주의해야 할 사항이 몇 가지 있다!

첫째, 인사담당자가 언급했던 내용을 다시 질문하지 마라. 자칫 설명회에 집중을 하지 않은 것으로 생각될 수 있다.

둘째, 혼자서 질문을 독차지하지도 마라. 입사하고 싶은 마음에 인사담당자에게 여러 가지를 묻고 싶은 것은 당연하다. 하지만, 혼자서 너무 많은 질문을 하는 것은 절대 금물! 대부분 10분 정도 질의응답이 진행되는데, 혼자만 계속 질문하려 들면 결코 좋은 인상을 줄 수 없다. 질의응답 시간에 풀리지 않은 궁금증은 인사담당자가 무대에서 내려오면 개별적으로 물어보는 것이 더 효과적이다.

Check! Check! Check!

❶ 복장은 단정하게! 실제 면접장에 온 것처럼 단정하고 바른 태도를 가질 것
❷ 기업의 기본 정보는 사전에 파악하자.
   채용설명회 중에 인사담당자들이 해당기업에 관련된 질문을 하기도 한다. 사전에 그 기업에 대한 정보를 수집해 놓는다면 인사담당자의 주의를 집중시킬 수 있다.
❸ 캠퍼스 리쿠르팅, 우리 학교가 빠진다면 다른 학교로 가라!
   모교에서 진행되지 않는다하여 참가하지 않으면, 실제적인 정보를 그만큼 놓치고 있는 거다. 실제로 작년 8월 말경 열린 모 대학 채용설명회에는 타 학교 학생이 과반수를 넘었다고 한다.

04 기업 채용 트렌드 변화와 전략

Key Points
- 입사 지원 전에 산업과 직무에 대해 명확히 알아야 한다.
- 기업의 채용 트렌드는 '실무형 인재'. 인턴 경험 등 실무 능력을 어필 하는 것이 중요하다.
- 조직융화, 커뮤니케이션 기술을 보여주어야 한다.

CASE

나잘난 양은 과감하게 '마케팅' 쪽으로 희망직무를 바꾸었다. 얼마 남지 않은 학교생활이지만 무리를 해서라도 마케팅원론을 수강하기로 했다. 오늘은 마케팅원론 수업이 있는 날. 나잘난 양의 하루는 이전보다 조금 더 바쁘게 시작된다. 지하철을 타고 학교에 가는 길, 스마트폰은 좋은 친구가 된다. '맞춤채용정보'도 검색하고 마케팅에 관한 이모저모도 검색해 본다.

전공자가 아닌 터라 아직 준비할 것이 많지만 일단 한번 부딪혀보기로 한다. 중대한 선택을 한 뒤라 그런지 마케팅원론 수업에 더욱 집중하게 되었다. 수업을 마친 후 경영학과 사무실을 지나치다가 게시판에서 멈칫한다. "어?! OO회사에서 마케팅 인턴을 채용하잖아?" 공고를 읽어가다가 나잘난 양의 눈을 번쩍 뜨이게 한 문구가 있었으니……. ‘인턴근무 성적에 따라 2011 하반기 신입사원 공개채용 시 가산점 부여’

‘와~ 좋다. 인턴이 아니면 더 좋을 텐데, 그래도 너무 좋은 기회지. 어떻게 준비하면 좋을까?’

‘실무형 인재’, ‘인턴이 금(金)턴’ 언젠가부터 청년 취업시장의 현주소를 보여주는 말들이다. 왜 기업에서는 실무형 인재를 선호하는 것일까? 기업의 채용 트렌드를 살펴보자.

기업은 ‘실무형 인재’를 선호

인턴 연계채용 활발

공부만 잘하는 ‘범생이’는 가라. 기업은 실제 업무수행능력이 있는 인재를 선호한다. 이런 추세를 반영하듯, 인턴 연계채용이 대기업을 중심으로 활발해졌다. 포스코의 경우, 2010년 대졸 신입사원 선발 시 서류전형과 면접전형 후 ‘일정기간의 인턴근무’를 진행하는 시스템으로 바뀌었다. 인턴근무 기간 중에 프레젠테이션, 그룹토의, 영어 구술 면접 등의 면접을 진행하는 것으로 변화를 시도했다. CJ, STX 등도 인턴을 연계한 채용 시스템으로 바꾸었다.

기업이 원하는 ‘실무형 인재’

기업이 신입사원의 업무에 만족하지 못하는 요인은 무엇일까? 경총에서 2010년 7월 발표한 『2010년 대졸 신입사원 업무능력 평가 조사』
에 따르면, '학교교육이 기업의 요구를 충족하지 못해서'라는 응답이
33.3%로 나타났다. 특히 대기업의 경우 44.9%로 훨씬 높게 나타났다.

앞으로는 신입사원 채용 시 현장에 곧바로 투입될 수 있는 '실무능력'
을 더 중점적으로 평가할 것이다. 이에 기업이 요구하는 요건에 충족하
는 다양한 경험을 쌓도록 노력해야 한다.

시장의 흐름은 곧 '채용 기상도'

대기업 공채 시즌이 되면 업·직종에 따라 울고 웃는 경우가 생기기
마련이다. 그것은 채용시장이 전체적인 산업의 흐름과 직결되기 때문이
다. 2010년 하반기의 최대 화두는 '스마트폰'이었다. 스마트폰 시장은
점차 커져서 이와 관련된 산업이 급부상하게 되었고 기업들은 투자를
대폭 늘렸다. 특히 R&D 분야에 대한 투자와 채용수요가 늘어났다. 우
리가 시장의 흐름을 간과해서는 안 되는 이유도 여기에 있다. 시장의 흐
름을 파악하여 이번 시즌에 상대적으로 채용이 많이 이루어질 업·직
종을 찾는 것도 중요하다. 1%의 가능성이라도 더 높일 수 있다면 취업
에 한 걸음 더 가까이 간 것일 테니까.

선인지 후지원

대기업, 그 동경하는 이름만 보고 무작정 지원하다가는 낭패를 보기
일쑤다. 산업과 직무에 대한 이해가 선행되어야 한다. 내가 가고자 하는
기업이 속한 산업의 현재 이슈뿐만 아니라, 해당기업의 최근 소식 등에

민감해야 할 필요가 있다.

여러 직무를 지원한 경우에도 마찬가지이다. 각각의 직무에 관련한 역량을 고루 갖추고 있음을 보여주어야 한다. '돌려막기'가 위험하다는 것은 비단 신용카드에 국한된 문제가 아니다. 한 가지 능력을 여러 분야에 끼워 맞출 수는 없지 않은가! 여러 직무에 지원서를 쓴다면, 반드시 해당직무를 명확히 이해한 다음 그에 맞는 능력을 바탕으로 지원을 해야 할 것이다.

지방근무는 적응력이 필수

지방에 계열사가 위치한 경우에는 반드시 심사숙고한 후 결정해야 한다. '취업만 하면 끝'이라고 생각하지만 그 이후부터가 시작이다. 수도권에서 자라고 학교생활을 한 구직자들 중에는 지방근무에 적응하지 못해 중도 퇴사하는 경우가 적지 않다. 부모님, 친구들을 떠나 있는 것이 심리적 부담으로 작용할 수도 있고, 쇼핑 여가 문화생활 등의 제반여건이 본인과 맞지 않아 쉽게 적응하지 못하는 경우도 생긴다. 커리어의 첫 단추를 꿰는 첫 직장을 정하는 일은 우선 나에 대해 잘 알고 적응을 잘 할 수 있을지 먼저 판단해야 한다. 무작정 우선 취업만이라도 하고 보자는 생각은 그래서 매우 위험하다.

외국계 기업 공략법

서치 펌(Search Firm)에 이력서 등록

외국계 회사는 국내 대기업에 비해 인사팀의 규모가 크지 않아 경력직은 물론 신입직도 전문 서치 펌(헤드헌팅 회사)에 의뢰하여 채용하는 경우가 많다. 국내 유수의 서치 펌에 이력서를 등록해 놓으면, 적합한 채용의뢰가 있을 때, 컨설턴트가 안내해 주어 직접 발굴하지 않고도 좋은 기회를 가질 가능성이 높아진다.

대표적인 Search Firm

1) 유니코서치 http://www.unicosearch.com

2) 커리어케어 http://www.careercare.co.kr

3) 유앤파트너즈 http://www.younpartners.com

외국계 기업도 인턴부터 시작

몇 년 전부터 정규직으로 바로 채용하지 않고 인턴으로 3~6개월 정도 수습기간을 거쳐 정규직으로 전환하는 회사가 늘고 있다. 신입의 경우 인턴으로, 경력직의 경우 임시직으로 채용하여 업무역량과 대인관계 능력 등을 평가하여 정규직으로 전환하는 사례가 일반화될 전망이다. 인턴근무 기간 동안 성실하고 좋은 이미지를 남겨 주는 것이 가장 중요하다.

규모만으로 판단하지 마라

우리가 잘 아는 유명 소비재 기업 이외에도 국내에는 수많은 외국계 기업이 있다. 300명 이상의 큰 규모의 기업이 있는가하면 제조법인이 없는 영업법인 형태의 5인 미만의 연락사무소 개념의 회사도 있다. 규모보다는 얼마나 내실이 있고 해당 시장에서 어느 정도의 경쟁력을 갖춘 회사인지 그 회사의 포지셔닝을 확인하고 지원하는 것이 중요하다.

지역별 외국계 회사 현황

B2B 회사의 경우, 국내 대기업 전자회사나 자동차회사 등에 세일즈의 목적으로 진출한 회사들이 대부분이기 때문에 주로 대기업 제조사 인근에 많이 분포하고 있다. 서울 인근의 평택, 천안 등 외국인 산업단지에 밀집되어 있다. 각 지방자치단체 홈페이지나 관공서를 통해 해당 지역에 소재한 외국계 기업들을 확인할 수 있으므로 많은 정보를 수집하는 노력이 필요하다.

❶ 조직융화, 커뮤니케이션 기술을 보여줘라.
❷ 인턴 경험 등 실무능력을 충분히 어필하라.
❸ 취업 스터디 모임 등을 통해 보다 빠르게 정보를 습득하라.

05 '선택과 집중'의 전략

Key Points
- STP 전략을 활용하여 희망기업을 정하고, 그에 따른 포지셔닝 방법을 알아야 한다.
- SWOT 분석을 통해 자신의 강점과 약점을 파악하고 채용 환경에 대해서도 분석하여야 한다.
- 취업 준비는 '셀프 마케팅'의 과정이다.

CASE

OO회사 마케팅 인턴 채용공고를 접한 후 나잘난 양은 평소보다 바쁘게 지내고 있다. 나잘난 양은 현재 강점보다 약점이 더 많다는 것을 스스로 잘 알고 있다. 하지만, 도전도 해보지 않고 후회하는 것보다는 실패하더라도 도전해 보는 게 더 나은 결과를 안겨준다고 생각하고 있다.

이런 나잘난 양의 도전에 기꺼이 도움을 주는 한성공. 그는 2주 동안 예정된 해외출장을 가기에 앞서 나잘난 양에게 파일 하나를 건네준다. 그것은 다름 아닌 '한성공의 취업계획서'. 그 안에는 한성공 군이 취업을 하기 위해 세웠던 각종 계획들이 빼곡하게 채워져 있었다. 그의 노력에 다시 놀라움을 금치 못한 나잘난 양. 마치 전문가가 기업을 분석하듯

한성공 군이 취업을 하기 위해 분석한 자료들이 가득 차 있었다.

한성공 군은 취업계획을 수립하는 데 꼭 필요한 사항들을 마케팅 전략을 활용하여 도표화 해놓았다. 나잘난 양은 이것을 어떻게 활용할 수 있을까? 디자인에서 마케팅으로 급선회한 나잘난 양은 어떻게 취업계획을 수립할까?

STP 전략에 따른 목표기업 정하기

STP(Segmentation-Targeting-Positioning) 전략은 주로 소비자가 원하는 것을 기업이 파악해 마케팅에서 활용해온 전략이다. 이를 취업시장에서는 구직자가 기업의 입장, 기업이 소비자의 입장이 되어 구직자의 취업전략을 세워볼 수 있다. 취업시장에서 구직자는 자기 자신을 세일즈 하는 1인 기업이라고 볼 때 이는 주요한 전략이 될 수 있다. 목표기업을 선정하고 전략을 수립할 때 잘 활용해 보자.

Market Segmentation(시장 세분화)

일단 희망하는 기업을 '세분화'하고 목표기업을 정하라. 예를 들어 매출액 기준 500대 기업을 고려한다고 가정하자. 기업의 매력도, 취업준비도를 바탕으로 한 나의 위치 파악, 합격 가능성 등을 토대로 A, B, C 등급으로 나누어 보자. 평가를 하는 데에 있어 앞서 합리적 의사결정에서 살펴보았던 가중치 점수를 활용하면 효과적이다. A그룹은 반드시 지원, B그룹은 도전에 볼 만한 기업 등으로 분류하기로 하자.

Targeting(표적 정하기)

그룹을 세분화했으면 표적을 정할 것이다. 세분화한 타켓 각 그룹 가운데 그 어느 하나가 되어도 상관없다고 심리적으로 범위를 넓힐 수는 있으나 전략을 수립하는 데 그런 두루뭉술함은 있을 수 없는 일이다. 각 표적별로 입성할 수 있는 전략을 철두철미하게 세워야 한다. 그것을 타겟팅이라고 한다.

Positioning(포지셔닝)

여기서 체크해야 할 포인트는 2가지이다.

첫째, 지원 희망 기업(Target market)이 해당 시장에서 어떻게 포지셔닝 되어 있는가 하는 것이다. 기업의 시장점유율, 경쟁사 등을 파악하고, 경쟁력을 키우기 위해 어떤 것들이 필요할지 생각해 보는 것이 중요하다.

둘째, 지원 희망 기업(Target market)에 따라서 지원자인 '나'는 어떻게 포지셔닝 되어야 하는가, 이 점을 생각해 보자. 다른 지원자들보다 경쟁우위를 점하기 위해 어떤 역량을 강조해야 할지 정리해 보는 것이 필요하다.

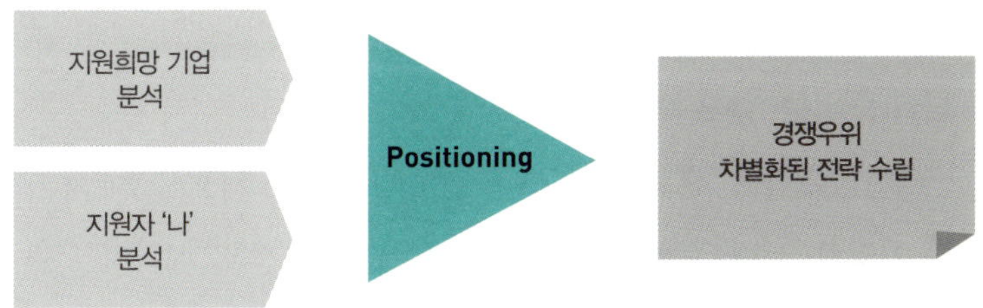

취업경쟁력 강화를 위한 SWOT 분석

SWOT 분석은 취업준비생에게 낯설지 않은 개념이다. 취업에 있어 SWOT 분석은 내부적인 관점에서의 나의 강점(Strength)과 약점(Weakness), 외부적인 환경요소로서 기회(Opportunity)와 위협(Threat) 요인으로 구분하여 그에 맞는 대응전략을 찾는 데 사용되고 있다.

강점 찾기 파트에서 살펴 본 나의 '핵심역량'을 떠올려보면서 다음 SWOT분석 예시를 살펴보자.

〔나잘난 양의 SWOT분석〕

강점(Strength)	약점(Weakness)
트렌드를 파악하는 능력 다문화 경험으로 인한 수용력 공모전 입상 영어회화 실력 프레젠테이션 기술	마케팅 실무경험 부족 학교 인지도 마케팅 비전공 입사지원서, 면접 기술 부족
기회(Opportunity)	위협(Threat)
시장 개방성(FTA 등) 채용 기회 확대 PT능력 강조	높은 경쟁률 경력직 위주로 채용하는 관행

취업 준비는 '셀프 마케팅'의 과정

구직자들에게는 '셀프 마케팅'이 항상 강조된다. 채용시장에서 구직자는 기업의 '선택'을 받아야 하는 입장이므로 자신을 '매력적'으로 보여서 채용구매 욕구를 높여주는 게 무엇보다 중요하다. 앞으로 이 책 전반에 걸쳐서 입사지원서, 이미지 메이킹, 면접 준비 등 다양한 전략을 통해 나를 '마케팅'하는 과정을 알아보게 될 것이다.

성공적인 전략을 세우고 실행에 옮김으로써 기업의 요구에 부합하는 준비된 인재라는 자신감을 얻길 바란다.

Check! Check! Check!

어떤 계획이든지 '실행'에 옮기지 않으면 의미가 없다. 먼저 취업을 위해 계획을 세우고(Plan), 우선순위를 정하여 실행(Do)하고, 계획과 실행과정이 잘 이루어졌는지 피드백(See) 하는 과정이 필요하다. 1회에 그치지 않고 '순환 구조'의 형태로 반복적으로 진행하면 성공률이 점점 더 높아질 것이다.

나의 취업 ACTION PLAN

성명: ______________

● STP : 최종 목표지점까지의 과정

나의 구직 목표	목표 직종/직무	
	목표 산업	
	목표 고용형태	
	목표 연봉	
	목표 지역	
	중요하게 고려해야 할 사항(가치)	
	목표 취업 기간(2011년 00월까지)	

● SWOT : 나의 보유 역량 파악 & 취업 환경 분석

※ 보유 능력이나 의지수준 항목을 참조하여, 취업성공을 위한 자신의 강점과 기회를 최대한 많이 탐색해 볼 것!

	나의 강점(Strength)	나의 약점(Weakness)
나의 역량		
	내게 주어진 기회 요소(Opportunity)	내게 부딪힌 위협 요소(Threat)
취업 환경 분석		

※ 경쟁력 강화를 위한 항목들을 점검해 보고, 강화하기 위한 실천행동과 목표를 구체화해 볼 것!

항 목	추구하는 목표	실천 행동 및 방법	완료 일시	비 고
채용정보 찾기				
입사지원서				
면 접				
인턴 경험 (유관 아르바이트)				
자격증				
실무 능력 향상				
인맥 · 정보				

06

취업상담 Q&A
– 대한민국 대표 커리어 컨설턴트와의 JOB談(잡담)

Q1 채용박람회에 갈 때 이력서와 자기소개서를 꼭 가져가야 하나요?

A 맞습니다. 구직자와 이력서, 자기소개서는 '실과 바늘'의 관계이기 때문에 단순히 채용박람회에서 정보를 얻는 것이 목적이라고 하더라도 반드시 지참하는 것이 좋습니다.

채용박람회에는 다양한 부대행사가 마련되는데, 그 중 가장 인기코너 중 하나가 입사지원서 클리닉, 면접 클리닉 부스입니다. 실제로 채용박람회에서 컨설팅을 하면, 상당수의 구직자들이 입사지원서 없이 '맨손'으로 오는 경우가 많은데요. 박람회 내 입사지원서 클리닉 부스는 개인당 많은 시간을 쓸 수 없습니다. 그런데 구직자가 입사지원서를 지참하지 않는다면, 짧은 시간 내에 이루어지는 질문과 응답만으로 구직자에 대한 기본적인 이해가 다소 부족한 상황에서 컨설팅할 수밖에 없습니다. 나에게 보다 도움이 되는 컨설팅을 받고자 한다면 입사지원서를 지참하는 것이 좋겠죠?

제가 박람회 파트에서 가장 먼저 강조했던 부분을 기억하시나요?

바로 박람회 '사전등록'에 관한 내용입니다. '사전등록' 후 참여 기업을 먼저 둘러본 후에 관심기업이 있다면, '해당기업 맞춤형' 입사지원서를 작성해 보세요. 준비된 구직자라는 이미지를 전달할 수 있습니다.

또한 입사지원서는 출력용 뿐 아니라 파일로 저장하여 지참하는 것이 좋습니다. 관심 있는 기업에 면접 보러 가기 전, 컨설팅을 받으셨다면 구직자용 컴퓨터에서 수정한 후에 더 나은 입사지원서를 제출할 수 있을 테니까요. 준비된 자만이 기회를 더 얻는다는 사실 꼭 기억하세요!

Q2 취업에 도움을 줄 사람, 어떻게 찾을 수 있을까요?

A 네. 나잘난 양의 친구 한성공 군처럼 나의 취업을 적극적으로 도와줄 수 있는 사람이 있다면 정말 좋겠죠? 여러분도 주위를 둘러보면 도움 받을 수 있는 상대가 분명 있을 겁니다. 친한 선배, 동기에게 나의 취업준비 사실을 알리고 내가 희망하는 기업에 입사했거나 동일 업종, 직무에 종사하고 있는 사람들을 잘 찾아보세요. 지인이 많지 않다면, 학

과 사무실이나 학교 취업지원처 등에서 도움을 받을 수도 있습니다.

실질적으로 '사내추천' 제도를 통해 나를 추천해 줄 만한 분을 찾는다면 업무에 있어 성실하고 성과를 인정받는 분을 찾으십시오. 추천하는 사람의 이미지도 중요하기 때문입니다.

그리고 나의 취업을 도와줄 사람을 만날 때 주의해야 할 점이 몇 가지 있으니 꼭 유념하시기 바랍니다.

첫째, 약속을 정할 때에는 비즈니스 매너를 지킬 것. 바쁜 직장인들에게 시간은 아주 중요한 가치입니다. 상대가 편한 시간과 장소에 맞추어 약속 시간을 정하는 것이 바람직합니다.

둘째, 궁금한 사항을 미리 정리할 것. 미팅 시간이 길어질수록 서로 부담스러울 수 있습니다. 막역한 사이가 아니라면 더욱 그렇지요. 20~30분 정도의 시간이 정해져 있다고 가정하고 시간을 효율적으로 활용하기 위해 궁금한 점을 미리 메모해 두세요.

셋째, 미팅 후 '감사 인사' 전하기. 헤어지기 전에 '고맙다'는 말로 마무리하기보다 집에 돌아와서 메일로 감사하다는 인사를 꼭 전하세요. 더욱 좋은 인상을 남길 수 있습니다. 메일 내용에는 감사인사와 미처 말하지 못한 본인의 역량, 오늘 조언을 듣고 보완해야 할 점에 대해 세운 계획 등이 들어가면 좋습니다.

07 취업성공 사례

● 사례1: 인맥을 통해 예상치 못한 기회를 잡다

2년 전 어느 봄날, 구직자 A씨를 처음 만났다. 전문대학을 졸업한 지 6개월이 지난 A씨는 예쁘장한 외모와 밝은 인상이 눈에 띄었다. 희망직무는 항공사 지상직무, 졸업 후 예약발권시스템 교육을 이수한 상태였다. 그러나 기본적인 컴퓨터 활용능력이 부족하고, 토익점수가 낮았다.

그러나 빠른 취업을 희망했던 바와 달리, 항공사 지상직무에 대한 수요가 없었다. 2지망으로 일반사무를 희망한 A씨는 컴퓨터 활용능력이 낮았기 때문에 엑셀과 파워포인트 위주로 실무능력을 쌓기로 하였다.

목표 취업 기간을 3개월 이내로 설정하고, 구직활동을 도와줄 만한 사람을 찾아볼 것을 당부하였다.

그러던 중 3차 상담 이후에 면접을 보았다는 연락을 받게 되었다. 상황은 이러했다. 친한 선배가 기존 커리어를 더 쌓기 위해 보직 변경을 요청하였고, 회사에서 직무를 변경해 줄 테니 후임자를 빨리 물색해 볼 것을 지시하였다고 한다. DB 관리가 주요 업무여서 상급 수준의 오피스 능력을 요구하는 것이 아니었기 때문에 선배의 추천으로 A씨가 면접을 보게 된 것이었다. 신입으로서 밝은 이미지와 일에 대한 태도 등에서 높은 평가를 받은 것으로 기억한다.

OA능력이 향상될 때까지 3개월의 기간을 목표로 하였지만, 의외의 기회를 잡아 3주 만에 취업을 할 수 있었던 사례이다.

이를 계기로 나는 구직자들에게 '인적 네트워크 활용'을 더욱 강조하게 되었다. 누구에게나 예상치 못한 '선물' 같은 기회는 찾아올 수 있다.

● 사례 2: 채용 트렌드 변화에 맞춘 전략을 세우다

미국 대학에서 회계학을 전공한 구직자 B씨는 졸업한 지 1년 정도 되었을 때 상담센터를 찾아왔다. 대기업 인적성검사를 준비하면서 높은 취업 관문을 실감하고 있었다. 그는 전공인 회계직무 이외에 영업, 마케팅 직무에도 관심을 보였다. 상담 진행 당시 대기업 인턴직무 지원을 앞두고 있어서 가물가물한(?) 전공지식을 활용하여 입사지원서 클리닉을 진행하였다.

상담 초기부터 적극적이었고, 이제껏 상담한 구직자 중 가장 '바른' 태도를 가지고 있어 나도 더욱 도움을 주고 싶었다. 헤드헌팅 사에 근무하는 지인에게 B씨에 대해 설명한 후 좋은 포지션이 있으면 추천해 줄 것을 부탁하였다. 당시 적합한 포지션에 결원이 생겨 생각보다 빨리 기회가 돌아왔다. B씨는 어느 외국계 기업의 회계 포지션에 인터뷰를 진행하게 되었고, 일부 긍정적인 피드백을 받았다.

오랫동안 구직활동을 하면서 면접 경험이 부족했던 B씨에게 그 인터뷰는 '단비'와 같은 것이었다. 생각보다 빠른 기간 내에 면접전형까지 진행되어 B씨는 구직활동에 대해 자신감을 갖게 되었다. 그 이후 면접에 대한 감(感)을 잃지 않고 적극적으로 구직활동을 이어가 지금은 당당한 사회인 2년차로서 생활하고 있다.

매일 반복되는 일상에 힘들어 하고 있다면, 뭔가 '새로운' 자극이 필요하다. 그 결과가 비록 실패로 돌아올지라도 구직활동에 있어 촉매역할을 하게 될 것이라고 믿는다.

취업백과사전 _ 스토리텔링 편

모든 경험을 경력화하라

스토리는 나의 힘

Career Specialist 박수정

모든 게
경력
ICE CREAM

Part 3

Career Specialist의 스토리텔링 컨설팅

• 의뢰자 : 모든 의뢰자

스토리텔링은 이 책에 소개되는 가상의 네 인물뿐만 아니라 모든 구직자들에게 해당되는 항목이다. 기업이나 개인 모두 어떤 스토리를 보여주느냐가 세일링 포인트가 될 정도로 스토리텔링의 힘이 커지고 있는 것이 최근의 추세이다. 광고를 보더라도 톱스타를 내세운 일방적인 주입식이 아니라 제품이 갖고 있는 이야기를 들려줌으로써 갖고 싶게 만드는 걸 보면 쉽게 이해가 갈 것이다. 그럼 무엇을 스토리텔링 할 것인지에 대해 알아보자.

역량 스토리가 진짜 스펙이다!

기업은 핵심역량을 보유한 지원자를 채용하고자 한다. 즉, 자기소개서와 면접에서 핵심역량을 보유하고 있음을 명확한 근거를 들어 보여주어야 하는 것은 입사지원자로서 가져야 하는 당연한 태도이다. 그렇다면 내가 갖고 있는 핵심역량은 과연 무엇일까? 아니 핵심역량이라는 것을 갖고 있기는 한 것일까, 나에게 이런 것이 있기는 할까 걱정하는 경우가 많다. 핵심역량을 스토리로 만들어 보자.

최신 채용 트렌드 – 스토리에 주목하다!

스펙이 전반적으로 상향평준화의 양상을 보이면서 점수화 된 스펙이 실제 업무 성과와는 크게 관련 없다는 의식이 확산되면서 스펙의 비중이 줄어들고 있다.

그 예로 삼성은 스펙을 오직 지원 자격으로서만 활용하고 있고, SK텔레콤도 스펙에 해당하는 부분을 블라인드 처리하고 자기소개서를 중점적으로 평가하고 있다. 또한 IBK투자증권은 서류전형 시 아예 학력, 어학점수, 사진을 없애 최대한 스펙을 배제하고 자기소개서 중심으로 서류전형을 평가하겠다고 공개 선언한 바 있다. 이제 기업이 지원자의 스토리에 주목하는 것은 대세가 되었다.

누구에게나 스토리는 있다!

우리는 지금까지 살아오는 동안 생각보다 많은 경험을 해왔으며, 그 경험은 그냥 주어진 것이 아니다. 우연한 기회에 접한 경험이라 할지라도 주어진 상황에 대해 항상 생각하고 판단해 왔다. 이렇게 상황에 대해 생각하고 판단하는 총체적 경험을 통해 무엇인가를 배우고 느끼며 성장해 왔다. 이것이 결국 우리의 핵심역량인 것이다.

역량을 어떻게 보여 줄 것인가?

앞서 말했듯이 입사지원 시 가장 중요한 것은 우리가 보유하고 있는 능력과 핵심역량을 명확하게 입증시키고 전달하는 것이다. 그러면 어떻게 전달하는 것이 가장 효과적일까?

경력직의 경우 담당업무와 성공적인 수행사례를 제시하면 가장 효과적이다. 하지만 신입으로 입사지원을 하는 경우 당장 무엇으로 핵심역량을 입증해 보일 수 있을까?

답은 우리의 경험 속에 있다!

성장기를 거쳐 현재까지 오는 동안 우리는 학교를 다니고 친구들과 여행을 하기도 하고, 아르바이트를 하며 사회경험을 해 보기도 했을 것이다. 이런 경험들은 지원분야와 직접적인 관련이 있거나 혹은 없다 하더라도 우리가 갖고 있는 역량을 보여줄 수 있는 훌륭한 근거 자료가 될 수 있다.

그럼 지금부터 우리가 그동안 접했던 다양한 경험과 에피소드를 각각의 스토리 보드에 정리해 보고 스토리텔링을 통해 구체적으로 전달할 수 있는 방법을 알아보도록 하자.

나만의 핵심역량 리스트를 만들어라

자신의 핵심역량을 파악하기가 여전히 쉽지 않은 사람들에게는 역량사전을 만드는 방법을 권한다. 1장에 수록된 [공통역량 베스트 20] 도표를 참고하여 자신의 핵심역량을 다시 체크하라. 그리고 자신이 부족한 것과 가장 자신이 있는 항목을 가려내라. 자신 있는 항목이 자신의 핵심역량인 것이다. 이 도표를 자신의 것으로 재구성하라. 아무래도 가이드라인이 있으면 중심잡기가 쉽다. 이 도표를 가이드라인 삼아 자신의 핵심역량을 계속 업데이트 하라.

01 인턴도 경력이다

Key Points
- 인턴십의 기회가 확대되고 있다. 기회를 노려라!
- 인턴사원으로서의 활약상을 펼쳐라.
- 지원분야와 관련이 있건, 없건 인턴십 경험은 강점이 될 수 있다.

항상 자신감이 넘치는 나잘난 양을 눈여겨 본 교수님이 인턴 근무를 추천해 주기 위해 그녀를 불렀다. 인턴근무를 해보지 않겠냐는 교수님의 제안에 나잘난 양은 '난 바로 취업할 수 있는 스펙인데 교수님은 왜 나한테 인턴근무나 하라는 거야?! 한성공이 인턴을 한 것도 아닌데……'라고 생각하며 시큰둥해했다.

나잘난 양이 높은 빌딩에 유리창이 큰 회사에서 근무하고 싶어 하는 것을 아는 교수님은 인턴근무할 회사가 강남역에 있는 유리창 큰 사무실이라는 것까지 곁들이며 설득했다. 사실 나잘난 양이 철이 좀 없어서 그렇지 감각만큼은 교수님도 인정하는 바였고, 인턴근무할 회사도 신생 의류 브랜드를 마케팅 하는 회사인지라 여러 모로 나잘난 양과 잘 맞을

것이라는 확신이 있어 추천하고, 또 설득까지 한 것이다. 교수님의 갖은 설득과 추천 때문에 나잘난 양은 일단 해보기로 마음을 먹는다.

첫 출근 날! 확 끌린 회사도 아니고 정식 출근도 아니지만 회사로 출근한다는 사실이 묘한 떨림을 주었다. 인파에 시달리는 출근길부터 만만치 않았지만, 회사생활은 더욱 쉽지 않았다. 인턴사원이지만 일반 직원들과 동일하게 일이 주어지고, 누가 가르쳐 주는 것 없이 알아서 상황파악하며 일해야 했다. 물론 높은 빌딩에 유리창도 큰 사무실이었다. 교수님이 거짓말을 한 건 아니지만 '인턴인데 정규직처럼 일해야 하다니!' 원망스러운 마음도 들었다.

하지만 나잘난 양이 누구던가! 이대로 못한다고 물러나면 콧대 높은 자존심은 어쩌라고? 결국 첫날부터 밤 12시까지 야근을 하고야 말았다. 집으로 돌아오는 길, 몸은 정말 피곤했는데 이상하게도 알 수 없는 뿌듯함이 밀려왔다.

한 설문조사(2011-01,사람인,329개 기업 대상, 올해 인턴사원 채용계획)에 따르면 올해 인턴채용 규모는 지난 해 대비 7.6% 이상 증가할 전망이다. 또한 정규직 전환 비율도 지속적으로 상승세를 유지하고 있다.

조사결과에서 알 수 있듯이 인턴 후 정규직으로 전환하는 비율이 증가하면서 인터십도 효과적인 취업전략이 될 수 있다. 인턴을 거쳐 정규직 취업으로 성공한 구직자들은 '인턴사원이라 하더라도 업무의 범위를 구분하지 말고 적극적으로 선배에게 물어보고 실행하는 모습을 보이면 정규직 채용으로 이어지는 연결고리가 된다'고 조언한다.

인턴 경험이 있는 지원자가 채용시장에서 경쟁력을 가진다는 의미이다. 그렇다면 입사지원 시에는 인턴 경험을 어떻게 어필하는 것이 좋을까? 나잘난 양의 사례를 보며 다시 한 번 생각해 보자.

인턴십은 실무경험의 선험적 무대

기업에서 가장 선호하는 인재유형은 '실무경험이 있는 지원자'이다. 지원분야와 동일한 실무경험을 가진 지원자라면 서류통과는 크게 어렵지 않을 수 있다. 최근 신입사원 채용공고를 보더라도 '경험자 우대', '관련 경력자 우대' 등의 문구가 기재되어 있어 신입으로 지원하는 구직자들이 실망하는 경우가 적지 않다. 지원분야와 동일한 실무경험을 갖고 있다는 것은 결국 경력직을 말하는 것이 아닌가? 그럼 경력직만 취업할 수 있다는 이상한 논리가 맞을지도 모른다는 생각까지 할 수밖에 없다.

하지만 속단하기엔 이르다. 앞서 언급 했듯이 인턴근무를 할 수 있는 기회가 증가하고 있고, 인턴근무 경험을 잘 활용하면 충분히 '경력사원 같은 신입사원, 실무경험을 갖춘 신입사원'으로 멋지게 어필할 수 있다.

인턴으로서 해야 할 일

지원분야와 유관한 인턴 경험

지원분야가 명확하게 정해져 있는 상태에서 인턴근무를 하게 된 경우라면 인턴근무에 좀 더 적극적으로 임할 수 있을 것이다. 또한 자기소개서나 면접에서도 지원분야의 실무경험을 쌓기 위해 인턴의 과정을 거쳤음을 보여준다면 큰 강점이 될 수 있다.

인사담당자들은 지원자가 근무한 기업이 어떤 환경이었는지, 지원자는 인턴으로서 어떤 일을 해보았는지를 알고 싶어 한다. 결론적으로 앞으로 하게 될 업무와 유사한 것을 해보았는지를 알고 싶어 한다. 따라서 지원분야와 관련 있는 곳에서 일한 경험이 있다면 자신이 맡은 업무 내용과 역할에 대해 명확히 보여주어야 한다.

앞서 본 나잘난 양의 경우는 마케팅에 관심 있었기 때문에 신생기업이고 당초 크게 관심을 갖지 않았음에도 불구하고 인턴으로 일을 하면서 희망직무에 대한 확신도 생겼고, 좀 더 적극적으로 일하면서 성과를 낼 수 있었던 원동력이 되었다.

지원분야와 무관한 인턴 경험

인턴 경험이 있는 구직자들 가운데 상당수는 우연한 기회에 인턴을 하게 된다. 희망직무가 정해져 있지 않은 상태이거나 진로 자체가 불확실한 상태에서 인턴을 경험하고, 인턴근무 후에야 비로소 사태를 파악하게 된다. 그렇다면 인턴근무와 동떨어진 분야에 지원할 경우 인턴 경험은 자기소개서든 면접이든 전혀 활용할 수 없는 걸까? 다행스럽게도 그렇지 않다!

지원분야와 관련 있는 경험이면 가장 좋겠지만, 그렇지 않다 하더라도 넓게 보면 조직의 구성원으로서 사회경험을 해 보았다는 것 자체만으로도 인턴 경험이 없는 지원자보다 우위에 설 수 있다.

기업 입장에서 본다면 아르바이트 경험을 갖고 있는 것과는 또 다르게 인턴 경험이 있는 구직자는 기본적으로 사회생활이 무엇인가에 대해 감(感)을 잡고 있을 것이라 기대하게 된다. 이러한 기대에 부흥하려면 당연히 인턴근무를 하는 동안 겪었던 에피소드를 정리해 보고, 그 상황에서 대처능력 중심으로 자기소개서나 면접에서 강점으로 어필할 수 있어야 한다.

인턴십을 스토리텔링으로 활용하는 법

스토리 보드를 구체적으로 입력하라

인턴근무 경험을 활용하기 위해서는 인턴십 스토리 보드를 작성하면서 회사에서 함께 근무 했던 사람들, 팀 분위기, 담당업무에 대해 최대한 구체적으로 작성해야 한다.

나잘난 양이 자기소개서에 "저는 인턴근무를 하면서 제가 가진 능력을 최대한 발휘하여 능력을 인정받았습니다"라고 썼다면 인사담당자는 어떻게 생각할까? 어떤 능력을 갖고 있는지, 그 능력을 어떤 상황에서 발휘했었는지 알 수 없어 단순한 자기 자랑에 불과한 것으로 치부해 버릴지도 모른다.

예를 들어, "A기업에서 인턴근무를 할 당시 업계 최초로 ○○브랜드 론칭 이벤트 프로젝트에 참여하게 되었습니다. 성공적인 론칭 이벤트를 위해 시장조사 업무를 맡게 되었는데 평소 자주 이용하는 블로그를 통해 정보를 수집하고, 더불어 블로그나 각종 SNS를 통해 론칭 이벤트를 홍보할 수 있는 아이디어를 제안하여 프로젝트에 반영되는 성과를 내었습니다. 인턴근무를 하는 동안 업무에 대해 선을 긋지 않고 업무 전체를 파악하기 위해 노력한 덕분에 능력을 인정받을 수 있었습니다. ○○에 입사 후에도 인턴사원으로서 능력을 인정받은 경험을 살려 회사 업무의 전체를 파악할 수 있는 안목과 적극성을 발휘하여 아이디어를 실행시킬 수 적극성을 발휘하겠습니다"라고 쓴다면 인턴 경험도 경력이 될 수 있다. 업무상황과 자신의 역할, 그 결과 등을 제시함으로써 지원자의 성공적인 경험과 역량이 회사 측에 효과적으로 전달될 수 있다.

입사 후 포부는 인턴십의 결과로 증명

자기소개서를 작성할 때 어떤 부분이 가장 작성하기 어려운가? 아마도 열에 아홉은 입사 후 포부를 떠올릴 것이다. 입사 후 포부를 작성하기 어려운 이유는 무엇일까? 아마도 알 수 없는 미래의 나에 대해 보여주어야 하기 때문일 것이다.

이 어려움을 해결해 줄 수 있는 열쇠가 바로 인턴십이다! 인턴 경험이

〔인턴십 스토리보드〕

근무회사	
회사규모	사원수, 매출액 등
근무기간	
담당업무	인턴근무 중 수행했던 업무 모두 작성 예)복사, PPT 작업, 기획회의 참여 등
소속부서(팀)	
업무성과 (인정받은 일, 수치화된 성과)	수치화할 수 있는 성과는 물론, 상사에게 칭찬받은 것 모두 작성
에피소드	인턴근무 중 기억에 남는 에피소드를 모두 떠올려 보고, 그 중 몇 가지를 정해 상황제시 → 나의 역할 → 결과 → 배운 점·느낀 점 순으로 작성
인턴근무 후 결과 (입사제의, 인턴 종료 후 활동사항 등)	인턴근무 후 입사제의를 받고 입사를 했거나, 혹은 인턴 경험 후 구직활동에 있어 달라진 점, 자신에게 어떤 변화가 있었는지 작성
인턴근무를 통해 **배운 점·느낀 점**	인턴근무 중 일을 하면서 배우고 느낀 점, 혹은 함께 일하는 동료와 상사를 보면서 느낀 점 등
지원분야와의 **연관성·연계성**	지원분야와 관련 있는 분야라면 실무에 어떻게 적용할지 작성, 무관한 경험 이라면 조직생활을 배웠다는 측면으로 연계성 작성
역량 - 발휘된 역량 - 개발된 역량	발휘된 역량: 인턴근무를 하면서 인정받거나, 성과를 낼 수 있었던 요인 개발된 역량: 인턴근무를 하면서 새롭게 배우고 익힐 수 있었던 능력

있다면 좀 더 현실적이고 구체적으로 입사 후 포부를 작성할 수 있다. 즉, 인턴으로 근무할 당시 업무를 효과적으로 수행하기 위해 노력한 행동이나 방법들은 인턴사원으로 인정받을 수 있었던 핵심요소가 되었을 것이다. 바로 이 핵심요소를 활용해서 앞으로의 업무계획과 태도에 대한 각오를 밝힌다면 인턴근무를 통해 입증된 강점이기 때문에 보다 설득력 있게 접근할 수 있다. 특히 지원분야와 유관한 인턴근무였다면 유사 분야에서 일을 해본 경험이 있기 때문에 빠른 적응력을 보여줄 수 있고, 빠르게 업무를 습득할 수 있음을 자신 있게 보여줄 수 있을 것이다.

02 아르바이트도 경력이 된다

Key Points
- 아르바이트는 업무 스타일을 보여주는 훌륭한 도구다.
- 아르바이트도 사회생활, 조직적응력에 대한 평가요소가 된다.
- 아르바이트는 직장인으로서 갖춰야 할 업무태도를 미리 보여줄 수 있는 수단이다.

대학교 5학년에 재학 중인 나열정 양. 학교 다니는 내내 참 바쁘게도 살았다. 비싼 등록금을 모아야 하기도 했지만, 사람들과 좀 더 자연스럽게 어울리고 싶은 욕심도 있었다. 왜냐하면 곧 취업을 하고 사회생활을 해야 하니까.

평일 저녁에는 패밀리 레스토랑에서 서빙을 하고, 주말에는 경마장에서 매표 아르바이트도 병행했다. 방학 때는 백화점 의류 매장에서 판매도 해보고, 그 더운 여름 날 놀이 공원에서 인형 탈을 쓰고 퍼레이드도 했다. 일을 하는 동안에는 나름대로 보람을 갖고 일했다.

하지만, 막상 졸업이 다가오고 취업을 준비할 때가 되니 이런 소소한 아르바이트 경험은 도대체 써먹을 데가 없게 느껴진다.

‘꾸준히 일을 했지만, 전공이랑 관련도 없고, 번듯한 회사에서 인턴 근무를 한 것도 아니고, 기록에도 남지도 않고……’

이런 생각들로 나열정 양은 바쁘게 지냈던 대학생활이 무의미하게 느껴지고 면접을 보러 가도 항상 자신감 없이 위축되곤 한다.

최근 기업 인사담당자들을 대상으로 ‘대학생이 겨울 방학을 어떻게 활용하면 좋을까?’라는 주제로 설문조사를 실시했다.(2010-12.인크루트, 국내기업 인사담당자 331명) 그 결과 1위는 아르바이트 및 사회경험이었다. 방학 동안에는 좀 더 많은 시간을 투자해서 스펙을 쌓을 수 있다. 그렇다면 오랜 시간 동안 시간을 투자해서 쌓을 만한 스펙에는 아르바이트와 같은 사회경험 뿐일까?

대부분의 취업 준비생들은 아르바이트보다는 토익을 준비하거나 자격증 시험에 몰두할 계획을 세워두고 있을지 모른다. 하지만 설문조사에서도 볼 수 있듯이 기업의 인사담당자들은 더 이상 자격증이며, 높은 토익점수를 끌어 모으기에만 혈안이 되어 있는 취업준비생에게는 흥미가 없다. 이미 고스펙자는 너무 많아 차별화가 어렵기 때문이다.

대신 직접 사회에 부딪혀 가며 경험을 쌓은 지원자는 단순한 지식을 넘어 사회생활을 ‘체득’한 것이기 때문에 인사담당자들에게도 개인의 개성을 볼 수 있는 매력적인 스펙으로 다가가는 것이다.

자, 이렇게 생각해 보니 나열정 양의 고민이 해결 될 수 있다는 기대가 생긴다. 그럼 왜! 아르바이트 경력이 쓸모 있는 경험이 될 수 있는지, 채용과정에서 아르바이트 경험을 어떻게 보여줄 수 있을지 고민해 보자!

아르바이트 경력을 주시하는 이유

아르바이트에는 업무 스타일이 엿보인다

아르바이트를 해본 사람은 알겠지만, 아르바이트생이라는 신분을 갖고 일을 시작했더라도 일반직원과 동일한 업무량과 책임의식을 갖고 일하게 되는 경우가 많다. 아르바이트생에게도 분명 성과에 대한 책임이 있으며, 함께 일하는 동료들이 있고 그들과 어떻게 업무를 수행했는가에 따라 업무 스타일, 즉 업무에 임하는 태도가 나타나기 마련이다. 인사담당자는 이것이 궁금한 것이다!

예를 들어 나열정 양이 자기소개서에 "패밀리 레스토랑에서 일을 하는 동안 다양한 사람들을 만나면서 서비스 마인드를 키울 수 있었습니다"라고 작성했다고 가정해 보자. 이 문구를 본 인사담당자는 의문점이 많이 생길 것이다.

'다양한 사람들 중 기억에 남는 사람이 있지 않을까?'

'당황스럽게 하는 고객을 응대해야 하는 경우 어떻게 대처했을까?'

'패밀리 레스토랑에서 직원들이 보통 20명은 넘을 텐데 동료 직원들과는 어떻게 지냈을까?'

이런 의문들이 들지만, 실상 자기소개서에 작성 된 내용이 '서비스 마인드를 키울 수 있었다'는 고작 한 줄이라면 호기심 보다는 경험을 잘 어필하지 못한 지원자로 더 이상 고민할 필요가 없다고 생각해 버릴 것이다.

그렇다면 나열정 양은 자기소개서에 아르바이트 경험을 어떻게 써야 할까? 예를 들어, "좀 더 나은 서비스를 위해 [단골손님 만들기] 프로젝트를 시작했습니다. 한 번 응대한 고객의 성향과 취향을 메모하고 기억해 두었다가 두 번째 방문 시 기억하고 응대하기를 꾸준히 한 결과 나열정이라는 이름을 기억하고 매장을 방문해 주시는 고객도 생겨났고, 매니저님에게 칭찬 받았던 경험이 있습니다"라고 바꿔 작성했다면 인사담당자들은 나열정이라는 지원자는 자신의 역할에 충실히 하기 위해 새로운 방법을 도입할 수 있는 잠재력이 있다고 생각할 것이다.

아르바이트 태도에 조직 적응력이 엿보인다

아르바이트를 하는 동안에도 우리는 조직의 구성원으로서 일을 하게 된다. 각자 맡은 담당업무가 정해져 있지만, 같은 공간에서 함께 일하는 동료들 간의 조화와 팀워크는 굉장히 중요한 요소로 작용한다. 아르바이트를 하면서 만난 동료가 나중에 직장동료가 될 수도 있고, 첫 아르바이트 때 동료와의 마찰 때문에 힘든 경험이 있으면 사회생활을 시작하는 데 있어서도 어려움을 겪을 수 있다. 그만큼 아르바이트 환경은 앞으로 취업 후 속하게 될 조직의 환경과 크게 다르지 않다는 것을 명심해야 한다.

예를 들어 나열정 양은 다양한 아르바이트 경험을 해보았기 때문에 새로운 사람들과 환경에 적응하는 능력이 탁월함을 어필할 수 있을 것이다. 실제로 아르바이트를 많이 하게 되면 사람들의 특성을 빨리 파악하는 노하우가 생기기 마련이다. 또한 어느 조직이건 서로의 특성을 존중해 주면서 일하면 적응하기가 훨씬 수월하다. 이런 점을 자기소개서

에 어필한다면 인사담당자는 지원자가 입사 후에도 소속 팀에서 잘 적
응하고 화합하는 분위기를 만드는 데 기여할 수 있을 것이라는 기대를
하게 된다.

아르바이트에는 미래 업무태도가 엿보인다

아르바이트생도 일종의 직장인이라 할 수 있다. 학생 신분이라 하더
라도 아르바이트를 할 때만큼은 맡은 업무에 대해 책임을 져야 하며, 근
무태도 역시 개인의 능력으로서 평가 받게 된다.

한국경영자총협회의 설문조사(경총, 2010 – 07, 382개 기업 대상, 2010
년 대졸 신입사원 업무능력 평가 조사)에 따르면 기업이 신입사원의 업무성
취도에 대해 불만을 느끼는 이유 가운데 '신입사원의 근무태도와 일에
대한 열정 부족'이 1순위로 꼽혔다.

설문조사에서 알 수 있듯이 기업에서는 신입사원의 근무태도, 즉 일
에 대한 열의나 출퇴근 관리와 같은 성실함 등을 직장인으로서 가져야
할 가장 중요한 요소로 생각하고 있다.

예를 들어 나열정 양이 자기소개서에 경마장에서 아르바이트 한 경
험을 쓴다면 어떻게 쓸 수 있을까? "경마장에서 아르바이트를 하면서
성실함을 키울 수 있었습니다."라고 쓰는 것 보다는 "경마장에서 매표
아르바이트를 한 경험이 있는데, 항상 7시까지 출근해서 저녁 10시에
퇴근하는 일정이었습니다. 하루 12시간이 넘는 고된 일과였지만, 6개월
동안 지각없이 일찍 출근하는 성실함을 인정받아 다른 아르바이트생들
보다 더 오랜 기간 일할 수 있었습니다"라고 작성한다면 맡은 업무에 임

한 태도와 성과, 인정 등을 확인할 수 있고, 입사 후에도 아르바이트 할 때처럼 성실함과 책임감으로 일할 것이라는 기대를 심어 주게 되는 것이다.

아르바이트 경험을 경력으로 만들려면

아르바이트 스토리 보드 만들기

아르바이트 스토리 보드를 입력하며 아르바이트를 하는 동안 있었던 에피소드를 떠올려 보고, 그 상황에서 어떻게 대처했는지도 함께 떠올려 봐야 한다. 다양한 곳에서 아르바이트를 했다면 스토리 보드를 여러 개 만들어 작성해 보고, 아르바이트 경험마다 쌓을 수 있었던 핵심역량이 무엇이었는가에 초점을 맞춰 스토리텔링을 이어가는 것이 좋다.

아르바이트도 결국은 성과

작성 시 핵심은 일을 하면서 이루어낸 성과를 보여주는 것이다. 물론 아르바이트생으로서 수치화 할 수 있는 성과는 많지 않겠지만, 최소한 일을 하면서 '잘 하기'위해 시도했던 방법이 있다면 제시한다. 그리고 시도한 결과 누군가에게 칭찬의 말을 듣거나 인정받았다면, 그 역시도 아르바이트생으로서 이뤄낸 성과가 될 수 있다.

결국 아르바이트 할 때도 일을 잘 해서 칭찬 받았으니, 입사 후에도 당연히 일로써 칭찬 받을 수 있는 지원자라는 인식을 심어주는 것이다.

〔아르바이트 스토리보드〕

근무처	
근무기간	
담당업무	
업무성과 (인정받은 일, 수치화된 성과)	수치화할 수 있는 성과는 물론, 상사에게 칭찬받은 것 모두 작성
에피소드	아르바이트 중에 남는 에피소드를 모두 떠올려 보고, 그 중 몇 가지를 정해 상황제시 → 나의 역할 → 결과 → 배운 점 · 느낀 점 순으로 작성해 본다.
배운점 · 느낀점	아르바이트를 하면서 배우고 느낀 점, 혹은 함께 일하는 동료 · 상사를 보면서 느낀 점 등
지원분야와의 연관성 · 연계성	지원분야와 관련 있는 분야라면 실무에 어떻게 적용할지 작성, 무관한 경험이라면 조직생활을 배웠다는 측면으로 연계성 작성
역량 – 발휘된 역량 – 개발된 역량	발휘된 역량: 아르바이트를 하면서 인정받을 수 있었던, 성과를 낼 수 있었던 요인 개발된 역량: 아르바이트를 하면서 새롭게 배우고 익힐 수 있었던 능력

03 공모전을 놓치지 마라

Key Points
- 공모전은 수상 여부를 떠나 참여 자체만으로도 강점이 될 수 있다.
- 공모전 참여 경험은 창의력과 기획력을 보여주는 기회이다.
- 공모전을 준비하면서 겪은 에피소드를 활용해 핵심역량을 어필하라.

CASE

나잘난 양은 K그룹에 지원하려고 한다. 계획대로라면 진작 이력서나 자기소개서 등의 지원 포트폴리오를 완성했어야 하는데 자기소개서 항목에서 꽉 막혀버렸다. 요즘은 자기소개서에 '~했던 경험을 위주로 기술해 주세요'라는 묘한 문구로 특정 미션을 넣는 경우가 많다. 이번 K그룹의 미션은 이해도 어렵고 그 경험을 찾아 쓰기도 힘들다.

'자신과 성격이나 업무 스타일이 매우 다르다고 생각한 사람과 함께 프로젝트 또는 활동해 본 경험에 대해 중점적으로 기술해 주십시오'라는 미션이 들어가 있다.

사람들과 특별히 마찰이 있었던 적도 없고, 마찰이 있었다 하더라도 그걸 어떻게 잘 포장해서 쓸 수 있을까 싶다. 친구들과 함께 뭔가를 도

모하는 성격도 아니고 공모전에 같이 응모해 봤지만 잘 되지도 않았다.

KT&G 공모전을 친구들과 함께 준비할 때는 당연히 대상을 탈 줄 알았다. 나름대로 자신감을 갖고 열심히 했고, 작품의 창의성과 협응력 등을 봤을 때 정말 입선조차 못한 것은 굉장한 충격이었다. 그 이후로는 친구들과 함께 공모전에 다시 출품하는 건 생각하지도 않았고, 공모전의 공자도 입 밖으로 꺼내지 않았다.

'공모전에 떨어진 경험을 쓸 순 없잖아?! 자기소개서에 실패한 경험을 쓰면 마이너스만 될 거고 면접 때 물어보기라도 하면 내 성질만 드러내는 거 아냐?!'

그렇다고 몇 날 며칠을 고생하며 참여한 공모전 이야기를 그냥 묻어두자니 아깝긴 하다. 묻어두자니 아깝고 쓰자니 어떻게 써야 이득인지 모르겠는 나잘난 양.

그녀가 공모전 경험으로 어떻게 잘난 척 좀 해볼 방법은 없을까?

공모전에 출전해서 수상하면 더할 나위 없이 좋지만, 수상의 영예는 언제나 소수에게 돌아가는 법! 대기업 공모전 평균 경쟁률이 100:1이 넘는다고 하니 입상 경력이 없다고 해서 주눅들 필요는 하나도 없다.

공모전에 입상하지 못했다 하더라도 공모전 참여 경험을 통해 나잘난 양은 분명 성장했을 것이다. 주제를 선정하기 위해 친구들과 토론의 과정을 거쳤을 것이며, 각자의 담당업무를 정하고 진행사항을 확인하기 위해 수차례 회의도 했을 것이다. 또 서로 간의 이견 때문에 소소한 갈등도 있었을 것이다.

적게는 1개월에서 길게는 6개월까지 소요되는 공모전 과정을 스토리텔링을 통해 정리해 보고, 공모전 참여경험을 입사지원 시 어떻게 활용할 수 있을지 알아보자.

공모전의 기억을 되살려라!

연간 1,500여개의 공모전이 열리고 있다. 광고, 디자인, 정책 아이디어, 서비스 등 다양한 주제로 열리는 공모전에 구직자들은 얼마나 참여하고 있을까? 한 설문조사에 따르면(2009. 인크루트. 4년제 졸업자 20~50대 직장인 1,136명) 20대 구직자의 17.6%만이 공모전 경험이 있는 것으로 조사되었다. 연간 진행되는 공모전 수에 비하면 참여자 수는 한참 낮은 수치이며, 대부분 한 번 공모전에 참여해 본 사람이 또다시 참여하는 경우가 많아 결국 '하는 사람만 하는' 셈이다.

나머지 80% 가량이 시도하지 않은 걸 시도했다는 측면에서 공모전에 참여해 본 구직자는 공모전의 결과에 상관없이 이를 강점으로 활용할 수 있다.

현재 채용시장에서의 핵심전략은 '차별화 전략'이다.

대다수가 경험해 보지 않은 것을 경험하고, 자신만의 유일한 경험을 가진 지원자는 새로운 생각으로 앞서 나갈 수 있다고 기업은 믿기 때문이다. 따라서 공모전 경험 역시 차별화 전략의 한 요소가 될 수 있다는 것을 명심해야 한다.

공모전, 왜 차별화 전략이 되는가?

아이디어와 기획력을 보여줄 수 있다

공모전에 참여한 경험을 자기소개서에 쓴다면 당연히 공모전의 주제와 대략적인 구성내용에 대해서도 언급하게 될 것이다. 그 내용을 보는 인사담당자는 해당 공모전과 지원자가 제시한 방향과의 타당성과 아이디어도 함께 평가하게 된다. 또한 새로운 아이디어를 구체화시켜 보았던 경험은 향후 입사 후 업무수행에 있어서도 좀 더 혁신적인 사고로 임할 수 있는 가능성이 있음을 입증하는 훌륭한 근거 자료가 된다.

목표를 달성하려는 노력을 보여줄 수 있다

공모전을 준비하는 사람이라면 누구나 입상을, 혹자는 그 이상까지 노리고 비장한 각오로 공모전 준비에 임할 것이다.

이처럼 공모전 입상이라는 목표를 갖고 준비하는 이들은 분명한 목표의식을 갖고 계획적으로 움직이게 된다. 공모전 수상이라는 큰 목표 아래 각 팀원의 역할을 정하고, 마감 시한까지 작업계획을 수립하고 체크하는 과정을 지겹도록 반복해 나간다.

이처럼 목표달성을 위해 계획적으로 움직이고 실행해 본 경험을 인사담당자를 어떻게 평가할까? 결과가 좋지 않다면 인사담당자 역시 좋지 않은 경험으로 생각해 버릴까? 그렇지 않다!

입사 후에 맡게 되는 모든 업무는 개인의 목표가 된다. 개인의 목표달성이 누적되면 그것은 조직의 목표를 달성시키는 힘이 된다. 따라서 수상에는 실패했다 하더라도 목표달성을 위해 노력한 과정이 보이면 입사 후에 조직에서도 팀의 목표달성을 위해 기여할 것이라는 기대를 심어줄 수 있다.

공모전의 역할은 조직구성원으로서의 역할을 보여준다

공모전을 준비하는 동안 각자의 역할을 완벽하게 해내려고 저마다 치열하게 노력할 것이다. 공모 마감일까지 함께 동고동락하면서 팀 목표를 달성시키기 위해 유기적으로 공동작업에 매진할 것이다. 팀 작업을 해본 이들은 알겠지만 사소한 일로 의견 충돌이 생겨 프로젝트에 영향을 미치기도 하고, 또 작은 성과에도 함께 기뻐하기도 한다. 즉 공모전을 준비하는 동안 팀원 모두 개인과 팀의 목표 두 가지 모두를 달성하기 위해 마찰과 조화를 겪으면서 열과 성을 다해 노력하게 되는 것이다.

이런 경험을 에피소드로 살려 자기소개서에 제시하면 인사담당자는 구직자를 조직구성원으로서의 구체적인 모습으로 그려보게 된다. 팀 작업을 하는 동안 어렵고 힘든 일이 생겼을 때 팀 내에서 자신이 어떤 역할을 수행했으며, 어떤 방법을 통해 해결해 나갔는지를 보여줌으로써 입사 후 미래에 조직에서의 역할도 미리 보여줄 수 있는 것이다.

공모전을 스토리텔링 하라!

자, 그럼 공모전에 참여한 경험을 활용하려면 어떻게 해야 할까?

일단 공모전에 참여했던 경험은 '그냥 했다'는 경험만으로 그치면 의미 없다. 준비하는 과정은 물론 준비 과정에서 있었던 에피소드와 그로 인한 변화, 영향을 받은 것들이 무엇인지 정리하는 시간을 반드시 가져야 한다. 원래 내 경험은 그냥 그런 경험으로 쉽게 치부해 버리는 경향이 있는데, 자기소개서를 작성하고 면접 볼 때만큼은 오롯이 '나의 것'으로 활용해야 한다.

공모전 스토리 보드를 구체적으로 입력하라

공모전 스토리 보드도 아르바이트 스토리 보드와 마찬가지로 공모전 준비 기간 동안 있었던 에피소드를 떠올려 무엇을 어떻게 했는지 최대한 구체적으로 작성해야 한다. 팀원이 몇 명이었는지, 팀원은 어떻게 모집했는지 등 소소한 에피소드를 통해서도 충분히 능력과 역량이 드러날 수 있음을 명심하자!

성장 포인트를 짚어라!

공모전 스토리 보드의 핵심은 공모전 이전과 이후 자신이 어떻게 달라졌는지 보여주는 것이다. 또한 지원분야와의 연결고리를 찾아 직무를 성공적으로 수행할 수 있는 가능성을 키운 경험임을 어필하는 것이 가장 중요하다.

〔공모전 스토리보드〕

공모전명/주관	예) 친환경 운전문화 확산을 위한 아이디어 공모(서울시)
공모주제	팀에서 정한 주제와 콘셉트
팀명/팀 인원	
준비기간	예) 2009.2~5(4개월)
역할	팀 내 역할–팀장/총무/분위기 메이커 등, 담당 파트–기획, 자료분석, 디자인 등
준비 과정 중 에피소드	공모전 준비과정 중 기억에 남는 에피소드를 모두 떠올려 보고, 그 중 몇 가지를 정해 상황제시 → 나의 역할 → 결과 → 배운 점·느낀 점 순으로 작성
공모전 결과	수상여부, 공모전 참여가 나에게 미친 영향 등
성공 실패 요인	성공 실패 여부 분석
배운점·느낀점	
지원분야와의 연관성·연계성	지원분야와 관련 있는 분야라면 실무에 어떻게 적용할지 작성, 무관한 경험이라면 조직생활을 배웠다는 측면으로 연계성 작성
역량 – 발휘된 역량 – 개발된 역량	발휘된 역량: 공모전을 준비 하면서 인정받았던, 성과를 낼 수 있었던 요인 개발된 역량: 공모전을 준비 하면서 새롭게 배우고 익힐 수 있었던 능력

04 해외활동은 글로벌 트렌드

Key Points
- 인재 상 키워드, 글로벌 경쟁력을 살려라!
- 글로벌 경력은 도전정신의 증거다.
- 새로운 문화에 대한 수용력은 현 시대의 필수역량이다.

CASE

초등학교 5학년 때 처음 미국으로 연수를 간 고스펙 군. 그 후 해외 유학파 출신에 국내 명문대 경영학과 졸업, 높은 학점, 영어와 중국어 회화가 가능한, 요즘 취업시장의 '워너비 스펙'을 갖게 되었다. 보통의 대학생이라면 해외여행, 어학연수 한 번 가기에도 큰 결심이 필요하지만 교수 아버지 덕분에 어릴 때부터 해외생활을 자주 해봐서 그리 특별한 경험도 아니다.

취업준비생이라면 누구나 부러워할 만한 스펙을 가졌음에도 고스펙 군은 졸업을 앞둔 요즘 고민이 이만저만이 아니다. 막상 취업을 준비하는 이 시점까지도 아직 한국문화에 적응중이며, 다른 친구들은 고시생처럼 준비하는 취업시장에도 어떻게 뛰어들어야 할지 막막하기만 하다.

누군가에게 물어보고 싶어도 오랜 외국생활로 대인관계가 좁고, 그마저도 그리 원만하지 않은 편이라 취업에 대한 고민이 여느 취업준비생 못지 않다.

자신의 강점이 무엇인지, 무엇을 할 수 있을지조차 막막한 고스펙 군에게 지금 필요한 것은 무엇일까?

취업포털 잡코리아가 매출액 상위 50대 기업을 대상으로 각 기업의 인재상에 포함된 키워드를 분석한 결과, '국제감각 & 글로벌 경쟁력'을 갖춘 인재와 '창의적 창조적' 인재가 인재상에 포함된 기업이 58.1%로 가장 많은 비중을 차지하고 있다. 이어 '도전정신'을 갖춘 인재도 51.1%를 기록할 만큼 기업에서 선호하는 인재의 모습으로 선정되었다.

설문조사에서 알 수 있듯이 국내 주요 기업들은 이제 더 이상 활동무대를 국내로 제안하지 않고 세계로 뻗어나가기 위해 채용과정에서부터 챙기고 있는 것이다.

그만큼 구직자들은 세계의 흐름을 볼 수 있는 넓은 시야와 글로벌 인재로서의 역량을 쌓는 과정이 필요한데, 단순한 어학능력이 아니라 다양한 문화를 수용하고, 그 안에서 창의력을 발휘할 수 있는 능력을 개발해야 한다.

이런 시대적인 흐름을 생각한다면 고스펙 군에게도 뭔가 길을 찾아줄 수 있지 않을까?

해외 경험으로 도전정신을 보여줘라

해외로 나가 새 물결을 맛보기 위해서는 그만큼 준비가 필요하다. 여기서 말하는 준비에는 언어능력 같은 기술도 있겠지만 무엇보다 중요한 것은 마음가짐이다. 서로 다른 외모와 생활방식을 갖고 있는 사람들과 마찰 없이 생활하려면 가장 먼저 그들의 문화와 사고방식을 이해하고 존중할 수 있어야 한다. 하물며 국내 여행을 가더라도 전국 팔도의 말과 문화가 다르지 않은가? 그러니 다른 나라에 가서 적응하며 생활하고 돌아왔다는 것은 최소한 적응력과 도전정신만큼은 인정받을 수 있는 것이다.

그렇다고 '수많은 해외 경험을 통해 다른 문화를 이해하고 받아들이는 능력을 키웠습니다.' 이렇게만 표현한다면 해외경험을 통해 무엇을 배우고 성장할 수 있었는지는 여전히 의심스러울 수밖에 없을 것이다.

고스펙 군의 사례를 생각해 보자.

스펙 군은 어릴 때부터 해외생활을 경험했다. 지금이야 외국에 나가는 것이 자연스럽지만 어릴 때 처음 외국에 나갔을 때도 아무렇지 않게 생활할 수 있었을까? 분명 적응하기 위해 시행착오를 겪었을 것이다. 이런 시행착오의 경험이 바로 스토리가 되는 것이며, 남들 다 하는 해외 경험이 아니라 그만의 유일한 경험이 되는 것이다.

예를 들면 이렇게 쓸 수 있다.

"초등학교 5학년 때 처음 미국에 연수를 갔을 당시 피부색이 다르고, 다소 내성적인 성격 때문에 학교에 가는 것 자체가 두려웠던 적이 있었습니다. 그러던 어느 날 체육시간에 야구를 하게 되었는데 다른 친구들에 비해 훨씬 멀리 던질 수 있고, 수비도 잘 한다는 것을 알게 되었습니다. 그 전에는 관심조차 없던 외국인 친구들이 저에게 관심을 갖기 시작했고, 말은 잘 통하지 않았지만 야구를 잘 하는 방법을 알려주며 점차 '친한 친구'를 만들 수 있었습니다. 이처럼 저는 새로운 환경에 적응할 수 있는 필살기를 갖고 있습니다. 즉, 낯선 환경에 주눅 들지 않고 내가 갖고 있는 능력을 최대한 발휘하여 적응할 수 있는 방법을 찾아내는 능력이 탁월합니다."

이렇듯 에피소드를 스토리로 풀어쓴다면 갖고 있는 스펙뿐 아니라 스펙을 쌓기 위해 노력한 열정도 함께 보여주게 되는 것이다.

해외활동의 키워드는 '변화'

기업에서 글로벌 능력을 원하고 더불어 창의적인 인재를 선호하는 이유는 무엇일까?

국제적 경험을 통해 새로운 환경과 문화를 접하게 되고, 이것이 결과적으로는 창의적인 인재로서의 가능성 유무를 가늠해볼 수 있기 때문이다. 따라서 자기소개서와 면접에서 보여주어야 하는 것도 바로 이런 부분이다.

분명한 것은 경험은 사람을 성장시키고, 또 변화 시킨다는 것이다.

바로 해외경험을 통해 새롭게 느낀 점, 새롭게 변화한 결과를 제시해야 한다. 단순히 '해외여행이 즐거웠다, 영어 능력을 키울 수 있었다'등의 내용은 누구나 갖고 있는 공통의 것으로 인사담당자에게 전혀 매력적이지 않다. 해외여행을 하는 동안 겪은 에피소드를 더 흥미로워하며,

〔글로벌 경력 스토리보드〕

체험국가	
기간	
목적	여행, 어학연수, 인턴십 등
활동내용	어학연수, 딸기 농장 아르바이트, 영어 스터디 모임 등
기억에 남는 순간들	기억에 남는 일화들 나열, 처음 학교를 갔을 때의 낯섦, 룸메이트와 친해지기 위해 게임, 영어로 대화가 되기 시작했을 때 기쁨 등
에피소드	여러 순간들 중 가장 많이 배우고 느낄 수 있었던 경험을 선정하여 상황제시 → 나의 역할 → 결과 → 배운 점·느낀 점 순으로 작성
새롭게 만난 인물들	해외생활에서 만난 외국인 친구들을 통해 새로운 문화를 접해본 경험도 함께 제시할 수 있음
경험 후 달라진 점	해외경험이 나에게 미친 영향
배운점·느낀점	
지원분야와의 연관성·연계성	지원분야와 관련 있는 경험이라면 실무에 어떻게 적용할 지 작성, 무관한 경험이라면 새로운 것에 대한 적응력을 배웠다는 측면으로 연계성 작성
역량 - 발휘된 역량 - 개발된 역량	발휘된 역량 : 해외경험 중 인정받았던, 성공적인 결과 낼 수 있었던 요인 개발된 역량 : 해외경험을 하면서 새롭게 배우고 익힐 수 있었던 능력

그 일이 결과적으로 지원자에게 어떤 변화를 일으켰는지를 더 궁금해한다. 흥미를 유발시킬 수 있는 스토리를 자기소개서에 작성하고 면접 시 말할 수 있어야 한다.

이는 스토리 보드를 작성하면서 구체화 시킬 수 있다.

해외경험을 하면서 수많은 에피소드가 있었을 것이다. 일단은 생각나는 모든 에피소드를 나열해 보는 것이 좋다. 그 다음에는 나열된 에피소드 중 실제 자기소개서와 면접에서 어필할 만한 에피소드를 선별해야 한다.

첫째, 스스로에게 가장 큰 변화를 주었던 경험. 둘째, 지원분야와 관련 있거나 지원분야의 업무를 수행하기 위해 필요한 역량을 키울 수 있었던 경험 들을 우선순위로 정한다. 그리고 그 에피소드를 통해 배우고 느낀 점이나 자신에게 미친 영향들을 정리하며 구체화시켜 나가는 과정이 필요하다.

05 봉사활동은 윤기 나는 스펙

Key Points
- 봉사활동 경험은 변화하는 채용 트렌드에 필수 항목이다.
- 스토리로 풀어내는 봉사활동 경험은 나만의 유일함이 된다.
- 봉사활동 경험에서 역량을 찾아라!

CASE

일요일 아침, 나열정 양은 동아리 친구들과 함께 보육원으로 간다. 대학교에 입학하면서 가입한 봉사동아리 활동이라 한 달에 한 번 보육원 가는 일은 생활의 일부가 되었다. 학교를 졸업하고 나면 아무래도 자주 못 갈 거라는 마음에 아쉽기도 하지만, 당장 취업을 준비해야 하는 상황이라 한편으로는 일요일 하루 종일 시간을 빼앗기는 것 같아 그만 다니는 게 좋겠다는 생각도 하고 있다.

오늘은 오랜만에 졸업한 선배도 함께 보육원을 방문하게 되었다, 졸업 후 취업한 선배를 보고 나열정 양은 잘 됐다 싶어 취업에 대한 고민을 털어 놓았다. 선배는 뜻밖에도 보육원 봉사활동 만큼은 그만두지 말고 꾸준히 하라고 조언했다. 예상 밖이라 당황스러워하는 나열정 양에게 선배는 "요즘 기업들은 사회공헌활동을 활발히 하고 있고, 희생정신과 동료애를 중요시 하는 기업 문화가 있다."고 말한다. 그렇다면 4년 넘게 이어 온 이 봉사활동이 꽤 퀄리티 있는 스펙이 아닌가?!

취업준비로 그만두려고 했던 봉사활동이었지만, 나열정 양은 선배의 조언대로 봉사활동을 유지하면서 취업에 적극적으로 활용할 수 있는 방법을 찾아보기로 한다.

구직자들이 어학점수, 자격증, 학점, 인턴십, 공모전, 봉사활동 등 다른 구직자들과 차별화하기 위한 스펙 쌓기에 열중하고 있다. 이 중 가장 차별화된 스펙으로 각광 받고 있는 것이 바로 봉사활동이다.

최근 기업들은 인재를 선발하는 데 있어 타인을 돌보고 사회에 공헌할 수 있는 인성을 갖춘 인재를 선호하는 추세이다. 이는 기업윤리와 사회 기여를 중시하는 기업문화를 반영하기도 하지만 최근 채용의 한 트렌드이기도 하다. 실제 기업에서는 지원자의 봉사활동 내역을 꼼꼼하게 살펴보고, 가산점을 부여하거나 면접 시 '가장 인상적인 봉사활동 경험은 무엇인가?' 등의 질문으로 구체적인 봉사활동 경험을 요구하는 경우들이 많아지고 있다. 예를 들어 마이크로소프트, 구글 등 IT 관련 회사들은 신입사원 채용 시 전공연계 봉사활동 현황에 대해 참고하고 일부 가산점을 주는 제도를 실시하고 있다.

요즘은 봉사활동의 개념이 넓어져 '재능기부'처럼 구직자가 학교에서 쌓은 전공지식을 다른 사람들에게 베풀고 나누는 활동에 대해 지식과 인성을 함께 인정해 주고 있다.

봉사활동 경험을 스토리텔링 하라!

봉사활동을 상세히 입력하라

봉사활동 스토리 보드를 입력할 때 가장 핵심은 어떤 봉사활동을 했으며, 그 봉사활동을 하면서 무엇을 느끼고 배울 수 있었는지를 상세히 기술하는 것이다. 나열정 양이 자기소개서에 "4년 동안 보육원에서 봉사활동을 하면서 많은 것을 느끼고 배울 수 있었던 시간이 되었습니다."라고 작성했다면 나열정 양만의 특별한 경험이 될 수 없다. 어쩌면 진짜 봉사활동을 하긴 했을지 의심스러워할지도 모른다.

여기서 필요한 것이 바로 스토리다!

보육원에 봉사활동을 하러 가서 주로 만났던 대상은 누구였는지, 그들과 어떤 활동을 하며 시간을 보냈는지, 기억에 남는 원아와의 에피소드를 기술하는 것도 봉사활동의 결과물을 설득력 있게 전달하는 방법이 된다.

예를 들어 "보육원에 가면 주로 6~7세 정도의 아이들과 시간을 보냈는데, 어린이 날 행사에 맞춰 방문 한 적이 있었습니다. 어린이 날이라 아이들 모두 기분이 좋아보여서 함께 즐거운 시간을 보냈는데, 우연치 않게 아이들끼리 하는 말을 듣게 되었습니다. 어린이 날이라 후원자님들이 많이 오셔서 좋다고, 하지만 오늘 지나면 똑같이 심심해질 거라고 금세 아쉬운 표정을 짓고 있었습니다. 어린 아이들이라 마냥 즐거워할 줄 알았지만, 이미 자신의 상황을 다 알고 말하는 모습이 매우 안타까웠습니다. 이 일을 계기로 보육원 봉사활동에 매월 정기적으로 참여하게 되었고, 그 후 어린이 재단을 통해 기부활동을 시작해서 5년째 이어 오고 있습니다. 보육원에서 만난 아이들을 통해 나도 누군가에게 도움을 줄 수 있는 사람이라는 자긍심이 생겼으며, 항상 현재에 감사하며 미래를 준비할 수 있는 마음가짐을 갖게 해 되었습니다."라고 작성하면 좀 더 명확하게 자신의 경험을 전달할 수 있을 것이다.

인사담당자는 지원자가 봉사활동을 통해 무엇을 보고 느꼈는지, 어떤 변화가 생겼는가를 알 수 있으며, 지원자의 인성에 대해서도 판단할 수 있게 된다.

이처럼 봉사활동을 스토리로 풀어 갈 때에는 에피소드를 떠올려 보고, 그 상황에서 어떻게 대처했었는지도 함께 떠올려야 한다.

봉사활동의 역량

봉사활동에는 여러 가지 종류가 있지만, 대부분 혼자 할 수 있는 것이 아니라 여러 사람과 어우러져 해야 한다. 함께 하는 사람들 중에는 나의 도움을 필요로 하는 사람들도 있을 것이고, 나와 마찬가지로 다른 사람들에게 도움을 주기 위해 참여한 이들도 있다.

나의 도움을 필요로 하는 사람들에게서는 난 무엇을 얻고 배울 수 있을까? 대부분 봉사활동을 지속적으로 하는 사람들의 말을 들어보면 "봉사활동을 하다 보면 내가 도움을 주는 것이 아니라 오히려 내가 도움을 받고 있다."고 말하는 사람들이 많다.

이 말의 뜻은 무엇인가? 우리는 봉사활동을 하며 도움의 손길이 필요한 이들을 보며 스스로를 되돌아보기도 하며, 능력을 개발하거나 봉사

〔봉사활동 스토리보드〕

봉사활동 단체명/기관	
봉사활동 내용	예)교육봉사–초등학생 수학지도, 보육원 시설정비, 중환자실 치료보조 등
기간	
참여(시작)동기	예)동아리활동, 가족의 권유, 학교 필수활동 등
봉사활동이 나에게 미친 영향	봉사활동을 통해 변화된 것 작성(생각, 가치관, 생활습관 등)
에피소드	봉사활동 중 기억에 남는 에피소드를 모두 떠올려 보고, 그 중 몇 가지를 정해 상황제시 → 나의 역할 → 결과 → 배운 점·느낀 점 순으로 작성
배운점·느낀점	
지원분야와의 연관성·연계성	봉사활동 경험을 통해 배운 점이 앞으로 업무태도에 있어 어떻게 활용할 수 있는지 작성
역량 - 발휘된 역량 - 개발된 역량	발휘된 역량 : 봉사활동을 하면서 인정받거나, 성과를 낼 수 있었던 요인 개발된 역량 : 봉사활동을 하면서 새롭게 배우고 익힐 수 있었던 능력

활동을 계기로 인생의 큰 변화를 겪기도 한다.

그렇다면 봉사활동을 통해 변화를 갖게 되는 원동력은 무엇인가?

봉사활동을 통해서도 역량을 개발할 수 있기 때문이다. 여러 자원봉사자들과 함께 일하면서 협응력을 키우고, 어떤 방법으로 도와줄 수 있을지에 대해 생각하며 창의력도 키울 수 있다. 또한 다양한 계층의 사람들과 대화를 하며 조직생활의 필수역량인 커뮤니케이션 기술도 향상시킬 수 있다.

봉사활동 역시 스토리 보드 작성이 관건이다. 봉사활동을 통해 키운 역량을 스스로 판단해 보라. 그리고 그 역량이 과연 지원분야의 업무를 수행하는 데 있어 긍정적 결과를 도출시킬 수 있을지에 대해서도 진지하게 정리해 보자.

06 학교 생활로 경력 만들기

지원분야와 가장 밀접한 것 찾아내기

요즘 취업준비생들은 참으로 다양한 경험들을 갖고 있다. 학생회 활동을 통해 각종 학과 행사를 주관하기도 하고 학과 사무실에서 근로 장학생으로 일을 하기도 한다. 또 동아리 활동을 열심히 하는 학생들은 동아리의 특색에 따라 공연을 하기도 하고, 프로젝트를 완성해 가기도 하고, 혹은 스터디 모임을 통해 취업준비를 하기도 한다. 학교를 벗어나 국토 대장정을 해보기도 하고 방학 내내 아르바이트 한 돈으로 유럽 배낭여행은 아니더라도 전국을 돌며 자전거 여행을 하기도 한다.

이런 다양한 경험을 자기소개서와 면접에서 모두 보여줄 수 있을까? 안타깝게도 그럴 수가 없다. 자기소개서의 분량에 제한이 있고 면접 역시 많은 시간이 주어지지 않는 것이 분명하다. 그렇기 때문에 우리는 선택을 해야 한다. 수많은 경험들 중 지원분야와 관련 있는 경험들을 선별해서 적재적소에 활용해야 한다. 예를 들어, IT개발 업무의 경우 업무관련 경험을 중요하게 평가하는 만큼 참여 프로젝트 주요활동 경험(인턴십 등), 교육사항에 대해 구체적으로 어필하는 것이 중요하다.

경험이 많다고 해서 나열식으로 제시하는 것은 효과적이지 않다. 자기소개서와 면접 때는 양보다 질이 중요함을 잊지 말자!

행동하는 지식인을 보여줘라

각자 관심 분야에서 다양한 경험들을 쌓고 이제 사회에 첫 발을 내디디려는 찰나! 이런 경험들과 무관하게 점수로 매겨지는 스펙에 열을 올릴 수밖에 없는 구조다. 하지만 점수로 된 그 스펙이라는 것이 쉽게 올라가는 것도 아니다. 그럼 채용과정에서 어필할 수 있는 다른 방법을 한번 생각해 보자.

학점이 좋지 않은 지원자가 있으면 면접관은 '학점이 왜 이렇게 좋지 않은가?'라고 질문을 던진다. 이럴 때 뭐라고 답할 것인가? 괜히 기분 나빠 하며 답을 못할 수도 있고, 민망해 하며 '열심히 놀았다'고 답해 버릴지도 모르겠다.

절대 그렇게 포기해버리면 안 된다! 점수로 된 스펙이 그리 뛰어나지 않다면 대안은 바로 경험 안에 있다. 점수로 된 스펙이 뛰어난 지원자는 이제 과부하 상태이다. 기업에서도 이제 더 이상 점수가 높은 순서대로 사람을 뽑지는 않는다. 지원자의 다양한 경험을 인정하고 경험을 통해

지원자가 쌓을 수 있었던 역량을 보려고 한다. 이런 채용의 트렌드 덕분에 취업준비생들이 자기소개서 작성에 더욱 골머리를 앓는 약간의 부작용이 있지만 그렇게 써야 하는 이유가 바로 여기에 있다. 기업은 지원자가 자기소개서와 면접에서 제시하는 경험, 즉 스토리에 집중하고 그 스토리를 통해 지원자의 진짜 능력을 검증하고 싶어 하는 것이다.

명심하라! 기업은 더 이상 가만히 앉아서 펜으로 지식을 쌓은 지원자가 아니라 몸으로 부딪히며 체험으로 다져진 지원자를 원하고 또 금세 그들을 알아본다는 것을!

스토리를 입히면 특별해 보인다

앞서 제시한 여러 가지 경험의 종류 중 하나라도 경험 해 보았다면 그것은 나 자신만의 멋진 경험이 될 수 있다. 하지만 이상하게도 스스로 자신만의 것이라고 인정하지 않는 경우가 많다. "요즘 학생회 활동 한 번 안 해본 사람이 어디 있나? 동아리활동 안 해본 사람이 어디 있나?" 이렇게 되묻기 일쑤다.

하지만 다시 한 번 생각해 보라! 결론적으로 '프로젝트를 했다, 학생회 활동을 했다'라는 것은 같지만 어떤 프로젝트를 했고, 어떤 이들과 학생회 활동을 함께 했는지 다르다. 봉사활동도 마찬가지다. 어떤 기관에서 봉사활동을 했는지, 어떤 도움을 주었는지 역시 사람마다 다르고, 같은 곳에서 같은 역할로 누군가를 도와주고 경험을 했다 하더라도 그 상황을 바라보는 관점과 감정은 사람마다 다르다.

기업에서 지원자들의 자기소개서를 확인하고 면접을 볼 때 실제 경

〔기타활동 스토리보드〕

활동사항 예시	프로젝트	학과활동	동아리 활동	총학생회 활동
주요활동 내용	프로젝트 주제	축제준비, MT기획	동아리명/활동사항	
역할		과대표, 총무		
기억에 남는 에피소드	활동사항 중 기억에 남는 에피소드를 모두 떠올려 기록해 본다			
에피소드의 과정&결과	인상적인 경험 선정 후 상황제시 → 나의 역할 → 문제해결 과정 중심으로 작성			
배운점 · 느낀점				
직무와의 연관성 · 연계성	활동사항 중 지원분야와 관련 있는 경험이라면 실무에 어떻게 적용할 지 작성, 무관한 경험이라면 간접적인 사회경험 측면으로 연계성 작성			
역량 – 발휘된 역량 – 개발된 역량				

험을 듣고 싶어 하는 이유가 여기에 있다. 인사담당자들은 지원자의 경험을 스토리로 들으며, 지원자의 진짜 능력에 대해 확인할 수 있고 입사 후 업무 성과에 대한 가능성을 확인할 수 있게 되는 것이다.

기타활동 스토리 보드를 보면 알 수 있듯이 경험에서 가장 중요한 것은 과정이며, 그 과정의 결과 그리고 그로 인해 내가 무엇을 배우고 생각할 수 있었는지가 핵심이다. 한 발 더 나아간다면 지원분야와 연관시킬 수 있는 역량도 함께 찾아낸다면 성공적인 스토리를 위한 밑거름은 충분히 마련되는 것이다.

07

취업상담 Q&A
– 대한민국 대표 커리어 컨설턴트와의 JOB談(잡담)

Q1

요즘 자기소개서는 경험을 구체적으로 작성하라고 하는 경우가 많은데 구체적으로 작성하라는 게 어떤 의미인지 잘 모르겠어요. 하나하나 다 쓰자니 분량은 정해져 있는데 너무 많아지는 것 같습니다. 어떻게 쓰면 좋을까요?

A

자기소개서를 구체적으로 작성하라고 하는 이유는 지원자가 실제 경험한 내용을 토대로 지원자의 능력과 인성을 가늠하고, 입사 후 업무를 수행하는 데 있어서 어떻게 발휘될 수 있는 역량인지를 보려고 하기 때문입니다. 하지만 막상 쓰려고 하면 질문하신 바와 같이 분량이 생각보다 많아지거나, 어떻게 시작해야할지 난감한 경우가 많습니다.

이때의 기준은 하나라도 제대로 쓰는 것이며, 제대로 쓸 때는 내용을 구조화해서 구체적으로 작성하는 연습을 해야 합니다.

아래 표를 참고하세요.

1단계	2단계	3단계	4단계
핵심내용(강점)을 한 줄로 요약해서 첫줄에 제시한다.	핵심내용(강점)이 잘 발휘되어 성공한 경험을 작성한다. – 언제, 어떤 상황이 있었는지, 당시 어떤 역할을 수행했는지, 결과 등	경험을 통해 느낀 점이나 배운 점을 작성한다.	앞서 제시한 성공경험과 그로 인해 배운 점이 입사 후 업무수행 시 어떻게 반영될 수 있을지 업무수행 계획으로 정리한다.

Q2 대학을 졸업하고 최근에야 진로를 정하게 되었습니다. 그러다 보니 재학 당시의 경험이 지원분야와 관련 없는 것들뿐인데 이런 경험들을 자기소개서에 쓸 수는 있는지, 쓴다면 어떻게 쓰는 것이 좋을까요?

A 요즘 취업준비생들 중에는 취업분야를 졸업하고 난 후에 결정하게 되는 경우가 많은데요, 이런 경우 질문자님처럼 고민을 많이 하게 됩니다. 물론 학교 다닐 때 경험이 지원분야와 관련이 있으면 가장 좋겠지만 그렇지 않다 하더라도 경험으로 역량을 어필할 수 있습니다.

예를 들어 영업직으로 지원한다고 했을 때 영업직으로 일을 해본 경험은 없더라도 동아리 활동, 봉사활동, 아르바이트 경험을 통해 영업직에서 필요한 역량을 쌓을 수 있었던 사례로 충분히 활용할 수 있습니다. 즉, '동아리 활동을 하며 선후배 간 돈독한 관계를 유지하면서 대인관계

기술을 키웠다.'라고 한다면 영업을 한 것은 아니지만 영업에서 핵심 요
소인 사람과의 관계를 잘 형성하고 유지시켜 나갈 수 있는 핵심역량을
보유한 지원자로 평가 받을 수 있습니다.

경험은 '나만의 차별화 된 스펙'이 될 수 있습니다.

그 동안 경험했던 모든 것들을 나열해 보고, 그 안에서 지원분야의 일
을 수행하는 데 필요한 태도나 능력을 키운 것이 있는지 생각해서 자기
소개서와 면접에서 활용해 보세요.

08 취업성공 사례

● 스토리 보드 구체화로 취업에 성공한 J군의 사례

토목 시공직을 희망하고 있었던 J군을 처음 만났을 때 그는 걱정이 많았다. 군대 가기 전까지 동아리 활동에 집중하느라 성적관리는 영 엉망이었고 제대 후에야 본격적으로 성적관리 시작했다. 학교성적은 뒤늦게나마 관리가 되고 있었지만 문제는 취업의 필수 코스인 토익과 자격증이 문제였다. 결국 휴학을 하고 토익공부와 자격증 시험 준비를 했지만 토익점수를 원하는 만큼 올리지 못하고 복학하게 된다. 4학년 1학기, 여전히 스스로 준비가 많이 부족하다고 느끼고 있었던 J군은 한창 공채가 진행되고 인턴모집이 이루어지는 동안 지원할 생각조차 하지 않고 있었다. 해봐야 안 될 거라는 생각에 지레 겁부터 먹고 선뜻 시도도 못하고 있었던 것이다. 흔히 말하는 스펙이 좋지 않은 것은 사실이다. 지방대 공대 5학년, 토익점수715점, 학점은 3.1, 토목기사 자격증 하나. 이것이 그가 가진 스펙의 전부였다.

스토리 발견

하지만 J군과 상담을 진행하며 그 동안 겪었던 경험을 들으면서 '스토리'에 주목하게 되었다. 대학생활 4년 동안 동아리 활동을 통해 다양한 계층의 사람들을 만나면서 사람에 대한 이해의 폭을 넓힐 수 있었고, 회장을 하면서 리더십도 키울 수 있었다고 자신 있게 말했다. 스펙을 이야기할 때와는 사뭇 다른 긍정적인 면과 자신감을 새롭게 발견하게 된 것이다. J군에게 스펙이 아니라 스토리로 승부를 보도록 한번 도전해 보자고 말했을 때 J군은 여전히 걱정하고 있었지만, 지속적으로 설득했다. '일단 한번 해보자!'고.

여기서 주목할 부분이 있다. 대부분의 구직자들이 처음으로 입사지원을 하게 되면 스스로 준비가 덜 되어 있다고 생각해 시작하기도 전에 지레 겁부터 먹고 시도조차 하기 힘들어 한다는 것이다. 그런 구직자들에게 종종 이렇게 반문한다. "그 준비라는 것이 언제 다 될 것 같아요? 본인이 만족할 만한 수준의 준비가 어느 정도인지 알고는 있어요?" 이 물음에 대답하기란 쉽지 않다. 왜냐하면 요즘 고스펙자는 너무너무 많은 것이 현실이기 때문이다. 그렇기 때문에 시도해 보지 않고 고스펙만을 쫓아 갈 것이 아니라 취업전쟁에서 살아남을 수 있는 차별화된 포인트를 찾아야 하는 것이다.

다시 J군의 이야기를 해 보자.

정말 J군을 만날 때마다, 연락을 할 때마다 일단 해보자는 말을 정말 많이 했다. J군 스스로 생각하는 것보다 컨설턴트로서 본 그의 경험을 충분히 자기소개서에 스토리로 풀어낼 수 있는 좋은 소재들이었기 때문에 나는 확신이 있었다.

스토리 보드로 구조화

결국 나에게 설득당한 J군은 자기소개서를 작성하기 시작했다. 처음에는 혼자서 스토리 보드를 작성해 보라고 주문했다. 처음 작성해 온 자기소개서에는 그동안 상담하면서 말했던 스토리가 대부분 빠져 있었다. 역시 말로 하는 것과 글로 정리하는 것은 다른 차원의 문제였다. 명심할 것은 자기소개서는 한 번에 작성되지 않으며, 일기 쓰듯이 그냥 풀어서 쓸 것도 아니다. 좀 더 눈에 띄게 좀 더 명확하게 나에 대해 보여주려면 '구조화' 작업이 반드시 필요하며, 직무와 연관 지어 상세하게 설명할 수 있어야 한다.

이를 위해 스토리보드를 작성하기로 했다. 스토리 보드를 작성하면서 J군은 과거 경험에 대해 구체적으로 정리할 수 있었으며, 당시 느꼈던 점과 그 경험을 통해 자신이 어떻게 성장할 수 있었는가에 대해 좀 더 깊이 있게 생각할 수 있는 계기가 되었다고 했다. 이렇게 한 번 정리를 하게 되면 당장 자기소개서를 작성할 때 이 흐름에 따라 작성하면 수월하게 할 수 있고, 면접 시에도 과거 경험에 대해 좀 더 체계적으로 말할 수 있는 장점이 있다.

J군은 스토리 보드를 꼼꼼하게 작성해 두고, 자기소개서 항목에 따라

〔J군의 스토리 보드 샘플〕

활동사항 예시	군 생활	동아리
주요활동 내용	군 생활 중 10개월 간 공사감독병 업무수행 - 현장 공사 감독 - 상부 보고 - 공정사진 촬영 - 공사/공정/날짜 등 세부사항 기재 후 　화이트보드에 적어서 사진으로 표현	봉사활동 동아리 '해바라기' 농촌봉사활동/보육원방문 기타 동아리 자체 행사 운영
역할	공사감독병	봉사동아리 회장
기억에 남는 에피소드	활동사항 중 기억에 남는 에피소드를 모두 떠올려 기록해 본다	
	상부 보고를 위해 여러 사람이 동시에 움직여야하기 때문에 작업을 놓치는 경우가 종종 있었다. 이런 점을 보완하고 좀 더 효과적으로 공사감독과 보고를 하기 위한 방법을 고민했다.	00사회복지재단 청년단체 봉사상과 상금 500만 원을 수상, 상금 사용방법에 대한 동아리 회원들의 의견 수렴
에피소드의 과정/결과	인상적인 경험 선정 후 상황제시 → 나의 역할 → 문제해결 과정 중심으로 작성	
	효과적인 공사감독과 보고를 위한 3단계 과정 1단계: 문제의식: 보고사항을 기재하는 화이트보드가 너무 커서 여러 명이 함께 작업하는 것이 비효율적으로 느껴짐 2단계: 화이트보드 크기를 줄인다. 기존보다 작은 사이즈로 만들고, 얇은 펜을 사용하여 작성 → 혼자서도 작업할 수 있게 됨. 3단계: 업무 분담 수행. 혼자서 공정사진을 찍을 수 있게 되어 다른 병사들은 그 외 업무수행 가능해짐. 휴대성을 높여 놓치지 않고 보고함.	상금의 사용여부를 두고 동아리 회원들의 의견이 분분함 회장으로서 중립을 지키고 신중하고 합리적인 결정을 위해 월례회의 안건으로 선정하여 전체 회의 진행 월례회의에서 결론이 나지 않아 임원진 회의를 통해 회원들의 의견을 최대한 반영할 수 있는 방향으로 논의함 최종적으로 전액기부 결정 동아리를 위해 사용하자는 소수의 의견을 수렴하기 위해 선배님들의 후원금으로 해결
배운점/느낀점	시켜서 일하는 수동적인 자세가 아니라 스스로 효율적인 방법을 찾고 고민하는 자세가 결국 업무의 성과를 높여줄 수 있는 방법이라는 것을 알게 되었다.	구성원 간 이해관계의 대립을 화합으로 이끌 수 있는 능력을 배울 수 있었다. 함께 논의하는 과정을 통해 더욱 합리적인 결정을 할 수 있음을 배웠다
지원분야와의 연관성 · 연계성	활동사항 중 지원분야와 관련 있는 경험이라면 실무에 어떻게 적용할 지 작성, 무관한 경험이라면 간접적인 사회경험 측면으로 연계성 작성	
	실제 건설현장에서 발생하는 문제에 적극적으로 대처할 수 있는 문제해결 능력으로 발휘될 것이다. 업무 처리의 질적 향상을 위해 노력할 수 있다.	현장에서 동료, 협력업체, 현장근로자 등과의 이해관계 대립을 대화로 갈등을 해결하는 의사결정 능력을 통해 최적의 결론을 이끌어 내는 업무역량으로 발휘
역량 - 발휘된 역량 - 개발된 역량	문제해결능력 전략적 사고 변화와 혁신 주도	커뮤니케이션 기술 의사결정 능력 리더십

적절하게 조합해서 자기소개서를 작성했다. J군이 스토리보드를 기초로 작성한 1차 자기소개서는 개별상담을 통해 여러 차례 보완 과정을 거치면서 최종본으로 만들어졌다. 최종본을 완성하자 한결 자신감이 생긴 J군은 본격적으로 입사지원에 돌입하였으며 입사지원 시작과 동시에 S건설, D건설, H건설 등 서류합격의 순항을 누렸다.

J군의 사례에서 볼 수 있듯이 입사지원 시 중요한 것은 다른 지원자들과의 차별성을 찾아내는 것! 그리고 차별성을 보여주기 위해 '일단 시도 하는 것'이 핵심이다. 앞으로의 취업시장은 지금보다 더 스펙보다는 스토리를 원하게 될 것이다. 명심하길 바란다. 치열해지는 취업시장에서 돋보이려면 스토리로 승부를 걸어야 한다는 것을.

○○건설/토목시공 자기소개서 작성 예시

질문 1. 생각의 전환을 통해 문제를 개선하거나 해결한 경험을 구체적인 상황, 자신의 행동, 결과 등을 구체적으로 작성해 주십시오.

A) 언제, 어떤 상황의, 무슨 문제였습니까? 어떠한 계기로 생각을 전환하게 되었습니까?

B) 그 생각은 무엇이었으며, 어떤 점에서 기존의 것과 달랐습니까?

C) 새로운 생각을 문제해결에 어떻게 적용했습니까? 그 결과는?

A) 너무 큰 화이트보드

군 생활 중 8개월 정도 공사감독병의 업무를 수행하였습니다. 공사감독병의 직무는 현장공사를 감독함과 동시에 이를 상부에 보고하는 것입니다. 이를 위해 공사일정 등의 세부사항을 화이트보드에 기록하며 공정사진을 일일이 찍어두어야 했습니다. 이 일에는 사진을 찍을 사람과 화이트보드를 들고 있어야 하는 사람, 즉 2명이 필요하였습니다. 공사감독병의 업무는 저를 포함 2명의 병사가 하였기에 사진을 찍는 도중에 다른 곳의 감독과 자재가 반입되고 이를 확인하는 작업을 놓치는 일이 있었습니다. 이러한 점을 보완하고 효과적으로 공사감독과 보고를 하기 위해서 다른 방법을 찾아야 했습니다.

B) 작아진 화이트보드

화이트보드를 혼자 들고 다니며 필요할 때에 혼자서도 공정사진을 찍을 방법을 생각하였습니다. 이를 해결하고자 합판과 흰색 A4용지, 아스테이지를 이용하여 손바닥보다 조금 큰 정도의 화이트보드를 만들었습니다. 기존의 크기보다 작고, 화이트보드에 공사, 공정, 날짜 등의 세부사항을 표현하고자 얇은 펜을 사용하는 것이 다른 점이었습니다. 또한, 주머니에 넣을 수 있을 정도의 크기로 편리함과 공정 사진을 찍을 때에도 혼자서 들고 찍을 수 있었습니다.

C) 혼자서도 잘해요.

첫째, 업무를 분담하여 수행하였습니다.

작은 화이트보드를 만든 후 혼자서도 공정 사진을 찍을 수 있었습니다. 이를 통해 공정 사진, 공사감독, 자재반입 확인의 업무를 분담하여 수행할 수 있었습니다. 이러한 업무 분담은 효과적인 공사감독과 업무 보고를 할 수 있었습니다.

둘째, 휴대성을 높였습니다.

작은 크기의 이점을 살리고 2개를 만들어서 공사감독병 모두가 들고 다니며 필요한 곳과 시점에서 공정 사진을 찍을 수 있었습니다. 이에 보고에 필요한 사진을 찍을 시점을 놓치는 일이 없도록 도와주었습니다.

이러한 경험을 바탕으로 건설현장에서 발생하는 문제에 적극적으로 대처하며 업무처리의 질적 향상을 위해 노력하는 ○○ 건설인이 될 것입니다

질문 2. 자신이 속한 단체에서 다른 구성원과 이해관계가 대립했던 경험을 떠올려 구체적인 상황, 자신의 행동, 결과 등을 기술해 주십시오.

A) 언제, 어떤 상황에서 일어난 일이며, 어떠한 이해관계가 대립하였습니까?

B) 그 상황에서 중요하게 고려한 것은 무엇이었습니까? 구체적으로 어떤 말과 행동을 취했습니까?

C) 결과는 어떠했습니까?

A) 상금 500만 원의 사용은

2005년 11월 25일 동아리 회장으로서 ○○사회복지재단 청년단체 봉사상과 상금 500만 원을 수상했습니다. 상금의 사용처를 결정하고자 회장으로서 동아리 전체회의를 통해 회원들의 의견을 모았습니다. 회원

들의 의견은 상금의 전액기부와 동아리를 위해 일부 사용 후 기부라는
두 가지 의견으로 나뉘게 되었습니다.

전액기부의 취지는 봉사의 정신에 따라 조금 더 어려운 사람들에게
기부하자는 의견이었으며 과반 이상의 인원이 찬성하였습니다.

또다른 회원들은 동아리의 모든 활동이 회원들의 회비로 이루어지고
있으니 낡은 동아리 비품 교체를 위해 상금의 일부를 사용하자는 의견
을 내었습니다.

B) 더욱 어려운 곳을 위해

회장으로서는 24년 동안의 봉사활동 공로를 인정받은 상금이었기 때
문에 더욱 꼭 필요한 곳에 쓰여야 한다는 생각에 전액기부라는 생각을
하고 있었습니다. 하지만 전체 의견을 수렴하고자 동아리 월례회의 안
건으로 선정하여 의견을 들어본 결과 다양한 의견이 분분하여 결정하
지 못했습니다. 회원들의 의견을 최대한 반영하되 공정한 결정을 위해
다시 한 번 임원진 회의를 거쳐 월례회의에서 나왔던 여러 가지 의견을
검토하는 과정을 거쳐 최종적으로 전액기부로 결정하게 되었습니다. 또
한, 소수 의견을 수렴하고자 동아리 내의 필요한 자금은 졸업하신 선배
님들의 후원금으로 해결하기로 하였으며, 500만 원의 상금을 한 기관
에 기부하기보다는 ○○시청에 연락을 취하여 자금 사정이 좋지 않은
단체 3곳에 나누어 기부하였습니다.

C) 대립을 화합으로

○○ 시청의 도움으로 봉사단체 3곳을 소개를 받았으며 직접 단체를 찾아가 확인해 본 뒤 시설담당자에게 직접 기부를 하였습니다. 상금은 동아리의 이름으로 기부되었으며 24년간의 봉사활동으로 받은 상금으로 또 하나의 봉사를 할 수 있었습니다. 또한, 상금 사용내용을 전체회의를 통하여 회원들에게 공개함으로써 상금사용의 투명성을 기하였습니다.

이러한 경험을 바탕으로 구성원 간 이해관계의 대립을 화합으로 이끌 수 있는 능력을 배울 수 있었습니다. 이를 바탕으로 현장에서 동료, 협력업체, 현장근로자 등과의 이해관계 대립을 대화로써 갈등을 해결하는 의사결정 능력을 통해 최적의 결론을 이끌어 내는 업무역량으로 발휘할 것입니다.

서류전형부터
통과하자

정성을 보이면 감동이 따라온다

Career Developer 백인선

Part
4

꼼꼼히 살피면
찾을 수 있어!
조금만 더!
도련님은
할수 있심더!
마이
프레셔스~
꼼꼼
또
꼼꼼!
펀더멘ᅌᅡ

Career Developer의 입사지원서 컨설팅

• 의뢰자 소개

김군아(남, 29세)

유형 능저동저형. 기본적인 스펙 부족으로 취업에 심한
부담감을 느껴 자포자기하기 일보직전의 상태.

학력사항 수도권 대학 입학 후 in 서울로 편입

전공 중국어학에서 경영학으로 전공 변경

스펙 학점 _ 3.5 / 토익 _ 응시이력 없음

어학연수 _ 중국 어학연수 3개월

자격증 _ 컴퓨터 활용능력2급, 워드프로세서1급

지원분야 일반사무

구직 최대 이슈 서류전형 전패, 서류전형에라도 통과
되어 자신감 충전하기.

취업시장에서 경쟁력 있는 이력도 없고, 그렇다고 열정을 가지고 발로 뛰는 취업준비도 해보지 않은 책상 위의 만년취업준비생인 김군아 군. 그는 스스로의 신념 대신 주변인의 결정에 의해 인생을 살아왔다. 그렇게 대학에 들어갔고, 학과를 결정하였으며, 공무원 시험을 준비했다. 항상 '이건 뭔가 잘못된 것 같아.' 라는 생각에 무엇을 하든 무기력한 태도를 보였다. 그런 김 군이었기에 계속되는 공무원 시험도 고배를 마셨고 이제야 취업전선에 뛰어들었는데, 입사지원서를 내는 곳마다 단

한 곳에서도 연락이 오지 않는다. 어디서부터 무엇을 손대야 할지 막막한 우리의 김군아 군과 함께 입사지원서의 기본적인 핵심을 짚어보며 조금씩 발전시켜 보자. 정성을 들인 입사지원서는 언젠가 빛을 보게 마련이다.

01 이력서는 첫인상이다

CASE

김군아 군은 집에 있는 시간이 가시방석이다. 아버지는 김 군을 없는 사람처럼 대하고, 내 편을 자처해 주던 어머니도 이젠 아무 데라도 좋으니 취직이 되어 출근하는 모습을 보고 싶다고 한다.

김 군의 꿈은 공무원이었다. 평범한 이 나라의 청년으로서 안정적인 직장을 얻기 위해 오랜 시간 꾸준히 노력해 왔다. 하지만 벼락출세를 바란 것도 아닌데 김 군이 생각한 안정적인 직장은 문이 너무 좁았다. 매번 그 문을 통과하는 주인공이 되지 못하자 집안과 주변의 시선을 견디기 힘들어졌고, 그 무렵 공무원 준비를 그만두게 된 것이다.

여러 해 동안의 공무원 시험 준비로 몸과 마음이 지친 김 군으로서는 그 동안의 고생을 보상받고 남을 만큼의 번듯한 직장을 갖고 싶다. '그럼 그렇지, 저렇게 잘 되려고 공무원에 계속 떨어진 거였구나.' 라는 주변의 인정을 받을 수 있는 직장이면 된다. 하지만 시대가 잘못 된 건지, 자기 자신이 잘못 생각하고 있는 건지, 취업은 상상 그 이상으로 힘들다.

김군아 군은 이력서만 넣으면 자신을 채용해 줄 곳이 있을 줄 알았다. 비록 편입이지만 서울 도심 안의 대학을 다녔고, 제 2외국어인 중국어도 좀 하고 경영학을 전공하는 데다 컴퓨터도 잘 다루니까 사무직으로서는 큰 손색이 없다고 생각했다. 게다가 대기업이나 공기업에 가겠다는 것도 아니다. 단지, 부모님이 창피해하지 않을 정도의 기업에서 남들이 받는 만큼의 평균적 대우를 받고 다니면 된다고 생각했다. 연봉에 대해서도 깊이 생각해보지 않았고, 복리후생에 대해서도 생각해 본 적이 없다. 김 군은 그저, 남들에 뒤처지지만 않으면 되는 것, 그게 취업의 목표였다.

하지만 아직 한 번도 서류 전형에 통과된 적이 없다.

취업시장에는 김군아 군 정도의 수준으로 취업하고 싶어 하는 이들이 상당히 많이 포진해 있다. 분포도를 그리자면 항아리 형 구조의 불룩한 배 부분에 해당되는 이들이 고만고만한 스펙과 실

력을 가지고 별로 넓지 않은 취업 관문을 통과하기 위해 애쓰는 구조다. 그럼 반드시 병목 현상이 생긴다. 누구는 빠져나가고 누구는 자꾸 뒤로 밀리는 일이 반복되는데, 우리는 김군아 군의 취업준비를 도와주면서 먼저 빠져 나가는 길을 살펴 볼 것이다. 여러분이 함께 김군아 군을 코칭한다고 생각하며 서류상의 강·약점을 살펴보면 자기 자신의 서류에서도 무엇이 미비한지 한눈에 파악할 수 있을 것이다.

우선, 계속해서 떨어졌던 김군아 군의 이력서를 살펴보자. 다음에 보이는 김군아 군의 이력서에서 특별히 이상하다거나 첨삭이 필요한 부분이 있다거나 형식상의 문제가 있다는 생각이 들지 않는다면 당신도 이력서를 쓸 때 이렇게 작성할 것이다. 과연 이게 이력서의 정석일까?

다른 사람의 입사지원서나 이력서를 본 적이 있는가? 기회가 닿는 대로 여러 사람의 입사지원서를 봐두는 것도 공부이다. 그럴 기회가 없었다면 지금 잠시라도 인사담당자의 입장에서 김군아 군의 입사지원서를 살펴보자. 수백, 수천 장의 입사지원서 중에 하나의 입사지원서를 살펴보는 시간은 길어야 고작 2~30초에 불과하다. 그때 인사담당자가 매같은 눈으로 훑어보는 게 무엇인지 지금부터 함께 살펴보자.

지금 당장 바꿀 수 있는 스펙, 사진!

밝은 표정, 힘이 깃든 선명한 눈빛, 화사한 미소

사람에게는 첫인상을 통해 사람을 판단하려하는 습관이 있다. 입사지원서에서의 첫인상은 이력서에 붙은 사진이다. 사진을 통해서 인사담

이 력 서

<table>
<tr><td rowspan="4">김군아</td><td>성 명</td><td colspan="2">(한 글) 김군아
( )</td><td colspan="2">(영 어) Kim Goon-Aa</td></tr>
<tr><td>주민등록번호</td><td colspan="3">8 3 0 3 2 1 - 1 x x x x x x</td><td>나이</td><td>만 28세</td></tr>
<tr><td>주 소</td><td colspan="5">경기도 안양시 안양4동 아파트</td></tr>
<tr><td>연 락 처</td><td>집
031-382-XXXX</td><td>휴대폰
010-9160-XXXX</td><td colspan="3">이메일
career@XXXX.com</td></tr>
</table>

학력사항	기 간	학 교 명	단과대학	학 과	학교소재지	평균학점
	1999.03 - 2002.02	일반고등학교	-	-	경기	-
	2002.03 - 2004.02	수도권대학교	인문대학	중국어학과	경기	3.5/4.5
	2006.03 - 2008.02	인서울대학교(편입)	경상대학	경영학과	서울	3.5/4.5

경력	재 직 기 간	회 사 명	최종직위	근무부서 / 업무	퇴직사유

희망근무지	순 위	지 역
	1	서울
	2	경기
	3	

자격면허	종 류	취득일	발령처
	워드프로세서	2002.07.04	대한상공회의소
	컴퓨터활용능력2급	2010.02.14	대한상공회의소
	1종 보통 운정면허	2002.12.12	경기경찰청

가족관계	관계	성 명	나이	학 력	직업 및 근무처	동거여부
	부	김성공	55	고졸	공무원	동거
	모	이가정	52	고졸	가정주부	동거
	동생	김여아	26	대졸	대기업	동거

종 교	무교
특기/취미	독서
혈 액 형	A
신 장	175
체 중	70
시 력	좌:1.0, 우:1.0

지원	지 원 구 분	지 원 부 문 (희망직급)	희 망 연 봉
	일반사무	신입	회사내규에 따름

당자는 대체 무엇을 판단할까? 바로, 성격이다. 조건반사 하듯이 사진을 훑어 본 인사담당자는 이력서의 당사자가 회사에 잘 적응할 사람인지, 사내에서 어떤 역할을 할 사람인지 등을 순식간에 판단해 낼 것이다.

이력서에 붙일 사진은 최대한 밝은 표정과 광채가 나는 눈빛, 경박해 보이지 않는 미소를 머금은 채 찍은 것으로 첨부하여 좀 더 긍정적이고 함께 일하고 싶은 느낌을 주는 것이 중요하다.

흐릿한 사진은 역효과 만발

흐릿한 사진을 보면 사람도 흐릿하다고 무의식중에 판단하기 쉽다. 사람이 흐릿해 보인다는 것은 존재감이 미비하고 우리 회사에 꼭 필요한 사람이라는 느낌을 줄 수 없다는 뜻이다.

원판 불변의 법칙을 지킬 것

과도한 수정으로 본인임이 사라지게 해서는 안 된다. 사진을 통해 알아보는 것은 성격뿐만이 아니라 그 사람이 맞는지 확인하는 아주 당연한 절차가 있다는 것을 명심하자. 이력서를 보고 면접에서 실물을 보았는데 달라도 너무 다르다면 이력서가 의심스럽지 않겠는가?

이력서를 흑백으로 출력해서 확인할 것

대부분의 회사에서는 입사지원서를 흑백으로 출력하여 살펴본다. 찍은 사진이 흑백 출력 시 어떻게 보이는지 확인해 보면 사진을 새로 찍어야 할지 말지 알 수 있다. 혹 마음에 들지 않게 나온 사진이라면 당장 다시 찍어서 붙여라.

이력서 사진은 컨디션 좋은 날 찍을 것

급하게 찍은 사진은 무언가 준비가 덜 되고 급조된 느낌을 줄 수도 있다. 급하게 찍지 말고 컨디션이 좋은 날 준비를 잘해서 찍도록 하자. 또한 '나는 성공한다.'라는 마음가짐으로 찍는다면 자신감이 더욱 묻어날 것이다.

한 눈에 들어오는 나만의 양식

요즘엔 지원회사마다 자사만의 양식을 따로 갖고 있어 그 양식으로 작성하여 제출하는 경우가 많다. 그런 경우에는 그 회사의 양식을 수정하는 일 없이 형식에 맞춰 작성하면 된다.

하지만 양식이 없는 경우도 아직은 많다. 내가 지원하는 회사가 지원서 양식이 없다면 나를 가장 잘 표현 할 수 있는 기회를 얻었다 생각하고, 나만의 입사지원서 양식을 만들어 보자.

위의 김군아 군의 이력서를 보면 인터넷을 뒤져서 다운 받은 양식을 그대로 사용하고 있다. 이런 경우 장점을 보여주기 힘들 뿐 아니라 꼭 들어가야 할 내용의 누락, 또는 상관없는 항목으로 인한 빈 칸이 생기게 되어 무능력해 보이는 역효과를 가져온다.

그렇다면 여러분이 지금 해야 할 일은 우선 기본적으로 가지고 있는 이력서 양식에 내게 불필요한 항목이 있는지 먼저 찾아보는 것이다. 불필요한 항목은 삭제하고 나를 어필할 수 있는 항목으로 수정해 보자.

인적사항

이 부분에는 기본적인 인적사항을 작성하게 되어 있다. 우선은 면접을 보게 될 때 연락할 수 있는 연락처, 통근거리를 예측할 수 있는 주소, 나이 등을 알 수 있는 항목이다. 이 부분은 부풀림 없이 정확한 정보를 제공해야 한다. 한자나 영문 이름에 오류가 없도록 하고, 이메일 주소 등에는 오해의 소지가 있는 주소가 아닌, 직무와 관련된 입사지원 전용 주소를 따로 만들어서 기재하는 것이 좋다.

ex) sexyhunter@XXX.com (X) → tourNO.1@XXX.com (O)

학력사항

간혹 초등학교 때부터 작성하는 지원자들이 있는데, 그 사항은 중요한 사항이 아니다. 기본적으로 고등학교 졸업사항부터 작성하여 한 학교에서의 졸업, 수료, 편입 여부 등을 기재해 주는 것이 좋다. 학점 또한 반드시 기재해야 하는 사항으로 본인의 성적증명서에 나온 학점을 만점 대비하여 기재토록 한다.

또한 졸업 시 논문제목이나, 직무와 관련하여 특별히 부각시키고자 하는 과목명이 있다면 간략하게 설명해 놓는 것도 괜찮다.

경력사항

김군아 군은 근무 경험이 없다. 그렇다고 해서 이 칸을 이렇게 황량하게 비워두고 말 것인가? 20여 년을 살아오면서 A4 한 장 분량도 채우지 못할 정도의 경력이라면 인생이 얼마나 무미건조했는지 알려주는 것밖에 되지 않는다.

김군아 군도 여러분도 분명 적을 내용이 있다. 이 부분을 찾아보자. 학교를 다니거나 휴학기간에 했던 아르바이트, 인턴 경험 등을 기재한다. 아르바이트조차 해보지 않았다면 현재까지 살아오면서 해왔던 여러 가지 경험들을 가감 없이 죄다 메모하라. 그 중에 내가 지원하고자 하는 직무에 있어 조금이라도 가점이 될 것 같은 경험을 찾아라.

예를 들어, 꼼꼼하고 체계적으로 계획을 세웠던 경험은 일반 사무직에 응시할 때 유용한 소스로 만들 수 있다. 학과에서 운영되는 여러 가지 학회활동 시 전반적인 운영과 관리에 있어 스스로의 계획 세움과 문서정리 능력을 통해 학과 운영의 안정성에 기여했던 점 등으로 대체하여 작성하는 것이다.

하지만 이 부분을 명확히 경력사항이란 이름으로 작성하기는 곤란할 수 있으므로 스스로 만든 양식으로 작성하면 사회활동사항 등의 명칭으로 변경하여 기입할 수 있다. 경력사항엔 기본적으로 전 직장에서 수행한 업무나 프로젝트 등에 대해 작성하고, 신입의 경우는 인턴이나 아르바이트 경험 등을 작성하자. 그리고 직무와 유관함을 보여주도록 해야 한다.

여러 가지 경험

이 사항은 개인마다 상이하다. 또한 신입에게는 경력사항 대신에 쓸 수 있는 가장 필요한 부분이라고 해도 틀린 말이 아니다. 본인이 가진 역량을 여러 가지 경험을 통해 나타낼 수 있기 때문이다. 이력서 상에는 간단하게 기재되지만 그 키워드를 통해 인사담당자 들에게 면접 시 한 번의 질문이라도 더 받을 수 있고, 당신을 한 번 더 어필할 수 있음을 간과하지 마라.

다양한 능력

이력서 상에서 가장 눈에 잘 띄는 부분으로 개인의 능력을 가시화하여 보여줄 수 있는 항목이다. 이 항목에는 자격증, 어학능력, 컴퓨터 활용능력 등 현재까지 차곡차곡 쌓아온 모든 능력을 기재한다. 사실만을 작성해야 하며 발행처와 발급날짜 등을 꼭 기재하고 자격증명이나 어학시험 명칭 등을 명확하게 기재하여야 한다.

또한 어학능력을 작성해야 하는데 부득이하게 취득한 점수가 없는 경우라면 능력의 정도를 글로 작성하여 보여주는 것도 좋다. 예를 들면, 업무상의 회화에 지장이 없는 정도, 원어민과의 회화가 원활한 정도 등으로 나타내는 것도 하나의 방법이 될 수 있다. 또한 컴퓨터프로그램 활용능력 등을 기재 시 어떤 프로그램을 어느 정도 다룰 수 있는지 정확하게 기재해야 한다.

기타

가족사항이나 취미, 특기, 혈액형, 종교 등은 굳이 작성할 필요는 없으나 필요하다고 느껴지거나 작성하여 좋은 영향을 끼칠 수 있는 사항이라 생각한다면 작성해도 괜찮다. 한 가지, 병역사항에 해당하는 이는 병역사항을 꼭 기재해 주고, 면제인 경우 사유에 대해서도 간략하게 작성한다.

지금까지 살펴 본 내용은 남들보다 뒤처지지 않을 만한 기본적인 이력서 작성사항이다. 여기에 본인의 독창적인 아이디어와 서류작성 능력을 첨부한다면 상위 1%의 이력서로 손색이 없을 것이다. 꼭 정성을 기울여서 작성하고 인사담당자의 눈으로 다시 살피는 습관을 들이자.

지금부터 내 이력서를 샅샅이 살펴보고 체크 사항에 해당되는 부분이 있다면 지금 당장 이 자리에서 고치자.

❶ 내 이력서에 부착된 사진은 밝은 표정인가?

❷ 한눈에 들어오는 깔끔한 형식인가? 어떤 것이 가장 먼저 보이는지 우선순위를 정하여 살펴보자.

❸ 내가 부각하고자 하는 부분이 눈에 잘 띄는가? 20초 동안 파악할 수 있는 사항이 무엇인지 살핀다.

❹ 오·탈자가 있는지 확인한다.

❺ 가장 빈약하게 작성된 것이 무엇인가? 더욱 알차게 작성하기 위해 첨부할 수 있는 경험 등을 정리해 본다.

❻ 남들이 했다고 해서 내가 꼭 해야 하는 것은 아니다. 자신감을 가지고 작성하자.

❼ 나와 관계없는 부분이 관성적으로 작성되어 있지는 않은지 확인하자.

❽ 마지막에 기재내용이 사실임을 확인하는 서명이 들어있는지 확인한다.

❾ 내가 인사담당자라면 호감을 느낄지 객관적인 시선으로 다시 한 번 살핀다.

02 나의 숨겨진 경험 찾기

Key Points
- 특별하지 않다면 진흙 속의 진주처럼 평범함 속에서 빛나는 경험을 찾 아내라.
- 눈에 불을 켜고 글을 쓸 좋은 재료를 찾아라.
- 한 가지 방법이 아닌 여러 가지 방법으로 소재를 찾아라.

CASE

그래도 막연함이 조금 해소되어 가는 듯해서 다소 안정을 찾은 김군아 군. 하지만 아직도 남들보다 뒤처졌단 생각에 불안감이 완전히 해소된 것은 아니다. 이력서를 아무리 고쳐 봐도 완벽한 느낌이 들지 않는다. 인터넷에 떠도는 취업성공 수기 등을 읽어보면, 엄청나게 대단한 경험을 쌓은 사람들이 수두룩하고, 다양한 경험 속에서 어려움을 극복하고 취업에 성공한 사람들이 즐비하기 때문이다.

다른 사람의 이야기를 들을 때마다 스스로 패배자라는 생각이 드는 것은 어쩔 수가 없다. 가까이 있는 동생 여아를 보더라도, 학교 다닐 때부터 어학연수다, 인턴이다, 하다못해 아르바이트도 여러 가지를 해놓았는데, 나는 지금까지 뭘 했나 싶다. 누군가가 "당신은 그동안 뭐했어요?”라고 묻는다면 꿀 먹은 벙어리처럼 아무 말도 못하는 자신이 상상되어 심장이 두근두근하다. 그렇다고 신나게 논 건 절대 아닌데 말이다.

좀 억울한 감이 없지 않다. 지금까지 노력해 왔던 많은 것들이 한순간에 ‘그건 모두 뻥이었어.’라며 뻥튀기처럼 부풀어 있는 느낌이다. 하지만 이 모든 상황을 짊어지고 가야 한다는 것도 알고 있다. 어떻게 하면 평범하고 무능력해 보이는 이력서로부터 탈출할 수 있을까?

현재 김군아 군이 걱정하고 있는 내용들은 대부분 구직자들의 마음과 어느 정도 상통할 것이다. 김 군의 경우는 공무원 준비를 해왔던 3년여의 기간에 대해 이야기 하는 것을 가장 어렵게 생각하고 있다. 공부만 한 기간의 일을 자기소개서에 쓰려고 하니 무엇을 써야 할지 막막한 것이다. 지난 일을 바꿀 수는 없다. 결국 현재 자신이 갖고 있는 것에서 막강 요소를 발굴해야 한다. 얼마나 효과적으로 나의 능력을 부각시킬 수 있는지, 어떻게 나의 숨겨져 있던 경험을 드러낼 수 있는지 지금부터 긍정적인 마음을 가지고 시작해 보자.

경험은 아무도 대신 찾아줄 수 없다. 남의 경험을 내 경험인 양 작성하면 서류에 통과한다 해도 면접에서 덜미를 잡히게 되어있다. 우선 사명감을 갖고 내 경험의 모든 것을 찾아낼 마음가짐을 가져라. 내가 경험해 온 많은 것들 중 성공적인 입사에 도움을 줄 만한 보석은 반드시 있다.

마인드맵을 만들자

연상 작용을 일으켜 보자. 내가 살아온 수많은 시간동안 겪어왔던 많은 경험들을 나열해 보고 자기소개서의 각 항목에 들어갈 수 있는 적절한 내용들을 찾아보는 것이다.

아래의 마인드맵을 참고로 하여 자신만의 에피소드를 찾아보도록 하자.

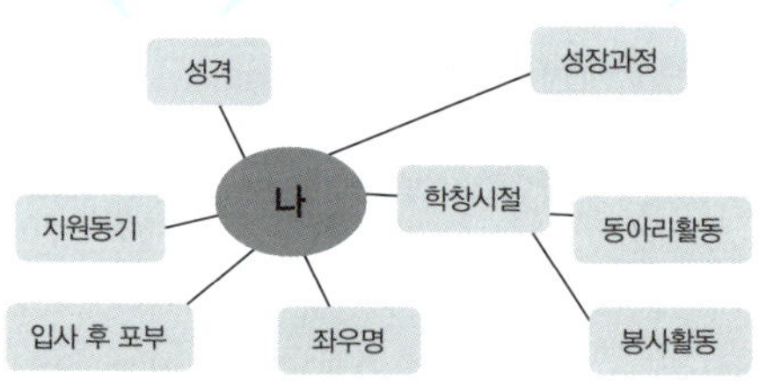

마인드맵 작성 방법

① 마음을 편안하게 가진 후 백지와 펜을 준비한다. 꾸미는 것을 좋아하면 색연필이나 싸인펜 등 다양한 필기도구를 준비한다.

② 특정한 방법에 구애 받지 않고 떠오르는 생각을 써보되, 아무리해도 생각이 떠오르지 않으면 위의 그림을 참고한다.

③ 막연한 것이 힘들다면 주제를 정해서 시작하거나 연도 별로 작성해 본다.

④ 한 해 한 해 인상 깊었던 일에 대해 작성해 보는 것도 좋은 방법이다.

⑤ 많이 힘들었거나 나의 행동에 변화를 줄 만큼 영향을 끼쳤던 일을 적는 것도 좋다.

⑥ 특별한 것에 대해 너무 집중하다 보면 정말 중요한 경험들을 쉽게 놓칠 수가 있다. 사소한 경험에서 중요성을 찾자. 우선은 많은 에피소드들을 생각해내는 것이 필요하다.

인생의 터닝 포인트를 찾아라

내 인생에 뚜렷이 기억에 남는 큰 사건들을 10가지 정도 작성해 보자. 그리고 그때의 감정, 배운 점, 내 성격이나 가치관에 영향을 준 사건들에 대해 정리하면서 소재들을 찾아보자. 그리고 가능하다면 희망직무와 연관 지을 수 있는 경험을 찾아라.

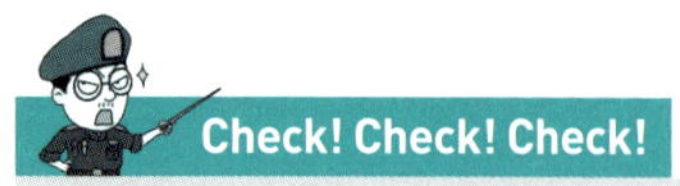

내가 겪은 경험들을 내 희망직무와 연결고리를 찾아 작성해 보자.

지원직무 :

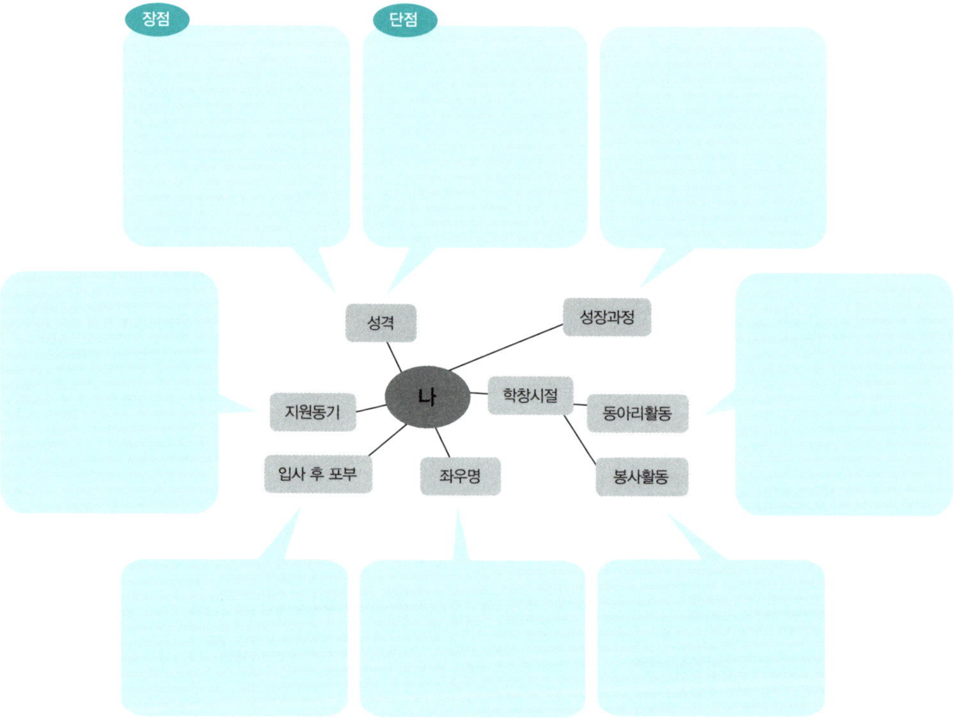

장점

단점

성격

성장과정

지원동기

나

학창시절

동아리활동

입사 후 포부

좌우명

봉사활동

03 성장배경 작성하기

Key Points
- 성장배경을 통해 알려야 할 것을 파악하라.
- 희망직무와 연관된 습관과 가치관 등을 만든 계기를 찾아라.
- 연대기식 단순 나열 구성을 버려라.

CASE

여러 가지 에피소드들을 하나하나 찾는 과정은 김군아 군이 자신을 새삼 돌아보는 계기가 되었다. 지금 한 그루의 나무가 되기 위해 새싹부터 정성스레 가꾸어진 자신을 돌아보는 순간, 없는 자신감도 생길 것 같다. 거듭되는 실패에도 불구하고 자기 자신이 매우 소중한 사람이라는 걸 알게 된 것이다.

하지만 어서 빨리 이 모든 과정이 끝났으면 하는 마음도 크다. 언젠가는 번듯한 직장에 다니며 단정한 정장을 차려입고 만나는 사람들에게 명함을 내밀 날도 있을 거란 희망 하나만 바라보고 이 힘든 시기를 견디는 건지도 모른다.

김군아 군은 자기소개서 작성을 위해 지금까지 인생에 있어 중요한 사건을 나열해보기는 했지만 처음 해보는 작업이어서인지 에피소드들이 난삽하게 제자리를 찾지 못하고 있다. 인터넷을 뒤져 다른 사람들이 쓴 자기소개서 항목을 들여다보니 형식은 대략 성장과정, 성격의 장단점, 학창시절, 경력사항, 지원동기 및 입사 후 포부 순서로 많이 쓰는 것 같다. 틀에 박힌 형식이라면서 쓰지 말라고 조언하는 사람도 있었지만, 우선 남들 다 쓰는 기본적인 형식부터 시작하는 게 자신에게 잘 맞을 것 같았다.

일단 시작하고 보니 뭔가 되고 있다는 생각에 기운이 샘솟는다. 그러나 아직은 가장 첫 번째 자기소개서 항목인 성장배경을 통해 기업에서 알아내려는 게 무엇인지 잘 모르겠다. 무엇에 초점을 맞추어서 써야 할지, 적당한 분량이라는 게 있는지, 적당한 분량이 있다면 어디에 비중을 두고 얼마만큼 써야 하는지 기운을 내다가도 다시 막연해지고 있다.

'성장배경을 쓰는 이유는 무엇일까. 과연 이 항목에서 회사에 전달할 수 있는 메시지는 무엇일까?' 이것이 가장 먼저 세워져야 할 전제이다.

아직까지도 성장배경 하면 어떤 부모님 밑에서 어떻게 자랐는지, 어디에서 태어났는지, 어려서부터 뭘 했는지 연대기 순으로 쭉 나열하는 글을 심심치 않게 발견하게 된다. 우선 이렇게 시작되면 인사담당자의 눈길을 끌기 매우 힘들다는 것만은 분명하다. 그렇다면 눈길이 가도록, 호감과 기대감이 넘치는 자기소개서를 작성해 보자.

단지 자신을 소개하기 위해서 성장배경을 쓰는 것이라고 생각하면 오산이다. 단순히 소개만 하자면 온갖 미사여구를 덧붙여 아름답게 꾸밀 수도 있다. 하지만 입사지원 시 자기소개서의 목적을 잊지 말도록 하자. 당신이 쓰는 자기소개서의 목적은 단 한 가지, 취업을 위해서다. 나를 왜 뽑아야하는지 설명해주는 정보제공지가 바로 자기소개서이고 그 안의 성장배경이라고 생각해도 무방하다.

성장배경을 쓰는 이유

인사담당자가 구직자의 성장배경을 통해 알고 싶은 것은 분명하다. 조직에 어떤 영향을 미칠지 예측해 보는 것이다. 자라온 가정환경이나 가치관, 성격의 형성, 또는 대인관계를 맺어온 내용 등이 조직생활에서는 어떻게 반영될지, 또는 가정환경의 영향으로 어떤 성격이 형성되었는지 등을 유추하는 게 목적이다. 그것으로 조직에 필요한 사람을 가려내고 싶은 것이다.

다음의 성장배경을 보고 함께 클리닉 해보자.

제게 공무원이라는 꿈을 갖게 해주신 분은 저의 아버지셨습니다. 아버지 또한 공무원이셨던 할아버지의 영향을 받아 평생을 나라를 위한 일꾼으로 근무하면서 책임감과 성실함이 무엇인지를 몸소 보여주셨습니다. 누구보다 먼저 출근하고, 누구보다 나중에 퇴근하는 성실한 모습으로 경제적 어려움 속에서도 항상 가족들을 위해 헌신하셨습니다. 이러한 모습을 보며 저는 성실함을 제 가치관으로 삼아왔고 앞으로도 성실함과 책임감으로 최선을 다하는 모습을 가지고 귀사에서 일하고 싶습니다.

윗글은 김군아 군이 쓴 성장 배경이다. 인사담당자가 이 글을 통해 얻을 수 있는 정보는 무엇일까? 아버지와 할아버지가 공무원이었다는 점, 스스로 성실하다고 생각한다는 점. 아마 이 두 가지일 것이다.

여기서 김군아 군은 큰 실수를 했다. 성실함은 스스로가 성실하다고 얘기해서 믿을 수 있는 것이 아니다. 또한 이 성장배경에는 김군아 군의 이야기보다는 아버지에 대한 이야기가 훨씬 더 큰 비중을 차지하고 있다. 이것은 비단 김군아 군만의 문제가 아니다. 상당수의 구직자들이 자기소개서에서 본인의 이야기가 아닌 부모님 이야기를 하는 것을 많이 볼 수 있다. 짧다면 A4 한 장에서 많게는 두 장 분량의 글을 쓰면서 내 능력과 나의 가치를 알리는 대신 다른 사람의 이야기를 늘어놓고 있다는 것, 이것은 분명 잘못된 일이고 고쳐야 할 점이다. '성실함'을 보여주려는 주제로 김군아 군이 성장배경 속에 아버지를 등장시킨다면 그건 분명 조연으로 출연하는 정도가 되어야 한다.

할아버지와 아버지가 공무원이셨는데 집안의 가장들이 공무원이다 보니 집안 분위기는 언제나 원칙과 봉사에 입각한 시간 관리의 엄격함이 흘렀습니다. 한 번은 친구들과 시간이 가는 줄도 모르고 놀다가 늦게 집에 들어간 적이 있었습니다. 야단맞는 것으로 그칠 줄 알았는데 제가 늦은 시간만큼 청소나 심부름 등의 집안일을 해야 했습니다. 심부름을 하면서 내가 놀면서 없애버린 시간은 2시간이 아니라 집안일을 해야 하는 2시간까지 합해서 4시간인 것을 깨달았습니다. 이후 제 자신이든 타인이든 약속을 했으면 꼭 지키는 습관이 생겼습니다. 그런 가족 분위기 속에서 어려서부터 자연스럽게 책임감과 시간 여기서 눈치를 챈 사람들도 있겠지만 '주제'를 정해서 쓰는 연습은 굉장히 중요하다. 한 예를 들어 '계획성'을 주제로 쓴다고 하면, 성장과정 중 계획성이 드러날 수 있는 경험을 써야 한다. 주제는 계획성인데 쓰기는 성실함으로 쓴다면 핵심이 흐려져서 눈에 들어오는 자기소개서가 될 수 없다. 그러므로 여러 주제를 정해서 여러 각도로 자기소개서를 작성해 보는 연습이 꼭 필요하다.

다음은 김군아 군이 다른 주제로 쓴 자기소개서의 일부이다.

　여기서 김군아 군은 책임감과 계획성이라는 주제를 가지고 글을 작성하였다. 우선, 계획성과 관련된 경험을 통해 본인의 가치관과 생활 습관 등에 대해 언급하여 이 사람의 성격이나 조직 내에서의 활동 등을 미루어 짐작해 볼 수 있는 내용으로 바뀌었다.

　이처럼 자기소개서에 글을 쓸 때에는 자신이 지원하고 있는 업무에 도움이 될 수 있는 특성들에 초점을 맞추고, 그 특성들을 성장하면서 자연스레 익힐 수 있었고 현재 그만한 능력을 가지고 있음을 드러내는 것이 좋다.

Check! Check! Check!

❶ 성장 배경에서의 주체가 '나'인지 확인한다.

❷ 배경이라는 단어에 사로잡혀 나 이외의 주변에 대한 내용이 주가 된 건 아닌지 확인한다.

❸ 성장배경에서 나타내려고 했던 핵심내용이 잘 드러나 있는지 확인한다.

❹ 성장배경을 눈길도 안 주고 지나치기에는 아까울 정도로 공들여 작성한다.

04 성격의 장단점 작성하기

Key Points
- 내가 인사담당자라면 어떤 사람을 채용하고 싶은지 생각하며 작성하라.
- 먼저 직무를 파악하여 직무에 맞는 성격의 장단점을 써라.
- 누구나 다 가진 장단점의 나열은 지양하라.

김군아 군은 스스로 내세울 게 없지만 성실함과 정직함 하나로 지금까지 버텨온 대한의 남아라고 자신 있게 말한다. 혈액형이 A형이라 '소심'이라는 꼬리표가 붙기 일쑤지만 절대 자기 자신은 소심하지 않다고 믿고 있다. 다만 속내를 잘 드러내지 않는 정도?

그래도 군대생활 당시 사격훈련을 하면 항상 1등을 차지한 집중력의 사나이라는 자부심이 있고, 겉으로 드러나지 않는 매력도 있는 법이라며 내면의 따뜻함을 강조한다. 학교에 다니면서 제대로 놀지 못했던 게 가끔 아쉽게 느껴지긴 하지만 미친 듯이 놀아야겠다고 생각한 적도, 놀아본 적도 없다.

"네 성격은 어때?"라고 누군가 묻는다면, 치밀함 또는 정리정돈의 달인이라는 말이 제일 먼저 떠오른다. 친구들이나 가족들이 가끔 '생활의 달인'에 나가도 되겠다고 감탄할 만큼 정리정돈 하나는 잘하는 편이다. 개인 수납공간과 컴퓨터 폴더 정리는 누가 봐도 한눈에 깔끔하다고 느낄 정도이다.

어디에 뭐가 꽂혀있는지, 어디에 뭐가 들어있는지, 자신이 여자였다면 아마 최고로 사랑받는 주부가 되었을 거라고 스스로 인정한다. 그래서 김군아 군은 자신의 이런 성격이 잘 발현되는 일을 찾고 싶어 한다.

김군아 군도 이제 슬슬 자기소개서 작성에 감을 잡아가고 있는 것 같다. 사람에 따라 서로 시각 차이가 있으면 장점과 단점은 언제든지 뒤바뀔 수 있다. 당신이 가진 단점이 모든 직무에 있어서 단점으로 작용할까? 반대로 장점이라고 해서 모든 기업이 그 장점만 바라볼까? 보기에 따라서는 엄청난 차이가 있는 게 사람의 성격이다. 중요한 것은 당신이 지금 지원하고 있는 직무에 어떤 성격을 돋보이게 할 것인가이다.

보여주지 말아야 할 성격

기업마다 구성원으로서의 역할이 달리 부여되고 역할에 따라 성격적인 면도 고려해서 직원을 뽑는다. 상식적으로 재정과 회계를 담당하는 직원을 뽑는데 즉흥적이고 도발적인 성격을 가진 사람을 뽑기란 어지간해서는 없는 일이다. 그런데 즉흥적이고 도발적인 이 사람은 영업직이나 홍보직에서는 선호하는 인물이 될 수 있다. 직무에 따라 선호하는 성격도 다 다르다.

하지만 공통적으로 사양하는 성격은 업무 분위기에 찬물을 끼얹을 정도로 눈치가 없거나, 괜한 분란을 일으키며 동료들과 마찰이 잦은 난폭한 성격, 다른 이들의 사기를 저하시키는 에너지 흡혈귀형, 잦은 욕설 및 감정의 기복이 심한 성격 등이다. 스펙이 2% 부족하다 해도 이미 갖춰져 있는 성격과 인성으로 취업에 성공할 수도 있다. 어떻게? 바로 자기소개서에 직무에 맞는 성격을 잘 드러내 주면 가능성이 높아지는 것이다.

나는 나랑 일하고 싶을까?

나는 어떤 사람과 함께 일하고 싶을까? 이런 마음으로 작성해 보자. 예를 들면, 업무가 과중할 때 "뭐라도 도와줄까?"라며 친절하게 말을 건네는 사람, 아침에 출근해서 큰소리로 인사하는 긍정적인 사람, 어딜 가나 먼저 말을 건네는 밝고 사교적인 사람, 업무에 있어 책임감이 강해서 함께 수행하는 프로젝트에서 항상 팀이 되고 싶은 사람. 다양한 사람들이 떠오를 것이다. 그렇다면 나는 그런 사람인가? 나는 그런 성격을 가진 다른 사람들이 함께 일하고 싶어 하는 사람일까? 조직 내에서 맡을 역할에 대해서 생각해 보고 그 역할에 맞는 자신의 성격을 찾아 제대로 된 옷을 입혀보자.

희망직무에 안성맞춤인 성격을 찾아 써라

희망직무에 잘 맞는 성격을 찾는 것도 꼭 필요한 필수과제이다. 어떤 일이든 모두 관계있는 공통 역량과 희망직무에 꼭 필요한 필수역량을 나눠서 찾아보자. 공통역량이라 한다면 근면 성실한 자세, 노력을 게을

리 하지 않는 점, 긍정성 등을 꼽을 수 있다.

필수역량은 직무마다 모두 다르겠지만 예를 들어 김군아 군이 지원하는 일반 사무직은 문서작성 능력이 우선시 된다. 문서를 잘 작성하려면 오탈자가 발생하지 않게 하는 꼼꼼한 면이 필요할 것이고, 일관성 있는 양식을 위해 체계적인 일처리 성향이 발휘되어야 할 것이다.

서비스직에 지원하는 사람이라면 당연히 서비스 마인드가 있어야 할 것이다. 친절함, 봉사심, 경청의 자세, 타인에 대한 배려, 상황에 따라 가장 원만한 결과를 얻어 낼 수 있도록 하는 대처능력과 인내심 등이 골고루 갖춰져 있음을 보여줘야 한다. 성격의 장점에 대해 작성할 시에는 다 좋다가 아니라 나는 이런 성격이 있으니 이런 업무에 적합하다고 일목요연하게 정리해서 쓰는 게 효과적이다. 희망직무를 파악하고 관련된 성향을 부각시키도록 작성해 보자.

단점도 언급하라

간혹 단점에 대해 썼다가 안 좋은 인상을 남길까봐 일부러 쓰지 않는 지원자도 있다, 이런 경우 면접에서 질문을 받기 쉽다. 그냥 질문이 아니라 '단점이 없다고 생각하느냐'는 공격성 질문이 들어올 수 있다는 뜻이다. 작성하라고 명시된 항목이라면 빠짐없이 작성해야 한다. 자신이 볼 때는 단점이라고 쓴 것이 인사담당자 입장에서는 장점으로 보일 수 있는 내용도 많이 있다.

그리고 단점을 쓰라고 했다고 단점을 나열하는 데만 그치면 안 된다. 단점으로 보이는 것 가운데에서도 개선의 여지가 있는 것으로 선택해서 쓰고 단점을 고치기 위해 계속 노력하고 있음을 언급해야 한다. 점차 어떠한 방향으로 좋아지고 있는지에 대해서도 빠뜨리지 말고 부연 설명해 주도록 하자.

Check! Check! Check!

다음 항목 중 적합한 부분에 체크하시오.

- 내가 쓴 장점을 뒷받침해 주는 근거가 제대로 제시되었는가? ☐
- 단점이라고 작성한 성격이 정말 단점인가? ☐
- 단점에 대한 개선방향과 결과에 대해 작성하였는가? ☐
- 내가 지원한 직무와 관련하여 필요한 성격을 언급하였는가? ☐
- 업무수행에 있어 치명적인 단점을 대안 없이 쓴 것은 아닌가? ☐

05 학창시절 및 경력사항 작성하기

Key Points
- 학창시절은 미리 경험한 사회생활이다. 학창시절의 경험이 희망직무와 유관함을 부각시켜라.
- 지원업무와 관련된 성과 위주로 경력사항을 작성하라.

김군아 군은 학창시절에는 눈에 띄지 않는 조용한 학생이었다. 성격만큼 친구를 사귈 때도 신중해서 '넓고 얕게'가 아니라 '좁고 깊게' 사귀는 스타일이었기에 친한 친구는 몇 안 된다. 특별한 활동과 모임에도 참여하지 않아서 이렇다 할 추억이나 기억에 남는 이벤트도 딱히 없다. 한마디로 범생이 생활을 한 것인데 그렇다고 눈에 띌 정도로 공부를 잘했거나 운동을 잘하지도 못했다.

자기소개서 공부를 시작하면서 자신이 살아온 날들에 대해 되짚어 볼 기회가 많아질수록 자괴감도 많이 든다.

"나는 도대체 뭘 하면서 살아온 거지?"

그래도 지금까지 지내온 시간이 절대 헛되지 않았음을 드러내야만

"

한다. 단지 하나의 문서를 작성하는 것일 뿐이지만, 점차 김군아 군은 많이 변화되고 있음을 느끼고 있다.

‘나는 쓸모 있는 사람이다. 나는, 꼭 필요한 사람이다.’

마인드 컨트롤을 수없이 해보고 또 해본다. 능력자 같은 기분을 느낄 때도 있다. 3년 동안 준비한 일이 실패하고 새로운 일을 찾을 때 그 출발은 어두웠다. 자신이 살아온 날들을 온통 부정하고 싶었고, 막막하고 또 실패할 것 같았다. 하지만 자기소개서를 통해 자기 자신에게 한 걸음 한 걸음 다가갈수록 어쩌면 다른 재능으로 새로운 직장인이 될 수 있을 것 같다는 기대가 생기게 되었다. 이런 걸 두고 긍정적 변화라고 해야 하나. 꿈이 하나라는 법은 세상에 없다고 생각하기 시작한 김군아 군. 지금 변화의 시기를 온몸으로 겪고 있다.

‘그래, 난 잘하고 있어!’

김군아 군이 정말 잘하고 있는 걸까? 자신감을 가지는 것은 좋지만 꼭 짚고 넘어가야 할 것들을 놓치면 안 된다. 끊임없이 객관화된 자기 검증이 필요하다. 자기 검증은 이제까지의 삶 속에서 일어난 수많은 에피소드에 의미를 부여하는 작업이다. 이 작업은 서류통과 이후에 다가올 면접이라는 관문에서 큰 도움을 줄 것이다. 자기소개서는 내 인생의 엑기스를 압축해 놓은 문서라고 생각하라.

학창시절은 짧고 굵게

대한민국에서 태어나고 자란 사람이라면 누구나 학교에 다닌 적이

있다. 세상에서 가장 처음 접하는 집단이자 하나의 작은 사회가 학교이
다. 학교와 회사는 이상하리만치 닮은 데가 많다. 나름의 역할이 주어져
있고, 책임과 의무가 있으며, 조직 안에서의 관계가 발생한다.

인사담당자들은 지원자의 학창시절을 통해 우리 조직에 들어와서 어
떤 역할을 맡을 사람인지, 어떻게 적응할 것인지, 어떻게 생활할 것인
지를 미루어 짐작한다. 그럼 당연히 학교생활에 잘 적응했고, 공부를
열심히 했다는 긍정적인 면을 자기소개서에 넣으면 간단하다. 하지만
우리가 지금 작성하는 것은 취업을 위한 자기소개서이지 자기자랑이
아니다.

학창시절의 어떤 이야기를 들려주면 어떤 인사담당자가 나에게 관심
을 가지고 한 번 더 살필 것인가를 생각해 보자. 모범생이었던 전형적인
학창시절을 줄줄 늘어놓는다고 해서 인사담당자가 매력을 느끼는 것은
아니라는 것은 이미 알고 있을 것이다. 짧고 굵게 지원자의 매력을 부각
시키는 에피소드 하나 정도면 충분하다.

어떤 에피소드를 쓸 것인가

동아리나 학회활동 등에서 본인이 맡았던 역할과 특별히 주요한 활
동, 이를 통해 배운 점과 현재 변화된 점 등을 작성하는 것이 좋다. 대
학시절 본인만의 특별한 상황과 그 어려움을 현명히 대처했던 과정, 그
를 통해 배운 점으로 직장생활에서의 활용방안을 작성하는 것도 좋다.

　　학회를 통해 봉사의 즐거움도 얻고 현장실습도 해볼 수 있는 좋은 기회를 만들기 위해 뜻을 같이하는 후배들을 이끌고 '건축학회'라는 소모임을 만들었습니다. 욕심이 많아서인지 무엇이든 한 번에 결정지어 버리고 싶어 하여 공모전이나 기타 팀 단위 프로젝트의 목표가 생기면 주저하지 않고, 일정을 맞추기 위해 밤을 지새우는 일이 허다했습니다. 그 과정 중 팀원 간에 일정, 장소, 작품주제, 기타 등의 문제로 갈등을 많이 빚게 되었고, 그때 생각해낸 것이 1박2일 MT였습니다. 진실 게임 등을 통해 서로가 터놓고 솔직하게 얘기 할 수 있는 기회를 만들어 스트레스보다는 즐겁게 일하는 모임을 만들려고 노력하였습니다.

　　각종 공모전에도 참여하여 건축학회 홍보공모전에서 UCC 작품이 우수상을 수상하였고, 서울시 건축학회에서 주최한 건축설계 경진대회에서 동상을 수상하였습니다. 과도한 승부욕은 이기는 것 자체가 목적이 되어 에너지를 낭비하게 된다는 것을 깨닫고, 이기는 것 자체가 아닌 과정을 생각할 수 있게끔 2년째 요가로 몸과 마음을 건강하게 다스리고자 노력하고 있습니다.

준비된 인재를 나타내는 경력사항

　　신입의 경우는 학창시절에 했던 수행능력으로 뒷받침하면 되지만 경력이 있는 경우라면 경력사항에 공을 더 많이 들이게 된다. 회사에서는 그 전 직장에서 무슨 일을 해서 얼마의 업무능력을 갖고 있는지가 가장 궁금할 것이고 지금 당장이라도 직무에 투입될 수 있는지를 알고 싶어 할 것이다. 구체적으로 쓰되 성취결과에 대한 내용을 위주로 작성하고, 업무역량을 부각시킬 수 있도록 하라. 현재 지원하고 있는 직무에서 필요로 할 만한 경험부터 우선적으로 작성한다.

❶ 긴 학창시절의 여러 가지 에피소드를 중구난방 작성하지는 않았는지 살펴보라.

❷ 입사를 위한 자기소개서에의 핵심 포인트는 직무와 관련이 있는 경험인가이다. 마냥 즐거운 경험이라고 마무리하는 것은 금물이다.

❸ 직무와 관련된 학창시절의 활동을 찾는 것이 가장 중요하다.

❹ 경력사항은 직장생활을 토대로 작성하되, 현재 지원하고 있는 직무와 유관한 것이 맞는지 확인하라.

06

지원동기와 포부 작성하기

Key Points
- 지원동기 작성 전 회사에 대한 정보수집은 필수!
- 앉아서 찾는 정보는 죽은 정보이다. 발로 뛰어 살아있는 정보를 찾자. 이것이 경쟁력이 될 것이다.
- 5년 후, 10년 후에 어떤 전문가가 되어 있을지 목표를 정한 후 작성하자.

CASE

김군아 군은 취업 전쟁을 치르고 있기는 하지만 그래도 피가 끓는 대한의 남아. 간만에 소개팅 제의가 왔을 때 머리도 식힐 겸, '인생과 취업이 어찌 따로따로 순서가 있을 수 있겠는가' 하는 자기합리화까지 곁들여 흔쾌히 받아들였다.

'지금 내 주제에 무슨 여자'라는 생각도 들었지만 김군아 군은 넓지 않은 인간관계 때문에 여자친구를 더 간절히 원하고 있었는지도 모른다. 왠지 정말 괜찮은 여자가 나와서 취업의지를 불살라줄 것만 같은 그런 기분으로 소개팅에 나간다. 여자가 나왔다. 예쁘다. 이런저런 얘기를 하는데 대화의 주제도 잘 맞고 이야기가 끊이지 않는다. 느낌이 좋다.

'취업도 안한 상태인데 이렇게 갑자기 봄날이 와도 되는 걸까?' 걱정도 되지만 우선 저질러 보면 어떻게든 일은 흘러가기 마련, 이 여자에게 올인 해보리라고 결심하는 김군아 군. 조심스레 당신이 좋다고, 사귀어보면 어떻겠냐고 물어봤다. 여자가 물었다.

"제 어디가 그렇게 맘에 드세요? 저에 대해 잘 모르시잖아요."

이 여자 놓치고 싶진 않은데 갑자기 그렇게 물으니 말하기가 쉽지 않다. 예쁘고, 말 잘 통하고, 성격 좋아 보이고, 낭비 안 할 것 같고, 같이 있으면 잘해주고 싶을 것 같고 기타 등등 기타 등등. 사귀고 싶은 이유는 끝도 없었지만 무엇을 말해야 그녀가 받아줄지 김군아 군은 머리가 텅 비는 느낌이 들었고, 순간 틀렸구나 싶었다.

조금 더 준비해서 말해야 했다. 소개 받기 전에 그녀가 마음에 들 것을 염두에 두고 충분히 그녀에 대해 정보를 챙긴 다음 소개팅에 나갔으면 말문이 막히지는 않았을 것이다. 그 일이 있고 난 다음 김군아 군은 정보에 민감한 것은 비단 소개팅만이 아니라는 걸 새삼 깨닫게 되었다.

우연한 기회의 소개팅에서 김군아 군은 자신과 잘 맞는 상대를 만나게 되었고 그 상대와 좀 더 좋은 관계로 발전하고 싶었다. 그런데 그의 앞을 가로막는 벽이 나타났다. 그게 바로 정보 부족! 정보가 부족하니 마음을 보여줄 좋은 말들이 뒤따라 나오지 않는 것이다.

자기소개서 지원동기 항목을 작성할 때에도 마찬가지다. 어렵사리 취업정보 사이트를 통해 잘 맞을 것 같은 회사를 찾았다고 해서 그 회사에 덜컥 붙는 것은 아니다. 여러 가지 정보를 찾아보고 내가 왜 이 회사를 마음에 들어 하는지에 대해 생각해 보고 충분히 준비를 해야 하는 것이다. 그래야 회사도 이 사람이 정말 우리 회사에 들어오고 싶어 하는구나, 애사심을 가지고 열심히 일할 사람이구나 하는 것을 느끼게 된다.

지원동기 항목은 바로 이런 것이 드러나야 하는 항목이다.

회사는 준비된 인재를 원한다는 것을 이미 숙지하고 있을 것이다. "내가 준비된 인재예요!"가 여러분이 이 항목을 쓰는 이유이다. 준비된 인재라는 것이 드러나게 하려면 어떻게 써야 할까?

우선 회사에 빠르게 적응하겠다는 느낌을 주는 것이 가장 중요하다. 소개팅에서 저 여자가 나랑 잘 맞겠구나 하는 느낌을 전하듯이 말이다. 그러려면? 회사에 대해 많은 정보를 알고 있어야 하고, 희망직무에 대한 지식 외에 내가 가지고 있는 능력이 이 회사에 얼마나 적용이 될 것인지에 대해 구체적으로 파악하고 있으면 좋다.

즉, 업무를 지원하기 위해서 준비해 왔던 것들을 구체적으로 언급할 필요가 있다는 말이다. 준비한 것을 보면서 비전을 평가하고 입사 후에도 본인의 목표를 계획적으로 실천할 수 있는 사람이라고 기대하게 된다. 그러한 사항을 자기소개서에 쓰는 것이 바로 지원동기이다.

지원동기에 들어가야 할 사항

가장 난감한 이 사항들을 작성하기 위해서 아래의 질문들에 대한 대답을 하는 형식으로 작성해 보자.

왜 이 일이 하고 싶은가?

가장 궁금한 질문이다. 대체 왜 이 일을 하고 싶은 건가, 얼마나 열정적으로 일을 할 것인가에 대한 모든 궁금증이 들어있는 질문이다. 이 대답만 잘해도 절반은 성공한 셈이다.

디스플레이나, 휴대폰 같은 전자 기기에 대한 관심이 많았던 저는 어려서부터 일반적이지 않다는 말을 듣고 자랐습니다. 상상으로만 펼쳐지던 세계를 실제로 실현시키는 사람이 되는 것이 제 꿈이었습니다. 그래서 이론부터 공부할 마음에 전공으로 삼았고, 응용하는 방법을 찾기 위해 계속적인 자료를 찾던 중에 OOO사를 잡지를 통해 처음 만나게 되었습니다.

왜 이 회사에 들어가고 싶은가?

회사는 왜 우리 회사에 오고 싶어 하는지가 궁금할 것이다. 수많은 지원자 중 가장 회사에 오고 싶어 하는 사람에게 더 큰 관심을 가지게 된다. 뽑혀도 되고 안 뽑혀도 된다는 느낌을 주는 지원자에게까지 신경 쓸 회사는 없다. '꼭 가고 싶습니다'라는 느낌이 들도록, 그리고 왜 이 회사에 지원했는지에 대해 작성하자.

3년 전에 이뤄진 첫 만남이지만 알 수 없는 끌림으로 눈을 뗄 수 없었고, 대표이사님의 세계 최고 선두주자가 되고자 하는 큰 꿈은 어느새 저의 꿈이 되어 있었습니다. 이 회사를 목표로 3년을 준비했습니다. 좀 더 필요하고 좀 더 준비된 인재가 되기 위해 OOO사에 대한 정보를 계속적으로 접하였고 그로 인해 다양한 제품 라인업과 기술 경쟁력을 강점으로 하여 최근에는 ERM 독자적 프로세스 기술의 도입과 공정 설비에 대한 투자 등 디스플레이 필름분야의 톱 포지션을 차지하고 있다는 뉴스기사를 보며 마치 제 일처럼 기뻤고, 이젠 저의 능력이 조금이라도 도움이 될 것이라 여겨 지원하게 되었습니다.

뽑아주면 앞으로 어떻게 할 것인가?

비전이 없는 사원은 회사에 꼭 필요한 인재라는 느낌을 주지 못한다. 비전 없는 사람을 공들여 채용할 바보 같은 회사는 없다. 앞으로의 미래에 꿈이 있고 목표가 있는 사람이 훨씬 역동적이고 열심히 일한다는 것은 회사도 지원자도 모두 알고 있다. 중요한 것은 그것을 어떻게 보여주는가 하는 것이다. 완성도 높은 비전을 구체적으로 제시하라.

> 도전정신과 집요한 추진력을 통해 글로벌 경쟁력을 갖춘 사원으로 성장 하겠습니다. 우선 현재까지 갈고 닦은 영어 실력을 통해 세계 곳곳의 정보를 놓치지 않고 변화하는 트렌드를 따라가겠습니다. "여자라서 안 된다 대신 여자여서 놓치지 않았구나." 하는 평가를 받도록 제 집요한 추진력으로 시간에 상관없이 공정 연구를 계속 할 것입니다. 기계와 공정은 사람이 관리한다는 신념 하에 팀과의 의사소통 및 팀워크 향상을 위해 경청을 통한 원만한 관계 유지를 기저로 삼아 활발하게 활동하겠습니다. 제 인턴 경험과 끊임없는 귀사에 대한 노크를 잊지 말아주시기 바랍니다.

Check! Check! Check!

❶ 한눈에 지원동기가 보이는지 확인하라. 만약 보이지 않는다면 구성을 변경하라.

❷ 회사에 대한 정보를 인터넷에서만 찾지 말고 기사나 출판물까지 다 찾아라.

❸ 지원이유가 회사의 미래 비전과 잘 맞닿아 있는지 확인하라.

❹ 입사 후의 목표가 너무나 당연한 것은 아닌지 확인하라.

    ex)일을 열심히 하겠습니다. 최선을 다하겠습니다.

❺ 핵심 포인트에 잘 맞추어 지원동기와 입사 후 포부를 작성했는지 확인하라.

07

호감을 주는 문장력

Key Points

- 같은 내용이라도 문장력에 따라 달라진다. 논리적 문장력을 갖춰 작성하라.
- 짧은 시간동안 눈을 끌 수 있는 매력적인 문장이 나의 합격 당락을 가른다.
- 중요한 내용을 먼저 드러나게 하는 것이 가장 효과적이다.

CASE

"네가 무슨 말 하는지 잘 모르겠어, 넌 항상 빙빙 돌려서 말하더라. 그냥 직접적으로 말해줘, 그래야 알아들을 수 있을 것 같아."

"너는 말을 참 잘하는 것 같은데 뒤돌아서면 무슨 말을 한 건지 잘 모르겠더라구. 내가 너에게 집중을 안 한 건 아닌데 말이야. 넌 참 묘한 능력이 있네."

김군아 군이 친구들에게 자주 듣는 말이다. 살아가는 데 큰 걸림돌이 되는 것도 아니고, 그래서 고쳐야한다는 생각을 해보지도 않았다.

"그래서 네가 말하고자 하는 핵심이 뭐냐? 넌 왜 제대로 말도 못하냐."

아버지는 아들에게 항상 이런 면박을 하신다. 김 군이 집에서와는 달리 밖에 나가서는 친구들 앞에서 곧잘 말을 잘 하는 친구로 통하고 있는데도 말이다. 항상 간결하게 말을 하는 아버지와 결론을 뒤에 말하는 아들의 대화법의 차이라고나 할까. 김 군의 입장에서는 '한국사람 말은 끝까지 들어봐야 무슨 말을 하는 건지 이해할 수 있다고들 하는데. 아버지는 끝까지 들으려고 안 하셔'라는 서운한 생각을 할 수밖에 없다.

그런데, 김군아 군의 이 말버릇은 글에서도 나타나고 있었다.

"군아 씨는 글을 참 잘 쓰지만, 핵심표현 잡는 게 부족한 것 같아요, 그리고 글에 들어가 있는 내용이 효과적으로 전달되지 못할 때가 많네요."

취업 컨설턴트의 이 말을 듣는 순간, 김군아 군은 정신이 번쩍 든다.

아마도 김군아 군이 여태까지 제출했던 입사지원서는 혼자만의 이야기로 끝나버렸을 가능성이 크다. 인사담당자는 김군아 군의 아버지처럼 간결하고 핵심을 잘 찌르고 알아듣기 쉬운 글을 더 좋아하기 때문이다.

김군아 군은 취업 컨설턴트의 충고를 듣고 친구들이든, 아버지 같은 성향을 가진 사람이든, 어린아이든, 나이든 사람이든, 쉽게 이해할 수 있는 글을 쓰는 게 더 나았다는 생각을 한다.

많은 재료들이 있어야 신선하고 맛있는 음식이 만들어지는 법이다. 나의 자기소개서에 나의 경험이라는 재료를 넣고, 나의 업무 역량이라는 조미료와 잘 버무려야 구미가 당기는 맛있는 음식이 탄생하기 마련이다. 이때 음식을 주문하는 사람은 인사담당자일 것이요, '나'라는 사람은 비싼 값을 내고서라도 꼭 맛보고 싶은 산해진미가 되는 것이다.

남들이 다 쓰는 그런 재료를 가지고 승부를 본다면? 정말 뛰어난 재능이 있는 것이 아니라면 고유의 맛을 크게 벗어나지 못한다.

재료를 바꾸기 힘들다면 메뉴판에 승부를 걸자. 같은 재료라 하더라도 특이한 이름이 붙여져 있거나 궁금증을 불러일으킬 만한 요소를 갖추고 있다면 선택의 가능성은 더 높아진다. 그러고 나서 다시 또 먹을 것인지 다시는 먹지 않고 남들에게 소문을 낼 것인지를 판단할 것이다. 흔한 것에 비싼 돈을 주는 사람은 거의 없다. 희소성의 원칙, 자기소개서에도 여지없이 나타난다. 자기소개서를 인사담당자의 구미가 당기게 맛깔나게 써보자.

핵심 키워드 잡기

김군아 군의 고민 첫째, 내가 전달하고자 하는 내용이 제대로 전달되지 않을 때가 있다는 것으로 시작된다. 도대체 이유가 뭘까? 우선 집중할 수 있는 시간을 주지 않았기 때문이다. 집중할 수 있는 시간이란, 흥미를 가질 수 있는 시간이다. 눈길을 끄는 것이 있어야 끝까지 읽고 싶은 마음이 생긴다. 자기소개서에서 끝까지 이끌고 갈 수 있는 힘이란 핵심 키워드, 그리고 소제목이다.

핵심 키워드는 내가 하고자 하는 말을 함축적으로 고스란히 드러낸 농축 액기스라고 볼 수 있다. 글을 쓰기 전에 핵심 키워드를 먼저 생각한 후 작성하면 훨씬 수월하게 쓸 수 있다. 그렇다면 핵심키워드는 어떤 것들이 될 수 있을까?

핵심키워드는 직무와 관련된 것이어야 한다. 내가 가진 지원동기나 경험 등이 직무와 관련되었는지 꼭 연관성을 찾도록 하자. 지원직무는 합격하게 된다면 내가 해야 할 일이 된다. 앞으로 해야 할 일에서 가장 필요한 역량이 핵심 키워드가 되어야 한다.

또한 현재 지원직무의 떠오르는 이슈가 핵심 키워드가 될 수 있을 것이다. 인사담당자의 가려운 부분을 긁어주는 자기소개서, 눈을 환하게 하는 산소 같은 지원자를 발견할 것이다. 지금까지 연습해 오던 각 항목의 내용을 살펴 핵심키워드를 체크해 보고 그 핵심키워드에 제대로 살을 붙였는지 확인하라.

차별화된 소제목 만들기

앞에서 핵심키워드에 대해서 알아봤다. 이 핵심 키워드를 가장 눈에 잘 띄는 곳에 두는 것, 이것이 바로 소제목이다. 자기소개서 항목에 따른 글을 한눈에 정리해서 볼 수 있게 하는 이 소제목을 남들 다 하는 대로 묻어간다면 별다른 인상을 남길 수 없다.

내용에 일관성을 부여하는 소제목

소제목과 그에 따르는 항목의 내용이 일관성이 없는 경우가 있다. 이런 식으로 표현된다면 굳이 소제목을 붙일 필요가 없다. 오히려 그 사람의 문장력에 대한 의심과 내용에 대한 의구심만 증폭될 뿐이다.

각인 효과

자기소개서의 인상 깊은 대목은 면접에서 질문으로 유도될 수 있으며 입사에 성공한다면 입사 후에도 꽤 오랫동안 회자되는 효과를 가져올 수 있다. 창의적인 문구 하나로 사람들에게 훨씬 더 빨리 알려지고 더 풍부한 인간관계를 만들 수 있다. 직장생활의 가장 큰 어려움은 대인관계라는 조사결과도 있다. 취업 관문을 통과하기도 어렵지만 유지하는 것도 만만한 일이 아니다. 이런 사회생활의 어려움을 문구 하나로 긍정적으로 풀어 갈 수 있다면 독특하고 창의적인 문구가 내 사회생활의 탄탄대로를 건설해 줄 수도 있다.

능력의 제고

소제목을 잘 썼다는 것은 핵심을 간파하는 능력을 부각시키는 증거가 된다. 지원자의 센스나 창의력도 소제목을 통해 드러날 수 있다. 소제목만 보고 미뤄 짐작하는 경우가 굉장히 많다. 내 글이 뻔한 글이 아니라는 것을 소제목을 통해 알려주자.

결과중심의 글쓰기

- 결과 : 일 처리에 대해 신뢰 있게 처리하여 책임 있는 일을 맡을 수 있습니다.
- 구체적인 내용 : OO유통회사에서 인턴으로 근무했던 지난 여름, 직속 상사가 병원에 입원한 이유로 상사가 돌아올 때까지 두 달 동안 고객을 관리하는 책임을 맡았습니다. 저는 매일 일찍 출근하고 가장 늦게 퇴근하였습니다. 그리고 모든 주문을 두 번씩 점검하였으며, 매주 단위로 고객들에게 확인 전화를 걸어 확인한 결과, 역대 최고의 고객만족도 점수를 얻게 되었습니다.
- 직장·직무와의 연결 : 저는 저의 이러한 성실성이 귀사의 훌륭한 고객 서비스에 대한 좋은 평판을 진정으로 향상시킬 수 있으리라고 믿습니다.

결과중심의 글쓰기가 필요한 이유

자기소개서를 보는 시간은 평균 2~30초 정도이다. 이 짧은 시간 동안 가장 보여주고 싶은 부분을 가장 앞 쪽에 배치하는 것은 매우 효율적인 글쓰기라 말할 수 있겠다. 내가 하고 싶은 말이 무엇인지 먼저 말하고 부연설명으로 구체화시키자.

Check! Check! Check!

❶ 각 항목에서의 핵심 키워드에 표시를 해두고 말하고자 했던 키워드가 모두 드러났는지 확인하라.

❷ 어디서 많이 본 듯한 명언이나 자주 화제가 되어 식상한 느낌을 주는 문장은 쓰지 마라.

❸ 주변 사람들에게 자기소개서를 보여주고 20초 동안에 파악할 수 있었던 것이 무엇인지 되물어라. 확실하게 파악한 내용이 없다면 다시 써라.

❹ 소제목과 그에 달려있는 내용들이 일관성이 있는지 확인하라.

08

호감이 가는 입사지원서

Key Points
- 인사담당자들이 꺼리는 표현들만 피해도 평균이상은 할 수 있다.
- 같은 뜻의 말이라도 어감이 다르다. 긍정적인 어감의 단어로 작성하자.

CASE

과일을 들고 방으로 들어오신 김군아 군의 어머니. 취업 준비가 잘 되어 가는지 궁금해 한다.

"아. 내가 하는 일이 이렇지 뭐, 또 입사지원 기간을 놓쳤어요. 매번 계획대로 되는 게 하나도 없어. 엄마, 난 누가 내 앞길을 꽉 막아놓은 느낌이 들어. 재수 없는 놈은 뒤로 넘어져도 코가 깨진다는데 내가 바로 그 짝인 것 같아요."

김군아 군의 비관적인 탄식을 들은 어머니는 억장이 무너진다. 신중하고 성실한 아들이라고 믿어 왔기에 이 모든 것이 아들에게 문제가 있는 게 아니라 단지 운이 없는 탓이라는 생각을 한다. 퇴근하신 아버지는 어두운 표정의 어머니 때문에 또 속상해 한다. 김군아 군의 취업 문제로 평소에 다투지 않던 두 분의 부부싸움도 잦아지게 되었다.

고3보다 더 어려운 게 취업 뒷바라지라고 했던가. 김군아 군의 예민하고 자조적인 분위기는 집안 전체에 먹구름을 드리우고 있다.

김군아 군의 말 한 마디 한 마디가 힘을 쪽쪽 빨아먹는 흡혈귀처럼 전체 집안 분위기를 어둡게 하고 있다. 누구나가 새로운 관문을 통과하는 일은 힘든 일이다. 그저 시간이 흘러 취업할 나이가 되었다고 생각하지 마라. 처음 엄마와 떨어져 유치원에 들어갈 때, 초등학교에 입학해서 혼자 등하교를 하게 되었을 때, 중학교에 입학해서 버스로 등하교를 하게 되었을 때, 고등학교를 거쳐 대학교 입시를 치르기까지 얼마나 많은 도전적인 관문을 거쳐 왔는가. 매 순간순간이 손에 땀을 쥐게 하는 긴장의 연속이었지만 지금은 그것을 웃으면서 이야기할 것이다. 지나온 길은 다 아름답기 때문이 아니다. 새로운 관문을 통과하는 일은 어려운 일이지만 못할 일도 아니다. 지금의 당신도 김군아 군도 그저 여기까지 온 게 절대 아니다. 피나는 노력이 있었을 것이다.

그런데 김군아 군은 중요한 입사지원기간을 놓친 것에 대한 반성은 커녕 주변의 탓으로 돌리고 있다. 이는 반드시 꼭 고쳐야 하는 안 좋은 버릇이다. 어찌어찌 해서 입사를 한다하더라도 남의 탓으로 돌리는 이런 버릇을 가진 이상 성공적으로 직장생활에 안착하기가 어렵다.

더 중요한 것은 이런 안 좋은 버릇이 글에서도 가감 없이 나타난다는 것이다. 자기소개서는 한정적인 제한된 지면이다. 안 좋은 모습보다는 좋은 모습이 드러나도록 써야 한다. 읽자마자 피곤을 느끼게 되는 그런 자기소개서는 버리자. 어떤 사람인지 궁금하고 만나고 싶은, 호감이 가는 글쓰기. 우리도 당연히 할 수 있다. 취업포털 커리어가 인사담당자를 대상으로 한 설문조사에 따르면 호감 또는 비호감을 주는 자기소개서 문장이 있느냐는 질문에 79%가 '그렇다'라고 응답했다고 한다. 앞서의 김군아 군처럼 알게 모르게 자신의 단점이 글로 나타나는 경우, 취업을 해야 한다는 강박 때문에 누구나가 다 쓰고 있는 판에 박힌 문장을 나열하고 있는 경우 모두 비호감이기 쉽다. 그럼 무엇이 비호감을 주는 표현인지 알아보고 호감형 문장으로 바꿔보자.

비호감 표현

"저는 낙천적인 성격으로 항상 웃고 긍정적입니다."

낙천, 긍정 이런 단어들이 들어간다면 뒷받침 해줄 근거가 있어야 하는데 이런 단어들은 사실적인 근거를 찾기가 매우 어렵다. 또 낙천적이고 긍정적이라는 것은 역으로 문제 해결을 회피하는 모습으로 보일 수도 있다. 게다가 '항상'이라는 단어는 어디에 붙어도 과한 단어이다. 쓰기 전에 다시 한 번 생각하라. 내 글의 신뢰도를 떨어뜨리는 단어를 무심코 쓰고 있는 것은 아닌가.

뽑아만 주신다면 열정을 다하여 귀사에 몸 바치겠습니다

과거였다면 몰라도 현재는 시대가 바뀌었다. 아무런 계획과 목표 없이 지원하는 무조건적인 열정은 뽑히기 직전까지만 나타난다는 것을 이미 모두가 알고 있다. 아무리 몸 바치겠다고 글로 쓰더라도 믿음이 가질 않는다. 어떠한 방법으로 회사의 어떤 부분에 기여하겠다고 구체적으로 써야지만 신뢰감이 생긴다.

글로벌 인재

"현재는 글로벌시대이기 때문에 외국어 능력이 필수이다."라거나 "회사의 성장에 있어 OO능력이 필수이기 때문에……" 이런 식의 표현은 안 쓰는 것이 훨씬 좋다. 식상한 표현은 인사담당자의 눈길을 흘러가게 만든다.

명언과 우화

당신이 강호동이나 김제동이 아니라면 웬만하면 명언은 쓰지 마라. 명언이나 우화를 잘못 인용하면 독이 된다. 일례로 유명인사가 한 토크쇼에 나와 사회적으로 존경 받을 만한 결과물을 내었던 사례를 이야기하자 그 이후 자기소개서에는 그 유명인을 롤모델로 삼아 어떻게 하겠다라는 이야기가 우후죽순처럼 쏟아져 나왔다. 정말 좋은 이야기일 수 있으나 나 혼자만 그 일화를 쓰지는 않을 거라는 점을 인식하라.

명언은 더 심각하다. '비 온 뒤에 땅이 굳어진다고 이 실패를 계기로 삼아' '로마는 하루아침에 이루어지지 않았다' '일찍 일어나는 새가 벌레를 빨리 잡는다' '구르는 돌에는 이끼가 끼지 않는다' 등등. 수도 없이 많을 것 같지만 생각보다 우리에게 널리 알려져 있는 명언의 숫자는 많지 않다. 유명하기 때문에 명언 아니겠는가. 게다가 따로 떼놓고 한 줄씩 읽어보면 손발이 오글오글해지지 않는가. 여러분의 자기소개서가 어디서나 볼 수 있는 흔한 내용이 되지 않게 하려면 명언, 유명인사의 말을 쉽게 차용하지 않는 게 좋다. 자기소개서의 가장 큰 목표는 '차별화'임을 잊지 마라.

성실한 부모님 밑에서 자라 성실함을 배웠다

성장과정에 대해 쓸 때 가장 많이 나오는 이야기이다. 부모님의 영향을 받는 것은 당연하다. 하지만 부모님이 성실하다고 해서 내가 성실하지는 않다. 본인도 작성하면서 느낄 것이다. 어떤 가정교육을 받았고, 어떤 계기를 통해서 성실함이 몸에 배였다는 근거가 제시되어야 한다. 근거가 제시되면 식상하지만 그나마 조금은 비호감을 줄일 수 있다. 그런데 대부분의 자기소개서는 구체적인 근거 없이 이런 불확실한 문장들을 그저 나열만 하고 있는 경우가 허다하다. 인사담당자는 당신의 안티라고 생각하라. 안티에게 어떤 모습을 보여야 팬이 되겠는가? 남들이 다 하는 말로는 안티의 마음을 돌릴 수 없다.

전공이 OO이기 때문에 전문성을 가지고 있다

인사담당자가 이런 문장을 읽으면 콧방귀를 뀔 노릇이다. 학교에서 배운 지식은 그야말로 기본일 뿐 심층적이라고 보기에는 다소 무리가 있다. 그렇기 때문에 실무에 적응하기까지는 어느 정도의 시간이 걸리고 대학을 졸업한 신입사원을 교육시키는 비용이 많이 들어가는 것이다. 그런데 단지 전공이 이 분야이기 때문에 나는 전문성이 있다라고 주장하는 것은 그저 공허한 외침일 뿐이다.

부정적인 단어 골라내기

같은 말이라도 '아' 다르고 '어' 다르다는 말이 있다. 같은 내용을 썼지만 어떤 사람은 긍정적이고 회사일도 열심히 할 사람으로 보이지만 어떤 사람은 자신감이 결여된 부정적인 사람으로 보여 지기도 한다.

Check! Check! Check!

❶ 비호감 표현이 나타난 부분이 있는지 살펴라.

❷ 전반적으로 긍정적인 분위기를 전달하는 문장들인지 살펴라.

❸ 명언과 우화를 차용했다면 너무 흔한 예를 쓴 게 아닌지 고심해 봐라.

CASE

김군아 군 인생에 이런 날이 올 줄이야. 계속해서 자료를 모으고 정보를 수집한 결과 괜찮은 기업을 발견하게 되었다. 외국계 기업이고 여러 가지 근무 여건이 자신이 원하던 회사와 일치하는 부분이 많았다.

하지만 예상치 못한 일이 벌어진다. 일반 사무직이기는 해도 외국계이기 때문에 영문이력서를 작성해서 제출해야 하는 것. 영문이력서 앞에서는 '헉' 소리부터 앞세우는 김군아 군. 한 번도 작성해 본적이 없는데 그냥 국문이력서를 영어로 번역하면 되겠거니 생각한다.

그걸 옆에서 보고 있던 여동생 김여아가 한마디 거든다.

"오빠, 그러니까 취업이 힘든 거야. 좀 발상을 달리 해야 하지 않겠어? 국문을 영문으로 단순히 번역한 이력서를 누가 눈여겨 보겠어?"

아, 자존심 또 구겨진다. '그럼 뭘 어쩌라는 이야기지?' 영문이력서 탐색에 나선 김군아 군. 그 차이부터 알아본다.

영문이력서라고 해서 너무 두려워하지 말고 가능하다면 영문이력서 샘플들을 구해서 기입 기술을 파악하라. 그렇다고 똑같이 쓰면 안 되겠지만 처음 영문 이력서를 쓴다면 샘플 양식이 도움이 된다. 이렇게 샘플을 구해놓고 구직 활동을 하는 내내 자기소개서나 국문이력서를 업그레이드 시키듯이 영문이력서를 차근차근 수정 보완해 나가면 반드시 만족할 만한 영문이력서가 탄생할 것이다.

국문이력서와 영문이력서의 차이점

국문이력서는 나름의 정해진 형식에 따라 인적사항, 학력, 경력, 능력, 자격증 등을 일목요연하게 기재하면 되지만 영문이력서에는 이러한 형식이 정해져 있지 않은 경우가 훨씬 더 많다. 어느 정도 필수적으로 들어가야 하는 사항이 있지만 개별적인 스타일로 작성하는 것이 더 나을 수도 있다. 여기에서 다룰 내용은 심층적이지는 않지만 기본적으로 지켜야 할 사항들이다.

또한 외국계 기업에서는 업무에 즉시 투입될 수 있는 경험과 능력이 있는 사람을 선호한다. 우리 문화에서는 거만하다고 여겨지는 행동들도 외국계 기업에서는 당연하게 받아들여지는 부분도 많이 있고, 많이 어필한 만큼 많이 인정받을 수 있게 된다. 즉 국내 기업에 지원하는 것과는 살짝 다른 전제를 깔고 알아보는 센스도 필요하다.

영문이력서(Resume)에 들어가는 일반적인 사항들

① Personal Data(Identifying Information) : 이름, 생년월일, 주소, 전화번호 등을 적는다. 이름은 Full Name으로 작성하고, Date of Birth는 월, 일, 년도 순으로 작성한다.

② Job Objective(Career Objective) : 희망직무에 대해 작성한다.

③ Qualifications(Capabilities) : 채용공고를 정확히 파악하여 업무에 필요한 적성이나, 경험, 기타 요건 등을 잘 살펴보고 직무와 연관된 능력과 역량에 대해 작성한다.

④ Work Experience(Employment) : 경력직일 경우 전 직장의 회사명, 직위, 직무내용을 최신 순으로 입력한다. 신입이라면 아르바이트 경험 등을 작성한다.

⑤ Education(Educational History) : 최종학력이나 대학부터 작성하는 것이 좋고, 전공에 대해 기재 후 필요하다면 이수한 과목을 명시해 주는 것도 하나의 방법이다.

⑥ Activities(Curricular Activities or Extra-curricular Activities) : 사회활동, 동아리 활동, 봉사활동 등에 대해 작성한다.

⑦ Special Achievement: 희망하는 업무에 도움이 될 만한 역량 및 내세울 만한 특기가 있다면 작성하는 부분이다. 직무와 무관한 내용은 명시하지 않는다.

⑧ Honors and Awards(Additional Remarks) : 수상경력, 표창경력 등을 작성한다.

⑨ References: 일반적으로 경력이라면 이전 근무처의 상사의 연

락처를 신입이라면 담당 지도 교수님의 연락처를 적는 것이 무방하나 References available upon request라고 작성하여 요청 시 알려주는 것도 나쁘지 않다. References는 작성자의 능력이나 자질에 대한 보증인의 역할이 된다.

커버레터 작성하기

영문이력서를 읽게 하느냐 마느냐의 당락이 커버레터에서 드러난다.

커버레터의 내용에는 ① 앞으로 읽게 될 영문이력서의 내용에 대해 소개하고 ② 지원회사에 대한 관심이 막대하다는 것도 표현해야 하며 ③ 지원회사에 어떤 식으로 능력을 발휘할 수 있는지에 대한 어필과 ④ 그래서 꼭 인터뷰에 응하고 싶다는 내용까지 들어있게 작성하면 좋다. 사실 영문이력서에서 가장 중요한 것은 커버레터라고 해도 과언이 아니다.

Check! Check! Check!

※ 영문이력서 작성 시 주의 사항

❶ 국문이력서와 마찬가지로 여러 번 읽고 오탈자를 수정한다.

❷ A4 한 장을 넘어가지 않게 간결하고 명확하게 작성한다. 경력직이 아닌 이상 한 장을 넘어가는 것은 좋지 않다.

❸ 국문 이력서를 그대로 번역하는 것은 피하도록 한다.

❹ 국문이력서도 마찬가지지만 과대, 허위 경력은 절대 넣지 마라. 정확한 사실이라는 전제 하에 면접이 심도 있게 진행되는 경우가 많기 때문이다.

❺ 지나친 요약은 금물이다. 간결하게 쓰라고 해서 지나치게 요약하다 보면 중요한 내용이 제대로 전달되지 못하거나 자칫하면 능력 없는 사람으로 표현될 수도 있다.

10 온라인 입사지원하기

Key Points
- 온라인 입사지원은 주어진 공간을 충실히 채우는 것이 매우 중요하다.
- 수시, 상시 채용의 보편화로 온라인 채용시스템의 영역이 크게 확대되는 추세이다.
- 온라인 지원 방법에 맞게 자신의 장점을 부각시킬 수 있는 방법을 찾아라.

아침부터 저녁까지 발품을 팔면서 정보를 수집하고 있는 김 군아 군은 요즘 취업포털 사이트뿐만 아니라 기업의 홍보 사이트도 수시로 들여다보는 중이다. 여러 번의 서류전형에서 실패하고 보니 구직자를 대하는 태도도 기업마다 다 다르다는 것을 알게 된 것이다.

기업의 홍보 사이트는 기업 문화를 여실히 보여주는 일종의 외투 같은 역할을 한다. 지퍼형인지 단추형인지 알고서 접근하면 열기가 더 수월한 외투가 바로 기업의 홍보사이트이다.

그리고 대부분은 신입사원 전형을 온라인을 통해 해결하고 있으니 수시로 들어가 보면서 타 취업포털에서 놓친 소식을 알아보고 자주 접해 보려고 노력중이다.

역시, 맞으면 정신 차린다고 이제 뭔가를 좀 알아서 해보려고 하는 김군아 군. 이번에는 기업의 온라인 지원을 완전 숙지하리라 결심한다.

최근 신속하고 편리한 인재를 채용할 수 있는 온라인 채용시스템이 대세를 이루고 있다. 기업채용사이트를 통해 직접 입사지원서를 입력하게 하거나 이메일을 통해 입사지원서를 송부하게 하는 등 온라인 입사지원 비율이 매우 높아졌다. 또한 취업포털 사이트의 활성화로 인해 기업에서는 필요한 때에 원하는 인재를 수시로 선발하는 시스템이 구축되고 있는 중이다. 때문에 취업에 대한 의지가 있다면 가장 먼저 해야 할 일은 무엇보다 취업포털 사이트에 이력서를 등록하고 수시로 변동사항을 업그레이드 시킨 다음 실수가 있는지 없는지 확인하는 자세이다.

기업채용 사이트를 통한 입사지원

글자 수에 민감해져라

기업채용 사이트를 통해 입사지원을 하는 경우에는 대부분 자기소개서의 글자 수 제한이 있다. 한 항목에 적게는 200자 내외에서 많게는 1000자 이내로 기업마다 제시한 항목에 따라 다르게 글자 수 제한을 둔다. 항목을 모두 꽉 채울 필요는 없지만 그렇다고 빈 공간을 많이 두는 것은 매우 성의 없고 기업에 대한 무관심으로 판단되어 탈락의 후보자가 될 수도 있다. 그러므로 최대한 제한 글자 수를 맞추도록 노력하되 80% 이상은 채울 수 있어야 한다.

미리 준비하라

공채 시즌이 되면 입사지원 접수 마지막 날 허겁지겁 컴퓨터 앞에서 끙끙대는 구직자들을 많이 보게 된다. 제한시간을 1~2시간 앞두고 입사지원서를 작성하는 게 얼마나 충실하게 제대로 될까? 그러다 지원자 폭주로 서버라도 다운되거나 컴퓨터 오류가 생겨 화면이 사라진다면 입사지원자들은 잠시 동안 패닉상태에 빠지게 된다. 미리 준비하는 여유를 가짐으로써 소중한 기회를 허무하게 놓쳐버리는 우를 범하지 말아야 할 것이다.

임시저장 버튼을 활용하라

온라인으로 입사지원서를 작성하다보면 다 작성하지도 못했는데 서버가 다운되어 지금까지 작성한 모든 것이 무용지물이 되는 경우가 많다. 별도의 파일로 내용을 먼저 작성하여 저장해 둔 후 지원 서류에 옮기는 수고를 아끼지 마라. 엄청 노력하고 준비했는데 사소한 실수로 서류를 접수시키지 못한다면 그보다 더 낭패는 없다. 그게 아니라도 임시저장 버튼을 활용하여 수시로 저장하면서 입력하여 갑자기 모든 게 소실되는 일은 없도록 하라.

이메일로 입사지원하기

커버레터는 예의를 갖춰 작성하라

입사지원서는 공식적으로 기업에 자신을 홍보하고 제안하는 공문서이다. 그런 만큼 이메일로 입사지원을 할 때는 입사지원서를 작성하는 것 뿐 아니라 이메일 커버레터 내용에 있어서도 예의를 갖추어 작성하여야 한다. 커버레터에는 자신에 대한 간략한 소개 및 홍보, 지원분야, 자신의 연락처 등의 내용이 꼭 포함되어야 함을 명심하라.

이메일 주소는 프로처럼 만들어라

인사담당자가 온라인상으로 입사지원서를 받다 보면 일부는 스팸메일로 분류되어 빠지는 경우들이 있다. 이메일 주소가 은어나 스팸단어를 포함시키는 경우가 그러하다. 실제 얼마 전 'sexygirl'이라는 이메일 주소를 가진 구직자가 보낸 입사지원 메일을 스팸메일 폴더에서 발견한 적이 있다. 입사지원을 위한 이메일을 따로 개정하여 관리하는 것도 좋은 구직활동의 자세이다.

첨부파일은 하나로 통합하라

입사지원서는 이력서, 자기소개서, 경력기술서 등 관련 파일을 분류하여 여러 개의 파일을 나열하여 보내기 보다는 이 내용을 모두 통합하여 하나의 파일로 만들어 보내는 것이 좋다. 또한 파일명에 지원분야 및 성명, 지원일자를 포함시키는 것도 잊지 마라.

힘 있는 제목으로 시선을 끌어라

온라인 인사담당자는 수많을 메일을 받게 되며 그중의 일부가 입사지원자들의 메일일 것이다. 그런 만큼 자신이 보낸 이메일이 입사지원

서류를 송부하는 내용임을 인사담당자가 바로 파악하고 자료를 확인할 수 있도록 이메일 제목을 작성하는 것이 중요하다. 즉, '안녕하십니까' '지원서입니다'라는 단순한 제목보다는 '(주)○○_총무분야지원_홍길동', '무역사무분야 입사지원서 송부합니다_성춘향'의 형태로 지원분야 및 지원자가 확인될 수 있도록 제목을 만드는 것이 좋다.

가끔은 제목 없는 별칭으로 표시된 메일을 보내온 경우가 있다. 이럴 땐 쉽게 인사담당자가 그 이메일 내용을 펼쳐보려 하지 않을 것이므로 주의하자.

Check! Check! Check!

취업포털 사이트에 이력서 등록 시 유의해야 할 사항

❶ 개인정보가 유출되어 악용되는 경우도 있으니 항목별 이력서 공개여부를 확인하라.

❷ 이력서 공백은 기업 인재데이터베이스 검색 시 누락확률을 높이므로 공백은 반드시 메우는 것이 좋다.

❸ 자신의 이력서를 상단에 노출시킬 수 있도록 수시로 업데이트 하자.

❹ 취업동향 파악 및 맞춤채용 정보를 수시로 취득하기 위해 뉴스레터를 신청해 두자.

❺ 포트폴리오를 첨부하여 자신의 경력 및 능력이 증명될 수 있게 하자.

11 입사지원서 최종점검

Key Points
- "이게 최선입니까? 확실해요?" 우리의 입사지원서를 바라보며 마지막으로 물어봐야 하는 한마디다. 확실하다는 대답이 나올 수 있다면 그만 봐도 좋다.
- 재차 확인하는 습관을 들여라.

김군아 군, 드디어 입사지원서를 완성하다. 그냥 입사지원서가 아니라 처음의 그 막막함과는 사뭇 다른 자신감 넘치는 입사지원서 폴더를 갖게 되었다. 취업포털 사이트에도 올려놓았다. 매일 구직 정보를 찾고 취업 성공 수기를 보며 마음을 가다듬는 김군아 군. 이제 전화벨이 울리기를 기다리면서 긴장의 나날을 보내고 있다. 아직은 전화가 오지 않았지만 더 열심히 하면 기쁨의 그 꿀맛을 곧 맛보리라. 입사지원서를 제출할 때마다 간절히 가고 싶다는 마음으로 묵념을 한 후 보내기 버튼을 클릭한다. 그리고 스스로에게 다시 한 번 묻는다. "이게 최선입니까? 확실해요?"

지금까지 김군아 군이 노력한 것들은 미안하지만 다들 기본적인 것들이다. 기본 정보 없이 혼자 취업을 준비하다보니 어느 부분이 소홀했는지 일깨워 준 것에 불과하다. 즉, 여기서 더 나은 입사지원서를 만드는 마지막 비법은 '보고 또 보고'이다.

넣어야 할 것, 어필해야 할 항목, 돋보이는 능력, 깔끔한 작성 등이 완성도라면 이제 화룡점정을 찍어야 한다.

인사담당자들이 서류 검토 시 가장 기피하는 유형이 '성의가 없는 이력서'라는 조사결과가 나왔다. 지금부터 내 이력서가 어떤 식으로 작성되었을 때에 쓰레기통에 직통으로 가게 되는지에 대해 마지막으로 체크해 보자.

지금 당장 휴지통으로 가야 할 이력서

① 내용의 분량이 현저히 적어 성의가 없어 보이는 입사지원서 – 입사하고 싶은 마음이 없는 것으로 생각된다.

② 오탈자나 인터넷 용어 등이 난무하고 맞춤법이 틀린 입사지원서 – 기본적인 문서작성 능력조차 없는 무능력자로 낙인찍히기 십상이다.

③ 어디에다 내도 무방할 것 같은 목적 없는 내용의 입사지원서 – 목표 없는 사람의 무계획성과 능력저하는 기업이 먼저 알아본다. 간절히 원하지 않았던 사람은 쉽게 포기하기도 잘하므로 준비하지 않은 사람의 입사지원서는 더 이상 볼 필요가 없다.

④ 지원회사의 이름이나 직무가 잘못 기재되어 있는 입사지원서 – 하고자 하는 일에 대한 목표가 불분명한 것은 물론이거니와 지원회사에

대한 관심 및 열정이 전혀 없는 것으로 보여 아웃된다.

⑤ 한눈에 보기 어렵거나 양이 너무 많아 읽기 힘든 입사지원서 - 수많은 입사지원서 중 인사담당자를 가장 스트레스 받게 하는 유형. 잔뜩 기대하고 읽었는데 핵심 없이 양만 많은 경우와 한눈에 들어오지 않는 조잡한 입사지원서이다.

⑥ 어디서 본 듯한 입사지원서 - 베끼지 않고서야 이렇게 비슷할 수도 없다는 결론을 내리고 어차피 사실이 아닐 것이라고 생각한다.

⑦ 경력의 일관성이 없이 나열만 되어 있는 입사지원서 - 경험이 많은 것은 플러스요인이지만 일관성 없이 늘어놓기만 하면 전문성이 결여되고 산만해 보인다.

차마 못 떨어뜨릴 이력서

인사담당자도 인간이다. 호감이 가고 정이 가는 입사지원서를 몰인정하게 내려놓지는 못할 것이다. 어떤 점에서 호감을 느낄까?

① 일에 대한 열정이 가득한 입사지원서 - 이 직무에 입직하기 위해서 어떠한 노력을 해왔고, 어떠한 준비를 했는지 제대로 표현되어 있다면 사내에서의 좋은 동기부여역할을 함과 동시에 성과도 나타낼 것으로 기대한다.

② 지원한 회사에 대한 꾸준한 관심과 준비가 엿보이는 지원서 - 한 회사만을 바라보고 준비해 왔다는 것에서 우선 호감이 생기고, 채용 후 더욱 열심히 일하며 좋은 분위기를 형성할 것으로 본다.

③ 스펙이 높거나 업무 관련 경력이 많이 보이는 입사지원서 – 직무에 있어 능력적인 면이 높이 평가되어 효율적인 일처리가 가능할 것으로 기대되어 호감을 가지게 된다.

④ 한눈에 들어오는 깔끔한 형식에 경력 위주로 작성된 입사지원서 – 수많은 입사지원서 중 깔끔한 형식으로 원하는 내용을 빠르게 찾아 볼 수 있다면 일처리 또한 핵심적인 것을 제대로 나타내는 센스 있는 사람으로 여겨 호감을 가지게 된다.

⑤ 이색적이고 독특해서 공을 많이 들인 티가 나는 입사지원서 – 정성을 마다하는 사람이 있던가, 게다가 기억에 남을 정도의 독특함이 있다면 꼭 한 번 면접에서 만나보고 싶을 것이다.

⑥ 제목이 눈에 띄는 입사지원서 – 광고처럼 사람의 눈을 끌고 주의를 집중시키는 것은 능력이다. 능력 있는 사람이라는 생각을 가지게 된다.

⑦ 환한 미소로 호감 가는 인상의 사진이 부착된 입사지원서 – 사람은 첫인상으로 사람의 여러 가지를 파악하게 된다. 사진에서 흘러나오는 호감은 한 번 더 만나서 이야기 해보고 싶은 마음을 가지게 한다.

위에서 살펴본 항목의 어느 부분에 자신의 입사지원서가 해당되는지 체크해 보고, 개선할 점을 찾아 작성하라.

확인사항	Check	개선사항
간략하다 못해 내용이 턱없이 짧지는 않은가?		
오탈자나 비속어가 들어가 있지는 않은가?		
지원회사만을 위해 정성을 들인 입사지원서인가?		
지원회사 이름은 제대로 썼는가?		
나의 경험에 대해 내가 쓴 글인가?		
내용의 일관성이 있는가?		
지원직무에 입직하기 위해 노력한 흔적이 드러나는가?		
지원회사에 대해 관심이 드러나는 준비과정이 나타나는가?		
업무역량 향상을 위하여 자기계발한 흔적이 드러나는가?		
핵심 내용이 한 눈에 들어오는 깔끔한 형식인가?		
경력이 잘 표현되어 있는가?		
식상하지 않은 참신한 느낌이 드는가?		
자기소개서의 소제목이 부연 내용을 대변하는가?		
입사지원서의 사진이 밝은 이미지인가?		

12 취업상담 Q&A
– 대한민국 대표 커리어 컨설턴트와의 JOB談(잡담)

Q1

안녕하세요. 저는 취업을 준비한지 얼마 되지 않았는데요. 이력서 양식은 인터넷에 있는 것을 그대로 다운받아서 써도 괜찮은 건가요? 제가 멋대로 바꿔서 사용해도 되는지, 만약 해도 되는 거면 어떤 사항은 필수적으로 들어가야 하는지 알려주세요.

A

이력서 양식은 회사에서 지정해준 양식이 아니라면 개인에게 맞는 형식으로 변형하여 작성하는 것도 무방합니다. 인터넷상의 떠도는 입사지원서 형식들은 나와 관계없는 항목까지 포함하고 있기 때문에 빈칸을 생성할 수 있습니다. 빈 칸은 무능력해 보이거나 필요한 부분을 기재하지 못할 경우도 생길 수 있으므로 삭제하시고 나의 업무 역량이 드러날 수 있는 항목으로 변경해 주세요. 그리고 기본적으로 들어가야 하는 사항은 이름, 나이(생년월일), 연락처, 주소, 이메일 주소, 지원 직무 등과 학력사항(고등학교 이후부터 작성), 경력사항 또는 기타 사회활동, 교육이수 사항, 자격증, 어학능력 등을 항목으로 정해 작성하는 것이 좋습니다.

Q2 고등학교를 검정고시로 합격했습니다. 그런데 이력서상에 자퇴한 고등학교 졸업날짜를 써야 하는 건가요? 썼다가 불이익이 있으면 어떻게 하죠? 아니면 솔직하게 자퇴하고 검정고시 합격이라고 쓸까요?

A 이력서 상의 학력란에는 검정고시 작성란이 없죠? 그런 경우는 고등학교 학력란에 대입검정고시라고 작성하시면 됩니다. 굳이 고등학교를 자퇴했다고 쓰실 필요는 없습니다. 혹시 면접에서 검정고시를 보게 된 이유를 묻는다면 그때 가서 자퇴의 이유에 대해 말씀하시면 됩니다. 자기소개서 작성 시 사실대로 썼다가 불이익이 생기면 어떻게 하지라는 생각에 고민을 하게 되는 경우가 많습니다. 이때는 이 한 가지 기준만 생각하십시오. '고민하고 있는 부분이 내가 지원하고 있는 회사나 직무와 연관이 되어 플러스가 될 것인지 마이너스가 될 것인가' 입니다. 마이너스가 된다면 과감히 삭제하시고, 플러스가 될 것이라고 생각되면 정성들여 작성하십시오.

학교 다닐 때 정말 학교만 다녔거든요, 저는 특별히 무엇을 한 경험이 없어요. 자기소개서에 어떤 내용을 써야 할까요?

A

학창시절에 학교만 열심히 다니셨다면 학업 성적이 뛰어났을 거라 예상 되는데 맞으신가요? 학교를 다니면서 수업도 들었을 것이고 수업 중에 학과 프로젝트나 과제 수행을 위해 중요한 역할을 맡은 적도 있을 것입니다. 거창한 특별한 경험만이 최고는 아닙니다. 사람마다 받아들이거나 깨달음을 얻는 포인트는 모두 다르죠. 전공 수업은 어떠했는지 어떤 것에 관심이 많았는지 관심이 많아서 자주 했던 행동은 무엇이었는지 등 생각의 꼬리를 물고 계속적으로 스스로에게 질문해 보시면 쓸 거리를 찾을 수 있습니다. 그렇게 했던 행동들에서 긍정적인 측면을 부각시키고 그것을 중점적으로 자기소개서를 작성하면 좋을 것 같습니다.

Q4

귀사라는 단어를 쓰면 안 된다고 하던데 정말로 쓰면 안 되나요?

A

인사담당자들이 접하게 되는 수많은 입사지원서 중에 공통적으로 나오는 단어 중 하나가 귀사라는 단어입니다. 지원회사를 높이는 말로 많이들 작성하게 되는데요. 귀사라는 단어 말고 버젓이 지원회사의 이름이 있을 것입니다. 굳이 귀사라고 쓰는 이유는 같은 자기소개서를 여러 군데에 넣을 것이라는 이야기로 받아들여질 수 있습니다. 그런 경우 지원회사에 맞춰진 입사지원서를 작성하기 힘들뿐만 아니라 지원회사 이외의 다른 회사에도 같은 지원동기를 가지고 작성했을 거라는 추측을 하게 합니다. 귀사라는 단어가 금지어는 아니지만 지원회사에 대한 지원동기가 매우 희박해지는 단어임에는 틀림없습니다. 가능하다면 사용하지 말고 지원회사의 이름으로 작성하기를 권합니다.

Q5 자기소개서를 쓰다보면 항목이 있는데요. 각 항목별로 어느 정도의 양을 써야 하나요?

A 각 회사마다 정해주는 경우도 많이 있지만 자유형식인 경우도 많이 있습니다. 지정된 글자 수가 있다면 지정된 글자 수에 근접할 정도로 작성하는 게 좋습니다. 넘친다면 꼭 들어가야 할 내용이 모두 작성되지 못할 것이고, 부족하다면 성의 없거나 내용이 부실하다고 여길 수 있습니다. 자유형식이라면 전 항목을 다 합쳐서 A4용지 한 장에서 두 장 사이에서 작성하는 것이 좋습니다. 다만, 경력직일 때는 경력부분에 좀 더 많은 분량을 할애하여 업무역량과 습득기술, 보유능력 및 성과 등을 구체적으로 작성하는 것이 조금 더 도움이 될 수 있을 것입니다.

Q6 약 4개월 정도 일한 경력이 있습니다. 회사 인지도도 괜찮았고, 보수도 괜찮았는데 제 전공과 맞지 않았고 제가 바라던 일도 아니어

서 퇴사하였습니다. 퇴사 후 기사 자격증 준비와 토익 등의 공부를 하고 있습니다. 만약에 경력 란에 쓰지 않는다면 졸업 후 8개월 가량의 공백기가 생기는데 쓰기도 그렇고 안 쓰기도 그렇습니다. 어떻게 할까요?

A

4개월 정도 근무한 경력이 지원자 분의 전공 및 적성에 맞지 않았다는 것은 앞으로도 유사한 일은 하지 않겠다는 의미로 비쳐집니다. 그렇다면 경력 란에는 쓰지 않는 것이 더 좋을 것입니다. 공백기에는 내가 지원한 회사에 입사하기 위해 준비하거나 지원 직무 역량을 향상시키기 위한 노력을 했던 기간으로 말씀하시면 됩니다. 그렇게 하기 위해서는 정말로 노력한 사실이 자격증이나 어학 점수 등의 결과로 드러나 있는 게 좋겠지요? 짧은 기간의 경력은 꼭 필요했던 경험이거나 계약직이 아닌 이상, 오랫동안 근무하지 못하는 인내심 없는 사람으로 보여 질 수 있기 때문에 작성하지 않는 것이 더 좋을 때도 있습니다.

13 취업성공 사례

면접 및 프레젠테이션에 있어서는 달인 소리를 들을 정도로 표현력과 의사소통 전달 능력이 뛰어났던 J군은 서류통과가 입사의 최대 관문이었다. 자신을 객관적인 위치에서 바라보며 주변 사람들의 평가를 받아들여 개선시켜나가는 모습을 통해 취업에 성공한 사례로 여러분에게 조금이나마 도움을 주고 싶어 소개한다.

여러분, 저 취업! 했습니다.

언젠가 취업이 되면 멋지게 글 써야지라고 생각했는데 생각보다 빨리 왔네요. 사실 지난번 D사 면접탈락의 충격에서 헤매고 있었는데, 그때 위로해 준 친구들 정말 눈물 날 정도로 고마웠어요. 면접에서 떨어져 본 적이 없어서 그 어려움을 몰랐던 거죠. 완전 우물 안 개구리였어요. 그럼 제가 준비하면서 느꼈던 것들을 몇 자 적어볼게요.

스펙

사실 전 스펙에 굉장히 연연했습니다. 얼마 전 선생님이 해주신 조언이 아니었으면 전 지금도 스펙 스펙하면서 울상 짓고 있었을 거예요.

그런데 정보처리기사 자격을 취득하면서 전패였던 서류가 조금씩 통과되기 시작하더니, 요즘은 절대 높은 점수도 아니지만 토익 750을 넘기면서 서류 통과율이 점점 높아지기 시작하더라구요.

다른 스펙으론 학점도 3.6이고, 학교도 워낙 특수학교라 소용없고, 믿을 건 장교전역 하나밖에 없었습니다. 이 장교공채도 영어가 없을 때는 다 탈락했지만요. 그래서 내린 결론이 역시 기본은 해야 된다라는 겁니다. 영어점수, 반드시 기본 이상 만들어 놓으세요. (be 동사도 모르던 저였습니다. 처음엔 학원에서도 뭐 이런 놈이 있어? 했어요. 그러나 하면 됩니다!)

전공분야 자격증이든 본인이 희망하는 직무분야 자격증이든 꼭 하나는 따 두시길 강추합니다!

자기소개서

자소서 정말 어렵죠? 잘 쓴다는 게 대체 뭐고, 합격자 자소서 읽어보면 난 왜 저렇게 안 될까 싶었습니다. 질문들도 추상적인데다가 자신 있는 항목 나오면 글자 수 제한 걸렸죠. 답은 하나밖에 없는 것 같습니다. 정말 많이 써보는 수밖에 없어요. 지금 세어보니 지원했던 회사가

36군데네요. 이 회사들 자소서 쓰면서 꽤 힘들었습니다. 그러나 이건 정도(正道)가 없습니다. 많이 쓰시고 첨삭 의견도 받으세요.

스펙을 뒤집을 수 있는 게 자소서입니다. 다 쓰셨으면 취업상담 선생님께 조언을 많이 구하세요. D사에 지원할 당시 제 영어가 635였습니다. 이공계 신입 기준 600을 간신히 넘겼으니 일단 기준은 된 거죠.

그런데 D사는 자소서 항목이 대박입니다. 신춘문예란 말이 있을 정도였어요. 이 자소서를 선생님께 첨삭지도 받고나서 서류 전패였던 제가 D사 서류전형에 합격했을 때의 기쁨은 정말…….

여러분. 자소서 있잖아요, 많이 쓰다보면 나중에는 감이란 게 옵니다. 처음엔 자소서 하나에 3~4시간 걸리더니 나중에는 금방금방 맞는 에피소드를 찾으면서 자소서 작성의 달인이 되어갔어요. 그러니 이번에 합격한 S금융은 30~40분 정도밖에 안 걸렸어요.

인터넷에서 본 것은 참고만 하세요. 그게 힘드시면 제일 맘에 드는 걸 가져다가 베이스에 깔고 본인 걸로 고쳐보세요. 그러면 나중엔 전혀 새로운 자신만의 자소서가 되어 있을 겁니다. 저 같은 경우에는 성장배경, 성격, 장단점 등은 바로 수정했습니다. 물론 지원 동기나 포부는 회사에 따라 당연히 바꿔줘야겠죠?

참! 자소서 내용으로 쓸 이야깃감은 그때그때 적어두세요. 시시콜콜한 것이라도 적어 놓으세요. 글은 꾸미기 나름입니다. 믿으세요. 그리고 선생님께 반드시 조언 들으시고요! 여러분도 저처럼 이렇게 수기를 쓰게 되는 날이 올 거라 믿습니다! 힘내세요!

– 힘든 시간을 보냈던 취업 선배로부터

한 번에 통하는 이미지 메이킹

세상에 나를 제대로 알린다

Career Designer 이민선

Part
5

이미지 메이킹 거울
어머머,
그 꼴로 면접을
보겠다고?
훗!
우가?

Career Designer의 이미지 컨설팅

• 의뢰자 소개

나열정(여, 25세)

유형 능저동저형, 스펙도 특출하지 않고 취업시장에 뛰어든 지 얼마 안 되어 정보를 취합하고 노력하는 면은 부족한 상태.

학력사항 수도권 중위권 대학 공대 5학년

전공 전자공학

스펙 학점 _ 3.2 / 토익 _ 700점 초반

어학연수 _ 필리핀 2개월

자격증 _ MOS

지원분야 SI(store identity, 기업의 매장 이미지 통일화 작업)

구직 최대이슈 백발백중 면접탈락의 오명 벗기

나열정 양은 몇 차례 서류전형을 통과하지만 면접에서 지속적으로 탈락한다. 이후 면접관들이 자신을 어떻게 보고 있는지 불안감을 가지게 된다. 자신이 갖고 있는 강점을 어필하기 위해 어떤 이미지를 보여줘야 하는지 알고 싶은 나열정 양.

면접관이 면접에서 지원자를 볼 때 중요하게 생각하는 이미지가 있다. 면접자들은 잘 모르고 있는 이러한 이미지 요소에 대해 파헤쳐 보

자. 여기서는 이 이미지에 대한 구체적인 요소를 체계적으로 분석해서
면접을 성공적으로 이끄는 방법에 대해 알아볼 것이다.

Key Points
- 면접은 첫 이미지가 중요하다.
- 첫 이미지의 요소를 기억하라.
- 첫 이미지를 주변인들에게 물어보고 연구하라.

CASE

나열정 양은 아르바이트 경험이 풍부하다. 하지만 거의 모두 자신이 구한 것이 아니라 친구나 친구 부모님의 도움을 받아서 구한 것이다. 본인이 정말 하고 싶은 아르바이트는 면접을 보면 항상 탈락했기 때문에 주변의 도움을 받지 않을 수 없었다. 아는 사람들이 소개해 주면 아르바이트 자리는 쉽게 구할 수 있었으니까 뭐 별 걱정 없이 지내 왔다.

그런데 아무리 생각해 봐도 왜 자신이 아르바이트 면접에서 매번 불합격하는지 이유를 알 수 없었다.

'왜 아르바이트 면접에서 매번 떨어지는 것일까? 어딜 내놔도 나름 빠지지 않는 외모인데 뭘 잘못 보인 걸까?'

나열정 양이 진정 두려워하는 것은 면접의 고배가 단순한 아르바이트가 아닌 취업에서도 계속되는 것이다. 함께 아르바이트한 동료들은 지내다 보면 다 좋은 사이가 되는데 왜 면접에서는 그런 면을 보여주지 못하는

것인지 답답하다. 이젠 아르바이트가 아닌 정식 직원이 되기 위한 면접을 준비해야 하는데 면접 탈락을 피할 방법을 찾고 싶은 나열정 양.

미국의 심리학자이며 캘리포니아 대학 교수인 앨버트 메라비언(A. Mehrabian)의 저서 《침묵의 메시지》에 보면 이런 대목이 나온다. 대부분의 사람들이 주변인들이 자신을 어떻게 보는지에 대해서는 별로 관심이 없지만, 처음 만나는 사람과의 관계에서는 첫 이미지를 매우 중요하게 생각한다는 것이다. 첫 만남에서 한 사람이 상대방으로부터 받는 이미지는 시각적 요소가 55%, 청각적 요소가 45% 정도인데 특히 청각적 요소도 구분을 하면 38%가 목소리, 음색, 높낮이이며 나머지 7%가 말의 내용이라고 한다.

또한 사회심리학자 고든 앨포트는 《대인지각론》을 통해 사람의 성격, 신뢰도, 성실도 등은 처음 만나는 30초 동안에 어느 정도 파악된다고 주장한다.

이 두 심리학자의 주장은 첫 이미지가 관계에 있어서 얼마나 중요한지를 뒷받침해 준다. 특히 면접에서도 첫인상이 차지하는 비중은 상상

이상으로 크니만큼 취업준비생들에게 이미지 연구는 꼭 병행되어야 하는 과제이다.

지원자가 자신의 직무능력과 회사에 적합한 인재임을 면접관에게 알리기에는 면접시간은 너무 짧고, 자신과 유사한 능력을 가진 지원자는 너무 많다. 기업에서는 서류전형에서 뽑고자 하는 인력의 거의 3배수 정도를 선발한다. 면접을 통해서 기업의 인재상과 가장 적합하다고 여겨지는 최고의 인재를 가려내고 싶기 때문이다.

면접은 보편적으로 1일 면접이 진행된다. 좀 더 지원자를 자세히 살펴보고자 합숙 면접을 진행하는 기업도 있다. 그럼 합숙 면접은 1일 면접보다 자신의 이미지를 어필할 수 있는 시간이 많은 것일까? 꼭 그런 것만도 아니다. 동일한 면접관이 입소에서 퇴소까지 지속적으로 살펴보는 경우는 거의 없다. 합숙 면접은 다양한 방식의 면접을 다양한 면접관이 보기 때문에 결과적으로는 첫인상만 자주 노출될 뿐이다. 지원자의 성격, 신뢰, 전문성 등을 면접 유형별로 확인하지만 대개는 당락의 약 50% 정도는 첫 이미지에서 결정된다고 해도 틀린 말이 아니다.

취업 포털 '커리어'에서 인사담당자에게 실시한 설문 결과에서도 79.5%의 인사담당자가 첫인상이 면접에 상당한 영향을 준다고 응답을 하였다. 그만큼 이미지 메이킹은 면접에서 신경 써야 할 가장 큰 관문이다.

그래서 이미지 메이킹을 면접 기술의 일부로 다루지 않고 별도의 지면을 할애한다. 작지만 폭풍 같은 성과를 올릴 수 있도록 이미지 개선 방법 속으로 함께 들어가 보자.

이미지란 무엇인가!

이미지는 결합상품이다

이미지는 외부로부터 자극을 받아 감각기관을 통해 뇌 속의 기존 정보들과 결합이 되어 새로운 의미를 가지게 되는 과정이다. 결국, 면접관들의 뇌 속에 있는 기존의 정보들과 현재 보이는 지원자의 모습들이 결합되어 새롭게 탄생되는 것이 이미지이다. 그러므로 좋은 이미지를 전달하기 위해서는 면접관이 갖고 있는 기존 정보들은 물론이요, 면접 당시 보이는 모습이나 외양, 말투 등도 상당히 중요하다.

면접관들의 기존 정보는 무엇인가? 면접관들이 살아오면서 보고 듣고 느낀 모든 것이 정보가 되는 것이다. 면접관들이 가장 많이 보고 듣고 느낀 것을 기준으로 지원자의 첫인상이 결정된다. 그렇기 때문에 복장도 지원하고자 하는 기업의 직원들의 복장을 확인 해봐야 하며, 선호하는 색을 사전에 확인하는 센스가 있어야 하며, 표정 또한 밝은 표정이어야 한다.

면접관들이 첫인상을 기존정보와 연결하여 생각하는 것을 초두효과라고 한다. 처음 받아들여진 인식정보가 그 사람의 이미지 판단에 결정적 역할을 한다는 것이다. 결국 면접장에 지원자가 들어오면 정보들이 결합되어 면접관들은 '이 지원자는 우리와 함께 일해도 좋은 사람 같은데'라고 1차 판단을 하게 되고 질의응답을 하면서 지원자에 대해 더 자세히 알아보려고 한다.

그래서 대부분 첫인상이 좋은 사람에게 점수를 높게 주는 경향이 있다. 장점이 먼저 각인되면 장점을 중심으로 지원자를 계속 인지하기 때문이다. 첫 이미지가 안 좋으면 결국 재평가 받는 데에도 좋은 점수를 기대하기가 어렵다.

또한 후광효과도 있는데 초두효과에서 받은 인상이 차후에도 영향을 준다는 것이다. 결국 지원자의 첫인상이 좋으면 합격을 시켜도 일을 잘할 것이라는 생각을 하게 된다는 것이다.

즉, 초두효과나 후광효과 모두 면접관의 기존 정보와 지원자의 이미지가 결합되어 일어나는 것이니 타인이 나의 이미지를 어떻게 받아들이고 있는지 확인하는 것은 면접 이전의 매우 중요한 절차라 할 수 있다.

이미지에도 구성이 있다

시각적 요소 55%, 청각적 요소 38%, 말의 내용 7%로 구성한다는 가정 하에 자신의 이미지를 세 가지 요소로 나누어 영역별로 좋은 이미지를 전달하도록 노력해야 한다. 첫 이미지란 기존의 정보를 통해서 나타나는 심상이다. 기존의 정보란 무엇인가. 바로 시각적으로 좋아 보이는 모습, 청각적으로 좋은 소리, 내용적으로 좋은 말로 구성된 것이다. 보이는 겉모습만이 이미지가 아니라 위의 세 가지 요소가 잘 조화를 이루어야 좋은 이미지를 구축할 수 있다.

5초 안에 상대를 포섭하라

면접관뿐만 아니라, 대부분의 사람들은 새로운 만남에서 약 5초 안에 상대방을 자기 기준대로 판단한다고 한다. 자신만의 기준이라는 것도 과거의 경험을 통한 기준이므로 일반적이고 보편적인 기준과 같은 의미이다. 즉 첫인상을 좋게 하는 것은 특별한 비법이 아니라 일반적이고 보편적인 잣대가 작용한다는 것이다. 그리 어려운 일은 아니다.

첫인상에서 좋지 않은 인상을 주었을 경우 그 이미지를 다시 좋게 복구하는 데는 무려 40시간이 걸린다고 한다. 면접관이 지원자를 관찰할 수 있는 시간은 짧게는 30분, 길게는 1시간 정도이다. 첫인상을 만회하기 위해 40시간 동안 면접관을 붙잡고 있을 방법은 없다. 당연히 첫인상이 나쁘면 면접에서는 불합격할 수밖에 없다.

면접관 1181명 대상으로 첫인상이 면접 시 영향을 미치는가에 대한 설문 조사 결과 79.5%가 영향을 미친다고 답변을 하였을 정도로 첫인상은 면접에서 매우 중요한 요소이다. 첫인상부터 잘 관리하면 면접에서 유리한 쪽으로 올라설 수 있다.

Check! Check! Check!

면접에서의 첫인상을 좋게 만드는 3가지 노력
❶ 친구들에게 자신의 이미지를 물어 본다.
❷ 부정적 이미지를 답해주는 친구에게는 구체적인 이유를 물어 본다.
❸ 구체적인 이유를 듣고 자신이 변화할 수 있는 것을 점검한다.

CASE

"너? 진짜 첫인상 별로였어. 뿌루퉁해가지고 대답하는 게 영 말붙이기 어려워 보이더라구."

외모도 한몫 단단히 한다는 면접정보를 접한 나열정 양은 기초부터 점검하기로 한다. 이미지 때문에 취업에 타격을 입는다면 그건 반드시 개선해야 할 심각한 문제이다. 일단 무엇부터 시작할까 생각하다가 주변사람들에게 자신의 모습이 어떠한지 물어보았다. 그랬더니 함께 아르바이트 한 친구의 말로는 정말 첫인상이 별로였다는 것이다.

충격을 받은 나열정 양. 아르바이트도 혼자 입사해 본 적이 없어서 그렇지 사람들이 다 자신을 좋아하는 줄로만 알았던 것이다. 그런데 첫인상이 그렇게 별로였다니 충격이 아닐 수 있겠는가. 그런 말을 들을 줄은 꿈에도 생각하지 못했는데 그건 바로 자기 자신에 대해 그만큼 모르고 있다는 뜻이었다.

나열정 양은 이번 기회에 좋은 이미지를 만들어 보자 결심한다.

자존심이 상하긴 하지만 왜 첫인상이 좋지 않은지에 대해 구체적으로 물어보니 대부분의 사람들이 나열정 양의 표정이 '화가 난 표정 같다'고 한다.

놀라운 대답이었지만 곰곰이 생각해 보니 정말 그렇기도 한 것 같다. 집에서도 말을 안 하고 있으면 가족들이 무슨 일 있었냐고 가끔 물어보니까. 나열정 양은 자신도 알지 못했던 평소의 굳은 표정에 대해 고민해 보기 시작한다.

사람들은 하루에 몇 번이나 거울을 볼까? 아침에 일어나 세수를 하면서 거울을 보지만 이때에는 대부분 얼굴 전체에 대한 이미지를 보는 것이 아니라 부분 부분을 살피게 된다. 면도할 때가 되었나, 뾰루지가 났나, 피부가 거칠어진 건가, 간밤에 마신 술로 눈이 많이 충혈되었나 등등. 뭐 이런 것만 살핀다.

반대로 타인은 내 얼굴 구석구석을 살피지 않는다. 전체 느낌을 보고 어제 안 좋은 일이 있었는지, 기분 좋은 소식이 있는지 물어본다. 특히 표정은 기존 정보를 통합해서 제일 빠르게 전달되는 이미지라 할 수 있다. 표정이 이미지의 많은 부분을 좌우하고 있다는 뜻이다.

미소 짓는 표정은 사람을 편안하게 한다. 상대방에게 호의적이라는 느낌을 전달한다. 상대방은 '호감'을 전달받으면 성격이 좋을 것이라는 생각을 가지게 된다. 왜냐하면 머릿속에 이미 '미소 = 좋은 성격'이라는 정보가 입력되어 있기 때문이다.

한 사람이 어떤 긍정적인 특징을 가지면 또 다른 면에서도 긍정적인 특징을 가질 것이라는 인식습관을 가리켜 '후광효과'라고 한다. 면접에서 표정이 좋은 사람은 면접관에게 '합격을 시켜 업무를 맡겨도 일을 잘할 것'이라는 생각을 가지게 한다.

당신의 기존 정보에 긍정의 효과를 배가시킬 수 있는 요소가 바로 이 '미소'이다. 미소는 하루아침에 완성되지는 않는다. 면접 당일 억지로 미소 짓는 연습을 하는 지원자들이 있는데 평소에는 안 해본 괜한 억지 미소 때문에 낭패를 볼 수도 있다. 면접이라는 과도한 긴장감에 평소 익숙하지 않은 표정이 얼굴 근육을 일시에 수축시키고, 얼굴 근육이 떨리는 것은 면접관도 인지를 할 수 있다. 결국 부자연스러운 면접을 진행하게 되고 이는 좋은 점수로 이어질 리 없다. 이런 일이 없도록 미리미리 미소를 머금은 얼굴을 만들기 위해 노력하라.

미소 연습 이렇게 하자

긍정 이미지 트레이닝부터 시작

미소 연습을 하기 전 자신의 긍정적 이미지 트레이닝을 먼저 해야 한다. 왜 미소를 지어야 하는지, 내가 미소를 지을 때 어떤 좋은 효과가 일어날지를 예측하고 상황극을 머릿속에 만든다. 예를 들면 면접 시 미소를 짓고 면접관을 보니 면접관이 긍정적인 표정으로 나를 응시한다는 상황을 설정하고 긍정적 이미지로 인해 좋은 결과가 발생되는 상상을 하는 것이다. 우리 뇌는 상상과 현실을 함께 생각할 수 있으므로 상상으로 자신의 좋은 이미지를 계속 연습하면 어떤 상황에서라도 미소를 지을 수 있게 될 것이다.

입꼬리가 올라가는 단어 연습

한 번 단어를 말한다고 당장 입꼬리가 올라가지는 않는다. 입꼬리가 올라가는 '-키, -치, -지'로 끝나는 단어를 하루에 30번씩 큰소리로 연습하면 20일 후면 자신도 모르게 입꼬리가 올라가 있을 것이다.

사람의 얼굴 근육은 자주 사용하는 것만 발달이 되고 사용하지 않는 근육은 굳는다고 한다. 평상시 미소 띤 얼굴이 아닌 분들은 미소 근육을 자주 사용하여 얼굴 근육이 풀릴 수 있도록 해야 한다.

지금부터 시작해 보자. 위스키, 와이키키, 김치, 사랑하지, 좋지, 행복하지, 성공하지 등등 얼마나 좋은 말들이 많은가. 상상하면서 말을 하면 효과는 더욱 좋다.

Check! Check! Check!

❶ 아침에 일어나면 제일 먼저 '스마일' 하며 웃는다.
❷ 세수를 할 때에도 거울을 자주 보면서 자신의 전체적인 얼굴 인상을 점검한다.
❸ 입꼬리가 올라가도록 입술 양 끝에 살짝 힘을 준다.
❹ 항상 좋은 일만 생각하며 미소 짓는 연습을 한다.

03 사소한 태도가 이미지를 좌우한다

Key Points
- 1%의 사소한 태도 차이에서 당락이 결정된다.
- 자신감 있는 태도는 전문성을 예측하게 만든다.
- 예의 있는 태도는 성실함을 예측하게 만든다.

매일 거울을 보면서 표정 연습을 하다 보니 이젠 누가 나열정 양을 보면서 '인상 별로'라는 말은 하지 않는다. 이렇게 연습을 하면 정말 이미지가 좋아질 수가 있구나 싶어서 기쁜 마음이 든다.

그러나 표정 하나만으로 면접장에 있을 수는 없는 일. 벙어리가 아닌 이상은 면접관이 질문을 하면 대답을 해야 할 텐데 처음 면접장에 들어가는 순간은 상상만 해도 가슴이 두근거린다.

인사는 어떻게 해야 하는지, 이름을 먼저 말해야 하는지 인사하고 내 이름을 말해야 하는지 순서도 정확히 모르겠고, 의자에는 언제 앉아야 하는지, 면접이 끝나면 뒷걸음으로 나와야 하는지 등등. 여러 가지 궁금증이 생기기 시작한다.

면접은 지원하는 회사에 자격요건이 되는 사람을 가려내어 보는 2차 관문이다. 우수인재라고 판별이 된 이들에게 회사는 왜 면접을 보는 것일까? 그것은 바로 서류에서는 보이지 않는 태도를 보기 위해서이다. 태도가 좋은 사람은 직장생활을 할 때 여러 가지 긍정적인 면을 발휘하기 때문에 면접관들은 전문성 외에도 태도에 관심을 갖고 본다.

면접관은 하루에 몇 명을 면접볼까? 면접을 보면서 과연 어떤 지원자에게 관심을 더 많이 가질까? 비슷한 성적을 지닌 지원자들이 많다면 과연 어떤 지원자를 눈여겨볼까?

면접에서는 1%의 차이가 엄청난 결과를 가지고 온다. 그 1%는 바로 자세와 태도이다. 면접장에서는 대부분 비슷한 옷차림에 미소 띤 얼굴을 하고 있다. 다 모아놓고 보면 무슨 합창단처럼 누가 더 나은지 누가 더 적합한지 아무리 살펴도 알 수가 없다.

그래서 자세와 태도가 중요하게 여겨진다. 예의 있는 태도와 자신감 있는 자세로 임하는 사람이 면접관을 먼저 사로잡는다. 자신감 있는 자세는 전문성을 예측하게 하고, 예의 있는 태도는 성실성을 예측하게 만들기 때문이다. 면접 시 자세와 태도로 면접관으로부터 시선을 집중 받을 수 있는 방법을 알아보자.

면접대기에서 입실까지 프로세스 점검

면접관을 만나기 전 대기자세

면접 전 대기실에도 회사 직원이 안내를 하고 있으므로 안내자에게 좋은 이미지를 주는 것도 중요하다. 대기 장소의 직원에게도 예의 있게 인사를 하며 질문이나 궁금한 사항이 있으면 자세를 갖추고 질문하라. 간혹 면접관들의 사정회의 시에 조율이 필요하면 의견을 전달할 수 있는 사람이 대기실의 진행자이다.

면접 장소에는 30분 전에 도착하여 진행자에게 예의바르게 인사하고 미소 띤 표정으로 대기하라. 휴대폰으로 문자 주고받기, 껌 씹기, 조는 모습 등은 진행자에게 안 좋은 이미지를 제공하는 것이므로 각별히 행동에 주의를 해야 한다. 면접 대기 장소에서도 자신의 모습이 평가되고 있다는 것을 명심하라.

입실하면 눈을 맞춰라

자신의 이름이 호명되면 자리에서 일어나 먼저 옷차림을 살핀다. 남성의 경우 넥타이를 다시 정리하고 여성의 경우 스커트가 돌아가지 않았는지 잘 살핀 다음 옷매무새를 정리한 후 허리를 곧게 펴고 입실한다. 이때 허리를 편 자세로 걷느냐, 구부정한 자세로 걷느냐는 좋은 첫인상과 관련이 있으므로 반드시 허리를 편 자세로 입실을 해야 한다.

만약 개별 면접이라면 문을 노크 한 후 들어가자마자 인사를 하는 게 좋다. 인사의 종류에도 여러 가지가 있는데 목례(15도)는 목만 살짝 앞으로 숙이는 인사로 하루에 두 번 이상 마주하게 되어 정중례(45도)를 이미 한 대상에게 가볍게 인사를 하는 방법이며, 보통례(30도)는 일반적인 인사, 정중례(45도)는 가장 예의를 갖추어 인사를 하는 방법이다.

면접 시에는 정중례 인사를 해야 하며 특히 허리를 45도 각도로 굽혀 인사를 해야 한다.

문을 열고 들어 간 후에는 바로 보통례를 한 후 의자 옆에 서서 면접관의 눈을 보면서 살짝 미소를 지은 후 자신의 이름을 말하고 정중례를 한다. 여기서 가장 중요한 것은 이름을 말할 때 면접관의 눈을 보면서 인사를 해야 자신을 면접관에게 확실히 인식시킬 수 있다는 것이다. 면접관이 앉으라고 하면 착석한다. 면접관에게 자신을 각인시키는 첫 순간은 인사하는 순간이므로 아이콘택트를 잊지 말고 기억하자.

그룹 면접이라면 보통 맨 처음에 들어가는 사람의 차렷 경례에 따라 단체 인사를 하게 된다. 이때 조금이라도 정중하게 인사를 하게 되면 면접관의 시선을 사로잡을 수 있다. 허리를 45도로 굽히고 머리를 숙인 후 조금 천천히 상체를 올리는 것이 훨씬 예의 있어 보인다.

면접하는 동안에는 허리를 펴라

의자 끝까지 엉덩이를 넣어 허리를 펴고 앉는다. 그래야 반듯한 자세가 된다. 면접 시간이 그리 길지는 않지만 많은 사람들이 시간이 조금만 흘러도 허리가 구부정해지거나 의자 등받이에 너무 기대어 무례한 모습으로 보이는 경우가 많다. 반드시 허리를 펴고 앉아라.

손은 여자의 경우 두 다리 중간에 다소곳이 두 손을 모으면 심적으로도 안정감을 줄 수 있고, 남자의 경우에는 양손을 양 허벅지 중간 정도에 살짝 주먹을 쥔 듯이 하여 올려놓으면 된다.

요즈음은 대부분 다리가 보이지 않는 책상과 의자가 있는 상황에서 면접을 보지만, 책상 없이 의자만 있는 경우에는 다리 자세도 매우 중요하다. 여성의 경우 무릎이 벌어지지 않도록 한 후 다리를 살짝 옆으로 모으면 훨씬 날씬해 보이고 정숙해 보인다. 남성의 경우 무릎은 90도 각도로 하고 어깨 너비만큼 벌리면 된다.

위의 자세를 면접 종료 시까지 유지해야 하며 항상 미소를 짓도록 하라.

퇴실 하면서 곧바로 긴장을 풀지 마라

면접관이 면접이 끝났다고 이야기를 하면 일어서서 입실할 때처럼 정중례 인사를 한 후 뒷모습이 정면으로 보이지 않도록 문을 닫고 나온다. 퇴실 후 바로 긴장감을 풀고 넥타이를 푼다거나 바로 문자를 하는 태도 등은 진행자에게 눈에 띄는 안 좋은 태도이므로 퇴실 후에도 정중한 태도를 유지해야 한다. 면접은 그 회사 사무실을 벗어날 때까지 계속된다고 생각해야 한다.

Check! Check! Check!

사소함에서 사람의 가치가 평가된다. 다음은 부단히 연습해야 할 항목들이다.

❶ 허리를 곧게 편 자세로 걷는다.

❷ 걸을 때 어깨가 들썩거리지 않도록 걷는다.

❸ 걸으면서 항상 미소 짓는 표정을 한다.

❹ 의자에 앉을 경우 허리를 편 바른 자세로 앉는다.

❺ 상대방을 볼 때는 항상 눈에도 미소를 띠며 상대방을 응시한다.

❻ 학교나 동네에서 윗사람을 만나면 정중례 하는 습관을 들인다.

04 복장은 면접 당락의 결정타

Key Points
- 면접관의 연령대를 생각하라.
- 자신에게 가장 잘 어울리는 색과 스타일을 선택하라.

CASE

드디어 아르바이트 면접이 아닌 나열정 양이 원하던 기업의 면접을 통보받았다. 날짜가 다가올수록 그동안 연습해온 미소 표정과 자신감 있는 태도, 바른 자세 등에 탄력이 붙어 은근히 자신감이 생기고 기대도 된다.

오늘은 친구들과 함께 실제처럼 면접을 연습하려고 만났다.

그러나 유독 혼자 청바지에 티셔츠 차림으로 면접 연습에 나온 나열정 양.

함께 연습하려는 친구들은 정장을 입고 진짜 실전처럼 면접연습에 임하고 있다. 다음부터는 다른 친구들처럼 정장을 입고 면접연습을 해야겠다고 마음먹게 된다.

그러나 집에 와서 옷장을 열어보니 온통 청바지에 티셔츠뿐이다.

당장 정장을 사야겠는데 어떤 것을 골라야 할까?

원피스가 가장 잘 어울릴 것 같은데 원피스를 입고 가도 될까?

막상 어떤 스타일이 자신에게 잘 어울리는지 알 수 없어서 같이 간 친구들의 도움을 받았다. 엄마는 친구들이 골라주는 옷은 너무 요란하다고 다시 바꿔오라고 한다. 면접에서는 다들 정장 차림이니까 약간 화사한 옷도 눈에 띌 것 같은데, 면접에는 도대체 어떤 옷을 입고 가야 하는 걸까?

면접관들에게 복장이 중요하냐는 설문조사에 약 70%의 면접관들이 중요하다고 응답했다. 복장은 첫인상에도 영향을 주는 주요 요소이자 상대에 대한 예의를 드러내는 요소이기도 하다. 복장만큼은 제대로 갖추는 것이 면접을 보는 이가 가져야 할 최소한의 준비자세인 것이다.

정장을 선택 할 때는 제일 먼저 자신이 지원하는 기업의 인재상과 기업의 컬러를 고려해야 한다. 기업의 홈페이지 안내 화면에 인재상과 기업 아이덴티티에 관한 자세한 설명이 나오므로 확인을 하고 옷을 선택해야 한다.

특히 겉옷은 대부분 검정이나 군청색 옷을 선택하는 것이 적절하나 와이셔츠나, 블라우스 경우에는 자신에게 어울리는 색 또는 기업의 색을 선택하여 입도록 한다.

자신에게 어울리는 색을 고르려면 옷을 살 때 눈으로만 보지 말고 반드시 입어 본 후 거울을 보고 자신의 피부 톤과 잘 어울리는지 꼭 살펴야 한다.

대부분 옷을 사는 경우 그해 유행하는 색을 사는 경우가 많다. 유행 컬러가 자신의 피부 톤과 맞지 않을 경우 피부 톤을 어둡게 만들어 전체적으로 굳은 표정이나 우울한 이미지를 연출하게 되므로 피하도록 한다.

더 좋은 방법은 지금 갖고 있는 옷을 다 꺼내어 다양한 색의 옷을 하나하나 입어 본 후 거울에 비치는 자신의 얼굴색을 점검하는 것이다. 가장 화사하게 보이는 색을 찾을 수 있을 것이다. 그 색이 바로 베스트 컬러이다. 그 베스트 컬러를 와이셔츠나, 블라우스로 착용하면 얼굴이 화사하게 보이는 효과를 준다.

또한 면접관의 연령대를 고려하는 것도 중요하다. 공기업처럼 평균 근무연수가 긴 기업은 면접관의 연령대가 대부분 40~50대이다. 이들이 선호하는 정장은 30~40대 초반이 선호하는 정장과는 다르다. 10년 이내 기업의 면접관 연령대는 30~40대 초반이다. 이 연령대가 선호하는 정장도 물론 40~50대와는 다르다. 면접관의 연령대를 고려한 복장 선택은 매우 중요하다.

일반적인 면접 의상

너무 여성스러운 옷도 유감 – 여성 면접 의상

전체적으로 옷 색깔은 세 가지 이내로 하는 것이 단정해 보인다.

정장은 보편적으로 치마를 선택하는데 상하의 옷감이 동일해야 한다.

정장색은 검정색, 군청색 등이 보편적이고 너무 여성성을 강조한 디자인은 지양해야 한다. 스커트 길이는 앉았을 때 무릎을 살짝 덮는 정도가 적당하고 이너 블라우스는 자신의 베스트 컬러를 선택한다.

목걸이나 귀걸이 등의 요란한 액세서리는 그날 하루 몸에서 걷어내라. 반지 정도는 괜찮겠지만 매니큐어는 지우는 게 낫다. 정장을 자주 착용해본 여성은 요란한 액세서리가 얼마나 안 어울리는지 잘 안다. 요란한 것들은 친구들 만날 때나 하고 면접장에는 뽑힐 수 있는 최선을 선택을 하기 바란다.

신발도 마찬가지이다. 앞뒤 트임이 없는 무광택의 5센티미터 내외의 적당한 높이의 신발을 착용하라. 물론 스타킹은 살색이나 커피색 같은 무난한 색을 택해야 한다.

면접은 화보 촬영이 아니다 - 남성 면접 의상

남성의 정장 역시 상하의가 동일한 옷감의 동일한 색이라야 정장 느낌을 줄 수 있다. 면접은 화보 촬영이 아니다. 광택 소재를 피하고 자신의 신체 사이즈에 잘 맞는 정장을 착용해야 사람이 어설퍼 보이지 않는다. 빌려 입은 느낌을 절대 주지 않도록. 빌려 입었다 하더라도 내 옷처럼 보이게 사이즈가 잘 맞는 옷을 빌려 입어라.

색상은 역시 검정색과 군청색이 좋고 뒤트임은 유행에 따라 다르므로 중요한 것은 아니다. 다만 너무 꽉 끼는 스키니 스타일을 피하고 투버튼 정도의 무난한 것을 택하라. 스타일리시해 보이는 게 중요한 게 아니라 면접에 붙는 게 중요하다는 것을 잊지 말도록.

이렇게 되면 와이셔츠가 관건이 되는데 와이셔츠와 넥타이는 이미지와 성격을 드러내는 중요한 소품 중의 하나이므로 신중히 선택해야 한다. 넥타이와 와이셔츠가 모두 스트라이프면 정신없어 보이므로 피하라. 약간 여유 있는 목둘레 사이즈의 베스트 컬러 와이셔츠를 선택하고 구김이 없이 잘 다림질해서 착용하면 최선의 선택이 될 것이다. 이때 넥타이는 검은색과 화려한 프린트를 피해 이왕이면 기업의 대표 컬러를 택해서 매듭 모양이 비뚤어지지 않게 매준다. 흰 양말을 신는 사람은 없겠지만 구두는 생각보다 실수가 많다. 코가 뾰족한 유색 구두는 피하도록 하라.

지금까지의 의상 선택 기준은 어디까지나 기본적인 매뉴얼이다. 체형은 다 다른데 다 같은 옷을 입으면 누군가는 어색하고 누군가는 잘 어울릴 수밖에 없다. 그래서 기준에서 벗어나더라도 체형별로 고려해 볼 만한 기준은 다음에 다시 제시하였다. 면접 당일 날 입을 옷들은 이런 기준들을 취사선택해서 자신을 가장 잘 보여줄 수 있는 의상으로 택하면 된다.

체형별 의상

키를 고려하자

키가 작은 사람은 상하의 같은 색을 입어 수직 효과를 주자. 이너웨어(와이셔츠, 블라우스)는 V존 느낌이 나는 디자인을 고르고 큰 무늬보다는 작은 무늬를 고르도록. 좁은 벨트를 착용하고 액세서리는 다 빼서 통일감으로 키가 커 보이는 효과를 노린다.

키가 큰 사람은 자칫 하면 상대방에게 위압감을 줄 수 있으므로 수평 효과를 강조하는 것이 중요하다. 이너웨어는 가로줄 무늬의 다소 동적인 디자인을 택하고, 상하의는 다른 소재로 택해 시각 분산 효과를 노린다.

목이 문제라면 V형으로

목이 짧아서 어떤 옷을 입어도 답답해 보이는 경우가 많다. 이때는 이너웨어를 V형 네크라인으로 착용한다. 반대로 목이 길다면 이너웨어를 차이나 칼라, 하이네크라인으로 택한다.

통통하거나 마르면

통통한 사람에게는 동일 색상의 부드러운 소재의 정장이 잘 어울린다. 너무 부해 보이지 않도록 짙은 색을 선택하고 시선을 위로 올릴 수 있는 액세서리 정도는 착용해도 괜찮을 것이다.

반대로 마른 체형은 광택이 나는 소재가 조금 더 도움이 된다. 수평 무늬의 밝은 색상을 고르되 상의를 더 밝은 색상으로 포인트를 주면 좋다.

정장도 자주 입어봐야 자신의 체형을 보완할 수 있는 옷을 선택할 수 있다. 복장에서 불이익을 당하지 않게 꼭 점검해 보자.

❶ 자신의 체형을 보완해 주는 정장인가 확인한다.
❷ 자신의 베스트 컬러 이너웨어를 가지고 있는지 확인한다.
❸ 지원하고자 하는 기업의 면접관 연령대를 확인한다.
❹ 지원하고자 하는 기업이 선호하는 색을 확인한다.

05 직무별 선호하는 옷차림

CASE

마치 코디네이터의 도움이라도 받은 듯 복장에 자신감이 붙은 나열정 양은 면접관의 눈길을 한 번에 사로잡을 수도 있겠다는 생각도 든다.

이번에는 꼭 붙을 것이라는 확신까지 들고 나열정 양은 면접장으로 갔다. 평소에 자신이 희망하는 직무인 홍보분야에 서류전형이 합격이 되어 면접을 보는 날이다. 얼마나 이날을 기다렸던가! S기업의 홍보분야 면접을 보기 위해 면접장에 도착한 순간 나열정 양은 주변 사람들의 복장을 보고 깜짝 놀랐다.

'아니 왜 다들 파란 색 계열의 옷을 입고 왔지? 게다가 다들 좀 캐주얼해 보이네?'

자신만 너무 옷이 딱딱해 보이는 것 같아서 면접 대기실에 앉아 있는 내내 안절부절 못한다. 정작 면접에서 해야 할 말도 제대로 연습 못하고 마음만 점점 더 불안해진다. 왜 사람들은 나열정 양과 다른 차림새로 면접에 왔을까?

수영장에서는 수영복을 입고, 스키장에서는 스키복을 입듯이 근무환경과 기업문화에 따라 허용되거나 선호하는 복장이 다 다르다. 그렇다고 해서 현장에서 근무하는 기술직 면접을 보는데 현장복장으로 면접을 볼 수는 없다. 이런 특수한 경우를 제외하고는 해당직무에 적합한 옷차림으로 면접에 임하는 것이 직무에 임하는 더 많은 관심과 자세를 보여주는 방법이다. 면접관 입장에서도 자신이 속한 문화에 편안함을 느끼듯이 면접자에 대해서 호감을 더 가지게 된다.

그래서 면접을 보기 전에 지원하고자 하는 기업을 방문해 직원들의 옷차림을 살펴보는 시간을 가져야 한다. 직무의 특성에 맞는 옷차림을 알려주는 가장 좋은 방법이기 때문이다. 현장근무 지원자도 현장 옷차림에 기준을 두지 말고 지원하고자 하는 회사의 본사 옷차림을 기준으로 삼아야 한다. 면접관은 대부분 본사 직원이면서 부장이나 임원들이므로 본사 옷차림에 익숙하기 때문이다.

또한 지원하고자 하는 회사의 옷차림을 알게 되었으면 평상시에도 그 복장을 입어 면접 시 처음 입어서 생기는 어색함을 없애야 한다.

옷을 처음 구매하여 입게 되면 어깨 라인이나 허리 라인이 몸에 익숙하지 않아 움직일 때 자신도 모르게 어색한 걸음걸이가 나오므로 직무별 가장 적합한 복장을 구매하여 면접 전 자주 착용하여 면접 시 자연스런 태도가 나오도록 해야 한다.

직무별 옷차림

보수적 직무

획일적 기업 문화, 위험 회피적 기업문화, 전통과 도덕적 규율을 중시하는 기업 문화, 오랜 전통의 대기업이나 공기업, 제조업, 교육 직종에 지원한다면 화려하거나 지나친 개성을 표현하는 것을 삼가라. 이 보다는 성실함과 진솔함을 보여주는 옷차림이 필요하다.

타이트하지 않은 정장을 선택하되 광택이 나는 소재의 복장은 절대 안 된다. 남성의 경우는 투 버튼에 흰색 와이셔츠 가장 적합한 복장이며, 여성의 경우는 치마는 무릎라인의 길이와 일반적인 H라인이 적합한 복장이다. 신발도 검정색을 착용하는 것이 좋다.

이 분야의 직무는 대개 건설, 중공업, 제철, 전자, 자동차, 제조업, 회계, 사무, 관리직, 사회복지, 교육 등으로 분류된다.

개방적 직무

비교적 자유롭고 편안한 기업 문화, 창조적인 업무집중으로 효율성을 극대화하는 기업문화를 가진 직군이다. 사회적 지위를 보여주는 것보다 활동적인 실용성을 강조하고, 빠르고 진취적인 이미지, 젊고 창의적인 옷차림이 필요하다.

세미캐주얼도 정장으로 여기는 문화를 가진 기업들도 많다. 정장 안에 입는 이너웨어를 다소 눈에 띄는 색과 디자인으로 입으면 더욱 멋진 차림새가 된다.

이 분야의 직무는 캐피탈, 카드사, 포털게임사, 연구직, 엔지니어, 정보통신, 외국계 기업, 방송 관련업 등이다.

인간적 직무

외향적 기업문화, 고객 중심의 서비스 기업 문화를 가진 직무로, 친근하고 호감 가는 인상을 줄 필요가 있다. 부드러움과 신뢰감을 최우선으로 하여 딱딱하고 날카롭지 않은 이미지, 안정적이고 지적인 옷차림이 필요하다.

어깨 라인이 너무 각지지 않은 부드러운 라인의 의상을 착용하고, 남성은 와이셔츠가 화려해도 나쁜 이미지로 보이지는 않는다.

항공승무원, 비서, 호텔, 금융, 보험, 의료, 간호사, 유통, 상담, 영업 등을 꼽을 수 있다.

감각적 직무

창의성과 아이디어 발굴을 주목적으로 하는 직무로 개성을 중시하는 기업문화를 가지고 있다. 굴지의 패션업체라고 해서 화려하고 튀는 패션보다는 감각적이고 세련된 고급스러운 옷차림이 필요하다.

위아래 옷감이 다른 소재의 옷차림도 가능하며 상의에 액세서리를 활용한다면 더욱 센스 있는 지원자로 보일 수 있다. 캐주얼 위에 재킷을 걸쳐 입어도 근무 스타일로 인정하는 부분이 있기 때문에 지원하는 회사의 본사 옷차림을 반드시 확인하길 바란다. 패션회사의 디자이너 면접을 보는데 검정색 투피스 차림의 정장은 어쩌면 감각이 없는 사람으로 비쳐질지도 모른다.

이런 분야는 광고 및 디자인, 문화, 예술, 패션업계 등이다.

Check! Check! Check!

희망하는 직무가 있다면 반드시 그 직무에 적합한 복장으로 면접에 임할 것. 그래야 면접을 보는 면접관도 직무와 복장을 연결하여 준비된 면접자라고 생각을 하며 업무에서 좋은 결과를 낼 것이라는 기대를 가진다.

❶ 희망하는 직무에서 근무하는 선배를 만나 조언을 듣는다.

❷ 희망하는 기업의 본사를 방문하여 복장을 관찰한다.

❸ 희망하는 기업의 선호색이 무엇인가를 찾아낸다.

❹ 직무에 맞는 복장을 구매하여 평소 입고 다니면서 어색함을 없앤다.

CASE

완벽한 면접을 위해 복장까지 점검하고 왔건만 유독 다른 차림새 때문에 신경이 계속 쓰이는 나열정 양. 아침에 나오기 전에 머리를 올려볼까 하다가 나이가 너무 들어 보여서 그냥 평소대로 잘 정돈해서 나왔다. 아무래도 긴 머리가 자꾸 신경이 쓰인다. 푸석푸석한 긴 머리가 지저분해 보이면 어쩌나 걱정이 앞선다.

'어제 그냥 잘라버릴 걸.'

이제 후회해도 소용없고, 해당 순서가 되어 면접장에 들어선다.

정중례를 하고 허리와 머리를 천천히 올리는 순간 흘러내리는 앞머리 때문에 나열정 양은 당황스러워 한다. 흘러내리는 앞 머리카락을 어떻게 해야 할지 몰라 평소 습관처럼 손으로 머리를 자꾸 만지게 된다. 이런 모습을 못마땅하게 여긴 면접관들이 나열정 양을 곱게 볼 리 만무하다.

"평소에도 머리를 그렇게 계속 만지면서 말하나요?"

예상치 못한 공격적인 질문에 무슨 질문을 받고 어떻게 대답했는지 기억도 나지 않는다. 수십 번을 면접연습을 하고 복장을 점검하고 얼굴 표정을 관리했건만 머리카락 하나 때문에 이렇게 무너지다니.

면접자들이 제일 신경을 쓰지 않는 부분이 바로 헤어스타일과 화장이다. 대부분 자신의 타고난 이미지라면 무리 없이 면접에서 통과가 될 것이라고 생각하지만 면접에서의 상황은 그렇지가 않다. 얼마나 더 자신감 있어 보이며 면접을 위해 얼마나 정성스럽게 준비했는지를 머리 손질 모습으로 알 수 있기 때문이다.

여성의 경우 긴 생머리는 어떤 면접관도 좋은 점수를 주지 않는다. 왜냐하면 면접 장소는 미스코리아나 모델을 선발하는 곳이 아니기 때문이다. 간혹 면접 장소를 모델 선발 장소로 착각한 듯 높은 굽과 짧은 스커트를 착용하고 찰랑거리는 머리를 하고선 참석하는 경우가 있는데 모든 사람의 시선을 받기는 하지만 절대 좋은 시선은 아니다. 기업에서 찾는 인재는 현업에서 바로 업무를 할 수 있는 능력을 지닌 사람이지 예쁘고 멋진 모델을 찾는 게 아니다.

남성들 가운데도 이마를 다 가리거나 귀를 다 가리는 개성 만점의 헤어스타일을 하고 오는 경우가 간혹 있는데 이 역시 면접에서 좋은 점수를 얻을 수 없다. 이마에 점이 있지 않고서는 이마를 가려서는 안 된다. 면접관들은 얼굴을 볼 때 이마를 전부 가리고 있는 남성이 제일 답답해 보인다고 한다. 뒷머리 길이도 와이셔츠에 닿지 않을 정도의 머리 길이가 좋다.

헤어만큼 정성과 예의의 지표가 되는 것이 화장이다. 맨얼굴을 보인다는 것은 상대방에 대한 예의가 아닌 시대이다. 남성들도 요즈음은 비비크림으로 피부 톤을 정리하고 면접장에 오는 경우가 흔하다. 화장은 한 듯 안 한 듯 엷게 생생한 느낌이 들도록 하는 게 좋다. 너무 번들거리거나 진한 화장은 마이너스 요소가 되기 쉽다.

메이크업이 아니라 메이크오버 개념으로 자신을 훨씬 돋보일 수 있도록 화장을 해야 한다. 메이크업 아티스트가 되라는 게 아니다. 자신의 얼굴 유형에 맞는 표현 방법을 알고 화장을 하라는 얘기다.

화장으로 얼굴 느낌을 변하게 할 수 있는 가장 쉬운 부분이 바로 눈썹 라인이다. 눈썹은 얼굴 전체의 인상을 좌우한다. 눈썹 라인을 어떻게 정리하느냐에 따라 사람이 또렷해 보여 똑똑해 보이기도 하고, 전혀 정리 하지 않아서 멍청해 보일 수 도 있는 것이 눈썹 라인이다. 면접을 볼 사람이라면 또렷하고 긍정적으로 보이는 헤어 연출과 화장법도 연구해야 한다.

얼굴형과 화장 및 헤어

둥근 형

이마와 콧등에 하이라이트를 주고 얼굴의 외곽선을 전체적으로 약간 어두운 톤의 섀도를 써서 윤곽을 또렷하게 잡아준다. 머리 윗부분을 살려주며 가르마는 반드시 옆 가르마를 해서 시선을 분산시킨다. 앞머리는 살짝 조금만 내리는 게 좋다. 흘러내리지 않게 고정하는 것도 방법이다.

사각형

콧등에 세로로 하이라이트를 주면서 양턱과 이마 양 끝에 전체적으로 약간 어두운 톤으로 섀도를 써서 각진 이미지를 부드럽게 만든다. 직선적인 이미지를 없애기 위해서는 컬이 있는 헤어 연출이 필요하다. 앞 이마를 드러내 옆머리는 컬을 넣어 양 볼을 살짝 가리도록 한다.

역삼각형

양쪽 아래 볼이 통통하게 보이도록 하이라이트를 준다. 턱과 양쪽 이마에 전체적으로 약간 어두운 톤으로 섀도를 써서 얼굴형을 보완한다. 이 얼굴형은 반드시 이마 양쪽 부분을 살짝 덮어줘야 한다.

긴 형

코 위 이마 부위에 가로로 길게 하이라이트를 준다. 이마 위 전체와 턱 하단에 섀도 효과를 준다. 반드시 앞머리를 내리는데 너무 길지 않게 내린다. 윗부분에 볼륨을 주는 머리는 얼굴이 더 길어 보이니 피할 것. 머리를 살짝 짧게 하여 컬을 주는 것이 좋다 .

얼굴형과 눈썹

기본적인 눈썹 라인 표현법

눈 앞머리를 지나는 수직선상에 눈썹 앞머리가 시작되며 눈썹의 산은 일반적으로 눈썹 길이의 2/3에 위치하여 앞머리가 시작되는 가로선과

일적선상에 있도록 그려주면 된다. 눈썹 라인은 처음에는 두꺼우나 산 이후 꼬리로 가면서 가늘게 정리가 되면 깨끗하고 정돈된 느낌이 든다.

남성의 경우는 눈썹의 색이 연할 경우에는 회색 에보니 펜슬로 눈썹 사이사이를 살짝 살짝 그려주면 화장을 하지 않은 것처럼 보이지만 또렷한 인상을 줄 수 있다.

아치형 눈썹

산을 각지지 않게 하여 꼬리를 그리는 방법으로 골격이 강한 얼굴은 부드러운 느낌을 주고, 긴 얼굴은 짧아 보이는 효과가 있다.

올라간 활형 눈썹

산이 있는 부분에서 내려가지 않고 위로 계속 그려주는 표현으로 둥근 얼굴에 어울리는 표현법이다.

Check! Check! Check!

❶ 헤어숍을 몇 군데 돌면 자신에게 맞는 헤어스타일을 찾을 수 있다.

❷ 면접 전 드라이를 하려면 생전 처음 가는 곳보다는 늘 가던 곳에 가는 게 낫다.

❸ 남성도 자신감 있는 이미지를 주기 위해 가벼운 화장을 하고, 여성의 경우 볼터치를 하여 밝고 명랑한 분위기를 연출한다.

❹ 눈썹 정리를 통해 면접관 눈에 쏘옥 들어오는 밝고 긍정적인 인상을 주도록 하자.

07

스피치 기술도 이미지에 한몫한다

CASE

머리 때문에 신경이 쓰이기는 하지만 만회할 길은 자기소개 시간뿐이라고 생각하는 나열정 양. 자신의 차례가 돌아오기가 무섭게 준비한 것을 한 대목도 놓치지 않고 또박또박 말하려고 최선을 다한다.

그런데 웬일인지 자꾸만 말하는 속도가 빨라진다.

'릴렉스~, 릴렉스~.'

속으로 주문을 외워보지만 긴장한 탓인지 머릿속의 생각과 입에서 나오는 속도는 점점 차이가 나고 뜻대로 되지 않자 식은땀만 줄줄 흐른다.

무슨 말을 하고 있는지도 모르겠다고 생각하자 목소리도 떨려오고 다리도 후들거린다.

면접관이 뭐라고 질문하는데 무슨 소리인지 도통 알아들을 수가 없다.

‘이런 걸 공황상태라고 하나?’

진작 스피치 연습을 하고 왔어야 하는데 이미 면접은 끝나가고 있다.

면접에서는 시각적 요소와 마찬가지로 청각적 요소도 매우 중요하다. 시각적으로는 복장이나 헤어 등 기본적인 사항들을 잘 준비하는 편이지만 청각적 요소는 무얼 준비해야 하는지 몰라 평소대로 면접에 임하는 경우가 많다.

시각적인 면에서 좋은 이미지를 받게 되면 당연히 스피치도 좋을 것이라는 예상으로 질문을 던진다. 기대를 많이 하고 질문을 했는데 스피치가 엉망이면 기대 수치는 바로 현저하게 떨어져 버린다.

스피치는 혼잣말이 아니다. 주장이 있고, 주장을 들어줄 상대방이 있다. 이때 주장을 상대방이 수용하도록 하는 게 목적이다. 즉, 주장함에 있어 혼자만 아는 이야기를 되풀이 하는 게 아니라 듣는 사람이 적극적으로 의견을 수렴하고 이해할 수 있도록 만들어야 하는 것이다.

이런 효과적인 스피치 기법을 위해서는 첫째, 말의 내용보다 음성적인 부분을 생각해야 한다. 우리는 싸우다시피 흥분된 목소리로 말하는 사람의 이야기는 듣기 싫어한다. 마찬가지로 면접에서도 고음의 목소리보다는 저음의 목소리에 더 호감을 갖기 마련이다. 둘째, 강약이 없이 한 가지 톤으로 이야기를 하게 되면 핵심이 없어 보인다. 특히, 면접관은 여러 명의 면접자들과 이야기를 하게 되므로 강약이 없을 경우에는 이야기는 듣고 있어도 머릿속에는 다른 면접자를 떠올리며 다음 질문을 생각하게 된다. 결국 좋은 이력을 가지고 있어도 면접관에게 음성적

요소로 어필을 못하면 높은 점수를 얻을 수가 없다는 뜻이다.

그리고 마지막으로 속도이다. 너무 빨라도 내용을 파악하기 힘들고, 너무 느려도 답답해 보이므로 말을 하면서 속도를 조절하면 면접관도 이야기를 들으면서 더욱 집중하게 된다. 호감도를 높이는 것은 시각 다음에는 스피치 기술임을 잊지 마라.

면접관을 사로잡는 스피치에 대해 연습을 해보도록 하자

면접관을 사로잡는 스피치

Tone Pitch Rate를 적절하게 활용하라

강약이 정확한 스피치는 상대방이 경청하도록 하지만 강약이 부정확할 경우에는 의사전달이 명확하지 않아 듣는 사람은 딴 생각을 하게 된다.

속도가 빠르면 듣는 사람이 말을 믿지 않으려고 한다. 적절한 속도감과 안정된 음은 신뢰감을 가지게 만든다.

40초 안에 의미를 전달하라

자기소개, 학교생활, 지원 사유, 특이 체험 등을 40초 안에 간결하게 말하는 연습을 하라. 대부분 1분 안에 자기소개를 하라고 하지만 1분은 매우 긴 시간이라 면접관도 1분의 시간을 모두 집중하지는 못한다고 한다. 그러므로 30초~40초 안에 하고자 하는 말을 임팩트 있게 전달하는 연습을 많이 하는 것이 좋다.

이 연습에서 가장 중요한 것은 무엇을 어필한 것인가에 대한 핵심주제를 찾는 것이다. 핵심주제를 찾았다면 그 핵심주제를 뒷받침하는 간단한 사례를 준비한다. 사례를 이야기하게 되면 면접관의 재질문을 유도할 수 있고, 이는 다른 지원자보다 한 번 더 주목을 받는 기회가 된다.

처음에는 핵심주제와 연결된 사례를 찾아 말하는 연습이 쉽지 않다. 먼저 글로 핵심주제 3개 정도를 사례와 곁들여 쓴다. 개연성 있는 흐름인지 글로 써서 읽어보면서 확인하고, 말하는 연습도 병행한다. 말하는 연습은 쓰는 작업을 먼저 한 후에 하면 더 자연스러워진다. 이런 연습을 여러 번 하면 면접관으로부터 어떤 질문을 받아도 논리적으로 대처하는 기술이 생긴다.

세 가지로 요약하는 연습을 하라

동서고금의 많은 이야기를 듣는 것은 다 지루해 한다. 먼저 세 가지를 이야기 하겠다고 하면 면접관이 궁금해 하면서 관심을 가지게 된다. 이야기를 할 때 주제에 대해 세 개로 분류하는 연습을 하라.

소리 내어 말하는 연습을 하라

머릿속으로 말 하는 연습을 하면 잘 되는데 직접 입을 통해서 말을 하면 '그리고' '그러나' 같은 연결어도 쉽지 않다. 면접은 머릿속 상상보다는 직접 말로 해봐야 스피치 실력이 좋아진다.

긍정적인 표현을 사용하는 연습을 하라

이야기를 잘 해도 부정적인 표현이 많은 경우에는 상대방이 경청하

기가 쉽지 않고 반감을 가지기가 쉽다. 긍정적으로 사물을 보고 긍정적
으로 표현하는 연습을 해야 한다.

평소 연마해야 할 스피치 기술

❶ 모르는 사람 앞에서 자신의 의견을 이야기하는 시간을 자주 가져라.

❷ 자신의 의견이 올바르지 않을 경우에는 정중히 사과하는 연습도 필요하다.

❸ 흥분할 경우에는 긴 호흡으로 스피치 템포를 끊는 연습을 한다.

❹ 말을 할 때 중요한 단어 앞에서는 잠시 멈추고 이야기를 한다.

❺ 억양을 가지고 이야기하도록 연습한다.

08

취업상담 Q&A
– 대한민국 대표 커리어 컨설턴트와의 JOB談(잡담)

Q1 면접 시 웨이브 헤어스타일은 안 좋은가요? 웨이브를 드라이로 펴고 면접을 보는 게 나은가요?

A 가장 중요한 것은 단정하게 보이는 것입니다. 흔히 말하는 파마도 컬이 단정하면 좋은 이미지를 줄 수 있습니다. 그러나 보편적으로 면접관들은 웨이브가 없는 단정한 스타일을 선호하는 편입니다. 만약 머리숱이 너무 없어서 머리카락이 얼굴에 착 달라붙어 흉할 정도라면 웨이브를 추천하지만, 그렇지 않은 경우에는 드라이를 하여 단정하게 연출하는 것이 좋습니다.

승무원으로 취업하고 싶은데 화장은 얼마나 잘 해야 하나요?

A

승무원 면접은 항공사별로 조금씩 차이가 있기는 하지만 미소를 지닌 표정을 제일 중요하게 생각하며 투명한 화장을 선호합니다. 과거에는 미스코리아 선발처럼 진한 화장의 예쁜 얼굴을 선호하였으나, 근래에는 서비스 마인드를 표현하는 미소 띤 얼굴을 더 선호합니다. 따라서 화장을 잘하는 기술이 필요한 것이 아니라 자기 얼굴에 맞게 화장하는 기술이 필요하겠지요. 기초화장에 비비크림, 파운데이션과 파우더로 피부 톤을 정리한 후 눈썹라인과 볼터치 정도로 자신의 얼굴 유형에 맞는 스타일을 연출하면 깔끔한 이미지가 전달될 것입니다. 맨 처음 말씀드린 것처럼 항공사별로 면접 기준의 차이가 있으니 반드시 확인을 해야 합니다. 한 예로 중국 D 항공사의 경우는 노메이크업 면접을 실시하여 화장기 없는 얼굴에서 진정한 승무원의 이미지를 살펴본다고 합니다.

Q3

저는 긴 생머리를 하고 있는데 남들이 다 부러워하는 머릿결을 가지고 있습니다. 주위에서 저에게 가장 잘 어울리는 헤어스타일이라고 하고 저도 이 헤어스타일이 최상의 스타일이라는 생각이 들거든요. 지금의 긴 생머리로 면접을 봐도 될지요?

A

면접에서 가장 중요한 것은 자신에게 가장 잘 어울리는 스타일로 준비하는 것이겠지요. 질문하신 분은 긴 생머리가 자신에게 가장 잘 어울리고 주변에서도 가장 잘 어울리는 헤어스타일이라고 하였다고 하는데 과연 면접관 입장에서도 가장 잘 어울리는 스타일이라고 생각을 할까요? 면접관은 예쁜 사람을 선택하려는 것이 아니라 일을 잘 할 수 있는 사람을 선택하고자 합니다. 그렇다면 스타일리시한 긴 생머리를 한 면접자를 보고 면접관은 일을 하는데 긴 생머리가 방해가 될 수 있다고 생각을 할 것입니다. 긴 생머리를 하나로 묶고 면접을 본다면 훨씬 단정한 이미지를 보여 줄 수 있습니다.

Q4 제가 가지고 있는 정장이 한 벌 밖에 없는데 요즈음 유행하는 스타일이 아닙니다. 돈을 투자하여 새로운 정장을 사야 하는지, 아니면 유행이 지난 정장을 입어도 되는지요?

A 정장 스타일은 매년 유행이 변하고 있습니다. 가지고 계신 정장스타일이 현 유행 스타일과 많이 동떨어지지 않는다면 착용을 하여도 무리가 없겠지만, 만약 유행하는 스타일과 가지고 계신 정장이 한눈에 바로 차이가 나는 스타일이라면 새롭게 장만하기를 권합니다. 예를 들자면 남성복의 경우 뒤트임이 하나인 스타일과 뒤트임이 두 개인 스타일이 있는데 이런 디자인의 경우는 별로 눈에 띄지가 않습니다. 그러나 깃 넓이는 정장도 유행에 따라 차이가 많이 납니다. 아버지 양복 같은 느낌이 안 나려면 지금 유행하는 스타일과 유사한 것으로 구매하는 게 낫겠지요. 유행에 너무 동떨어지면 현실 감각이 없다고 면접관이 판

단을 할 수도 있기 때문입니다.

사람들이 저의 표정을 보고 매우 무섭다고 합니다. 저는 미소 짓는 방법도 배워서 평상시에도 잘 웃고 미소도 잘 짓는데, 어떻게 하면 표정을 부드럽게 보일 수 있을까요

A

미소도 짓는데 표정이 무서워 보인다면 표정의 전체적인 부분에 대한 컨설팅을 받아 보시는 것이 좋을 것 같습니다. 표정은 면접에서 첫인상을 좌우하는 가장 중요한 부분입니다.

사람마다 입꼬리, 눈빛, 눈 크기, 눈꼬리 높낮이 정도, 눈썹 모양 등이 다 달라서 표정도 다 다릅니다. 위에 나열한 요소들을 통합적으로 점검하여 부드럽게 표현 할 수 있는 방법을 전문가와 함께 찾으신다면 훨씬 더 부드러운 이미지를 보여 줄 수 있겠지요.

예를 들어 눈꼬리가 위로 많이 올라간 경우는 안경을 착용하여 눈꼬리에 시선이 가지 않도록 해서 부드러운 이미지를 보여 줄 수 있습니다. 이미 안경을 착용하고 있는 사람도 안경테의 스타일과 색을 변경하면 더 부드러운 이미지를 찾을 수 있지요. 이런 요소를 찾기 위해 이미지 컨설팅을 받는 것도 좋은 방법입니다.

09 취업성공 사례

● 이미지 컨설팅을 통한 취업 성공 사례

○○ 협회에서 진행하는 교육은 대학 4년생 재학생인 이공계 계열 학생들 대상으로 진행되는 취업교육으로 아주 인기가 많다. 면접을 대비하는 이미지 메이킹 강의 요청이 들어와 강의를 한 후 원하는 학생들 대상으로 공개 모의면접을 실시하였다. 공개 모의면접 대상자는 10명으로 2개조로 나눠 실시를 하였는데 10명 중 한 명만이 여성이었다.

여성이라는 점으로 집중은 되었으나, 긴 앞머리를 가지고 있고 머리를 약간 옆으로 갸우뚱하게 하고 있어 첫인상이 그리 썩 좋은 지원자는 아니었다. 그런데 이력서를 보니 목표를 위해 매우 철저하게 준비한 지원자라는 것을 알게 되어 컨설턴트로서 조금은 안타까운 마음이 들었다. 이렇게 좋은 스펙을 갖추고 많은 준비를 하였어도 첫인상에서 좋은 이미지를 주지 못하면 실패 확률이 크다. 여성 지원자는 답변을 할 때도 종결 어미는 항상 '~~~에요.' 하면서 친구들에게 말하듯이 어리광 섞인 말투로 이야기를 했다. 첫인상도 완벽하지 않고 말투도 어린아이 같아서 면접관에게 호감을 주기 힘든 스타일이었다.

내가 진행하는 공개 모의면접은 바로 각 대상자에게 공개 피드백이 주어지는데 이 여성 지원자에게는 좋은 피드백을 줄 수가 없었다. 피드백을 하고 난 후 다음과 같은 메일을 보내왔다.

안녕하세요? 모의면접 지원했던 화공반 임○○입니다. 먼저 좋은 경험할 수 있게 해 주셔서 감사합니다. 이민선 컨설턴트님의 평가가 큰 도움이 되었습니다. 저도 제 말투나 목소리가 면접에서 불리하다고 생각합니다. 하지만 습관으로 굳어진 것이라 하루아침에 바꾸기가 쉽지 않습니다. 목소리나 어투를 바꾸려면 어떻게 해야 할까요? 조언 꼭 부탁드립니다.

이렇게 적극적으로 구직을 하고자 하는 사람에게는 도움을 줄 수밖에 없다. 뛰어난 스펙을 가지고 있고, 취업 하고자 하는 기업이 원하는 경험도 많이 쌓은 임○○ 학생의 도움 요청 메일을 받고 이미지 메이킹에 도움이 되는 면접 스피치 방법을 안내해 주었다.

임○○ 학생은 그 방법을 정말 매일 매일 연습을 하여 잘못된 스피치 습관을 없애고 좋은 스피치 습관을 체득함으로써 자신이 원하는 직무와 기업에 합격을 했다. 내가 제안해 준 내용은 아래와 같다.

신문의 사설을 아나운서처럼 소리 내어 읽어라

신문사설을 읽으면 좋은 면이 여러 가지가 있다. 첫째 시사성 있는 내용을 알게 되어 토론, PT 면접에 도움이 되며, 둘째 다양한 의견을 접할 수 있으며 셋째 소리 내어 읽으면 자신의 발음 및 억양을 교정할 수 있다.

특히, 아나운서처럼 읽는 연습이 중요하다. 속도와 정확한 발음, 단어와 단어 사이의 휴지기 등 중요한 기술은 아나운서로부터 다 배울 수 있다. 아나운서처럼 소리 내어 읽으면 스피치 기술이 매우 좋아진다.

신문 사설을 읽을 때 녹음해서 들어본다

읽어서는 자신의 속도나 억양을 알 수 없으므로 녹음을 하고 재생하여 들으면서 한 문장 한 문장이 잘 들리는지 억양은 좋은지를 점검한다.

학교에서 발표가 있으면 반드시 참가하라

친구들과 수다 떠는 것과 논리적인 이야기를 나누는 것은 다르다. 면접은 논리적으로 좋은 목소리로 자신의 의견을 전달하는 것이다. 많은 사람들 앞에서 발표하는 기회를 여러 번 거쳐보는 게 좋다.

발표할 내용의 원고를 작성하라

머릿속으로 정리만 하고 말을 하다 보면 앞뒤가 꼬이기 시작하고 어미도 어떻게 끝내야 할지 막막할 때가 많다. 이런 것을 방지하기 위해 사전 원고를 구어체로 작성해서 읽는 연습을 하는 것이다. 종결어미도 면접관에게 확신을 주는 '~입니다.'로 한다.

1분에 자신을 어필하는 문구를 작성하라

항상 주변에 보이는 것, 관심이 있는 것, 새로운 것을 자신과 연결 지어서 말할 수 있는 연습을 한다. 유행어를 촌스럽지 않게 자신을 어필하는 광고 카피처럼 만들 수도 있는데 이런 연습에서 가장 중요한 것은 논리력이다. 논리력 없이 들이대듯이 자랑하다가는 망신만 당하기 쉽다.

좋은 인상을 주기 위해 앞머리를 잘라라

긴 앞머리를 유지하기 위해 자꾸만 얼굴을 옆으로 기울이는 습관이 있다. 이런 모습은 소심하거나 거만해 보이는 역효과가 있다. 앞머리를 단정하게 정리해서 항상 목을 곧게 펴고 얼굴을 세워서 당당한 모습으로 보이게 하면 더 좋아질 것이다.

얼마 지나지 않아 두 번째 메일이 날아왔다. 자신이 원하는 기업에 합격을 했다는 좋은 소식이었다. 아무리 좋은 스펙과 기술을 가지고 있다 하더라도 호감을 주지 못하면 실패하고 호감 하나만 더하면 아무리 어려운 취업관문이라도 언젠가는 뚫린다는 것을 말해주는 사례였다.

안녕하세요? 모의면접 지원했던 화공반 임○○입니다. 기억나시는지요? 이민선 컨설턴트님께서 조언해 주신 것을 매일매일 연습을 하여 드디어 제가 원하는 K기업에 합격을 했습니다. 얼마나 기쁜지 모릅니다.

감사합니다. 정말 감사합니다. 컨설턴트님.

철저한 준비만이 합격을 부른다

면접에 이기는 기술

Dream Coach 황은희

Part
6

오우~
뷰리푸울~
10
우리회사에
저런
인재가...
10
합격

Dream Coach의 면접컨설팅

• 의뢰자 : 나열정 양

　나열정 양은 지난 6개월 동안 여러 차례 탈락통지서를 받으면서 취업에 대한 자신감이 많이 떨어져 있다. 한 번 자신감을 상실하니 면접만 가면 떨리고 머릿속이 하얗게 된다. 나열정 양은 자신의 면접 준비에 근본적으로 무슨 문제가 있는지 고민하게 되었고, 답답하고 불안한 기나긴 대학교 5학년을 마감하고자 드림 코치를 찾았다. 이번 장에서는 나열정 양의 면접 준비과정을 함께하면서 왜 백발백중 면접에 탈락하는지 체계적으로 분석하고 접근해서 성공면접의 해법을 찾아보자.

01 성공면접의 정답을 알려주마

Key Points
- 면접은 지원자와 기업 간의 커뮤니케이션이다.
- 평가를 위한 최종단계가 면접이며 50%의 성공가능성을 갖고 서 있음을 잊지 말아야 한다.
- 자신의 특성이 기업에 어떤 영향을 끼칠 것인지를 홍보하라.

CASE

백발백중 면접탈락의 주인공 나열정 양. 주변 친구들을 보면 면접통보만 받아도 곧 출근할 것처럼 기뻐하며 마지막 관문만 뚫으면 된다는 생각에 들떠 있는데 그녀는 다르다. 매번 눈앞에서 탈락하다 보니 면접이라는 소리만 들어도 걱정이 먼저 앞선다.

'이번에도 틀림없이 떨어지겠지?'

생각만 해도 우울해지는 나열정 양. 질문이 들어오면 당황하지 않고 또박또박 잘 대답한 것 같은데 왜 매번 탈락문자만 날아오는 걸까? 도대체 뭐가 잘못된 건지 알 수 없어 답답하기만 하고, 이젠 면접만 보러 가면 떨어질 거 뭐 하러 가나 하는 생각까지 든다.

　면접을 봤을 땐 막힘 없이 잘 이야기한 것 같은데 막상 합격자 명단에는 자기 이름이 빠져 있던 경험이 다들 몇 번씩 있을 것이다. 나는 이 회사에 부족함이 없는 것 같은데 회사는 나를 선택하지 않았다는 사실에 억울함과 분노를 느껴봤을 것이다. 무엇이 문제였을까? 정말 너무나도 완벽한 인재인데 기업이 안목이 없어서 자신을 선택하지 않은 것일까?

　인생 최대의 과제인 취업에 있어 착각은 절대 금물이다. 기업이 당신을 뽑지 않은 것이 먼 미래 실수가 될 수도 있으나 지금 당장은 옳은 판단일 것이다. 여러분이 면접에 대해 뭔가를 착각한 것은 없는지 다시 살펴봐야 한다. 면접(面接)을 한자 그대로 얼굴을 맞대는 것만으로 생각한 것은 아닐까? 혹시라도 그렇게 생각한 사람이 있다면 면접에 대한 공부를 당장 다시 시작해야 한다. 면접은 얼굴을 맞대는 게 아니라 지원자와 기업이 서로가 자신에게 안성맞춤 최상의 파트너인지를 상호 확인하는 커뮤니케이션의 과정이다.

면접, 이것만 넘기면 '취업'이다

취업의 마지막 문턱

면접은 평가를 위한 최종 관문으로 이미 합격범위에 들어와 있는 것
이다. 취업의 최종 단계로서 마지막까지 흔들리지만 않으면 합격을 맛
보는 만큼 마지막 온 힘을 다해 최선을 다하여야 한다. 면접에 참여했다
는 것은 50% 이상의 합격 가능성을 갖고 있다는 의미이지만 그런 만큼
작은 실수도 용납될 수 없다는 의미도 된다.

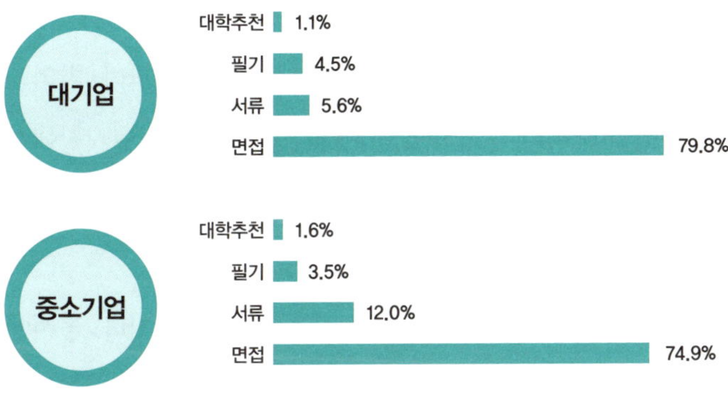

갈수록 높아지는 면접 비중

채용에 있어 면접의 비중이 계속적으로 높아지는 추세이다. 최근 한
리서치를 통한 통계결과에 따르면 대기업은 79.8%, 중소기업은 74.9%
의 비율을 면접이 차지하고 있다고 한다. 그만큼 취업의 가장 결정적 단
계이며 중요성이 높은 만큼 끊임없는 준비와 대비전략이 필요하다.

자신을 보여줄 가장 좋은 찬스

면접에 오기까지는 서류에 적힌 신상정보와 숫자(학점, 토익, 인적성검사 점수 등)를 통해 평가된다. 단지 숫자만으로는 자신의 내면의 의지와 자신감, 끈기를 보여줄 수 없음을 아쉬워하는 지원자들이 많을 것이다. 면접은 그래서 여러분의 열정을 보여줄 단 한 번의 기회이다. 또한 면접관의 편견과 오해를 180도 변화시킬 수 있는 마법의 공간이 면접장이다.

이유 있는 취업 마케터가 되어라

성취업적과 수익성을 무기로 마케팅 하라

면접은 반드시 감성이 아닌 이성의 관점에서 준비해야 한다. 기업의 원리와 시장의 원리에 따라 생각하고 준비하라는 뜻이다. 취업시장에서 '나'라는 멋진 상품을 좋은 가격에 팔기 위해서 그리고 기업이 상품을 탐내게 만들기 위해서는 적절한 마케팅이 필요하다.

마케팅이란 소비자에게 최대의 만족을 주는 것이 목적이다. 동시에 생산자는 생산의 목적을 가장 효율적으로 달성할 수 있어야 한다. 즉, 재화와 용역을 생산자, 중간생산자, 소비자를 거치면서 가장 효율적으로 유통시키는 기업의 모든 활동을 마케팅이라고 보면 된다.

그럼 이것을 어떻게 여러분의 취업에 연결시켜야 할까. 여러분은 자신의 성취업적과 자신이 이루어낸 모든 성과물(생산성, 수익성), 또한 회사(소비자)에 기여할 수 있는 솔루션 등을 가장 효율적으로 보여주는 마케팅을 해야 한다는 뜻이다.

회사가 당신이라는 이익을 탐내게 하라

기업은 절대 손해를 보려 하지 않는다. 기업은 채용을 하면서부터 직원에게 많은 투자를 한다. 채용을 진행하는 것부터 시작하여 신입사원 교육과 직무교육 등 많은 시간과 돈과 노력을 쏟게 된다. 기업은 투자를 하는 만큼 그 이상의 수익을 가져다 줄 수 있는 인재를 채용하기 위해 까다롭게 심사를 하는 것이다. 면접은 회사가 당신을 채용함으로써 얻을 수 있는 이익에 대해 세일즈 하는 공개 시연장과 다름없다. 면접관들은 지원자가 강조하는 각각의 특성이 해당 기업에 어떤 이윤과 성과를 가져올 수 있을지에 대해 고려하고 있다. 자신의 특성과 지원하는 회사에 기여할 수 있는 사항을 연결 지어 어필해 보아라.

Check! Check! Check!

자신의 무기가 될 수 있는 업적과 기업에 이익을 줄 수 있는 특성을 찾아 적어보자.
- 지원직무 :
- 지원기업 :

성취업적 및 강점	기업에 기여할 기대이익
예)경마장 매표 아르바이트_성실 · 책임감	예)프로젝트성 업무가 많은 직무특성에 맞춰 책임감과 끈기로 높은 성과가능

02 변화된 면접형태에 적응하기

Key Points
- 타겟 기업의 적합한 인재가 되기 위해 기업정보 및 인재상을 파악한다.
- 지원 기업의 면접프로세스를 이해하고 면접형태에 맞게 미리 준비한다.
- 직무중심 채용이 중요해진 만큼 실무지식을 준비한다.

CASE

‘나열정님, 축하합니다. 서류전형에 합격하셨습니다. 1차 면접에 참여하세요.’

축하메시지가 면접일정과 약도와 함께 이메일로 날아왔다. 들뜨기도 하면서 ‘1차’라는 단어에 또 한 번 겁이 난다. 요즘은 면접절차가 왜 이리도 복잡한지, 2차까지는 기본이요 중간 중간 과제까지 넣어서 많은 단계를 거쳐야 하고 보통 서류에서 최종통보까지 한 달이 족히 걸리는 회사도 있다. 그 긴 여정을 긴장 속에서 살아야 하기에 살짝 두렵기도 하다.

“아이고, 무슨 절차가 그렇게 복잡하냐. 면접이 얼굴만 확인하면 되는 거지. 1차는 뭐고 2차는 뭐냐? 너희들 취업은 되는 거냐?”

부모님 세대에는 대학만 나오면 모셔가는 수준에 면접은 그냥 얼굴 보고 확인하는 정도였다고 한다. 그래서 그런지 열정과 잘난 두 자매의 아버지는 백조 딸들을 이해할 수 없어 하신다.

만날 이력서 쓴다고 하고, 면접 보러 간다고 하는데 왜 이렇게 오랜 시간 소식이 없는지 아버지는 딸들에게 의구심을 가지는 눈치이다.

사회와 산업이 변하는 흐름에 맞춰 채용환경도 당연히 변화한다. 요즘 같이 고학력의 고스펙을 갖춘 인재들이 폭포수처럼 쏟아지는 채용 시장에선 최고의 인재를 뽑기 위해선 예전의 시스템 그대로는 불가능하다. 새로운 환경에 맞는 새로운 시스템이 만들어지고 있다. 채용에서 가장 중요한 '면접'을 이기기 위해선 이 변화의 흐름을 이해해야 한다. 최근 면접 트렌드는 무엇인지 알아보도록 하자.

최근 면접 트렌드는 따로 있다

누가 누가 잘하나? 누가 누가 잘 맞나!

예전엔 좋은 학벌에 높은 학점에 높은 영어점수를 갖춘 Good People을 선호했었다. 하지만 최근 들어 기업은 누가 우리 기업에 그리고 채용 포지션에 잘 맞는지 Right People을 찾고자 한다. 여러모로 스펙이 높은 너무 잘난 지원자지만 기업에 입사를 했을 때 인성이 좋지 않거나 기업의 조직문화와 어긋난 가치관을 가진 사람이라면 기업의 이익과 운영에 반하며 팀워크를 깨는 사람이 될 수도 있기 때문이다. 이런 애사심과 팀워크를 중요하게 여기는 채용 트렌드는 경제 불황을 겪으면서 더욱 중요하게 자리 잡고 있다. 어려울 때 함께하여 기업과 개인 모두의 성장을 도모하는 믿음직한 가족 같은 직원을 원하는 것은 회사로서 당연한 것이 아닌가 한다. 때문에 지원자는 그 기업의 맞춤 인재임을 최대한 어필하고 팀워크와 조직에 대한 애사심을 강조해야 한다. 기업이 원하는 Right People은 기업의 슬로건과 인재상을 보면 알 수 있다.

요리 보고 조리 보고 여러 번 본다

면접의 방식이 다각화 되었다. 첫째는 다양한 방식의 면접이 이루어진다는 것이다. 면접자와 면접관이 서로 질의응답을 하는 대면면접 형태에서 벗어나 프레젠테이션 면접, 토론면접 등 다양한 방법으로 면접이 이루어지고 있다. 둘째는 한 번이 아닌 여러 번의 면접을 단계적으로 진행함으로써 다양한 각도로 지원자를 검증하게 된다.

실무지식을 준비하라

실무지식 관련 질문, 이제 이과만의 전유물이 아니다. 이공계에서 상경계로 확대되고 있다. 계열사별 맞춤 채용을 진행하는 등 직무 전문화 추세를 보여주고 있다. 자신이 지원한 분야, 산업, 업종, 기업환경에 대한 실무지식은 대기업 신입사원이 되려면 필수적으로 갖추어야 하는 역량이다.

압박과 토론 면접의 확대

사회가 다변화되고 또 그 흐름이 빨라지면서 위기관리 능력이 곧 경쟁력이 된다. 지원자들의 위기관리 능력과 문제해결 능력을 평가하기 위하여 갑작스런 상황과 질문을 통해 심리적으로 압박을 느끼게 함으로써 그 위기를 어떻게 현명히 대처하는지를 평가하게 된다.

새로운 면접형태를 빨리 숙지하라

쉽게 빠져버리는 함정, 사전면접

면접장에 들어가면서부터 면접이 시작되는 것이 아니다. 인사담당자의 평가는 그것보다 훨씬 더 앞서 진행되고 있다. 흔히 걸려오는 전화에도 함부로 하지 말라. 여러분에게 면접의 참여에 대한 축하 메시지를 전달하러 걸려온 전화가 곧 첫 번째 면접의 관문이 될 수 있다. 사전면접은 인사담당자가 직접 면접하기 전 구직자와 전화로 면접을 시행하는 것이다. 인사담당자가 전화하는 순간부터 면접이 시작되는 것이므로 성의를 다해 질문에 답하라.

롤 플레잉 면접

개인별로 담당 역할을 부여한 후 과제를 수행하는 형식으로 진행된다. 예를 들어 영업담당자로 금융상품을 팔아보라는 미션을 준다거나 혹은 물건을 건네주고 일정 시간 내에 특정장소에서 자신만의 마케팅 전략으로 판매하게끔 하는 것이다. Role Playing 면접에서는 적응력,

조직융화력, 몰입도 등을 평가할 수 있다.

합숙면접

합숙을 통해서 참여자들의 평소모습, 생활습관, 성격 등을 종합적으로 평가하게 된다. 주로 금융권에서 많이 활용되고 있으며 거대 조직 안에서 얼마나 잘 적응할 수 있는지를 평가한다. 팀워크, 성실함, 적극성을 확인할 수 있다. 일거수일투족이 평가의 대상이 되므로 자연스러운 분위기에서도 긴장을 풀어 순간적인 실수를 저지르지 않도록 긴장감을 항상 갖고 관리하여야 한다.

다차원 면접

요리면접, 스포츠면접, 시뮬레이션 면접, 모니터제 면접, 등산면접 등 다양한 형태의 면접이 이뤄지고 있다. 지원자들은 자신이 입사하고자 하는 기업이 어떠한 형태의 면접을 시행하는지 미리 확인하고 대비하여야 한다.

• 주요 대기업 면접절차

기업명	면접절차
삼성계열사	삼성직무적성검사 SSAT 〉 임원면접 〉 프레젠테이션 면접 〉 집단토론 면접 〉 영어면접
SK그룹사	SK종합적성검사 〉 집단토론 면접 〉 프레젠테이션 면접 〉 임원면접
현대 · 기아자동차	영어시험 〉 실무면접 〉 임원면접
대우조선해양	인적성검사 〉 프레젠테이션 면접 〉 임원면접 〉 영어 말하기 테스트
한국관광공사	영어면접〉 프레젠테이션 면접 〉 임원면접
한국공항공사	영어면접 〉 실무진 면접 〉 임원면접
대한무역투자진흥공사	회화테스트 면접 〉 임원면접
포스코	영어면접 〉 임원면접
한독약품	영어시험 필수 〉 실무진 면접 〉 임원면접
STX팬오션	프레젠테이션 면접 〉 집단토론 〉 임원면접
한솔CSN	인적성검사 〉 프레젠테이션 면접 〉 임원면접
한국농어촌공사	프레젠테이션 면접 〉 임원면접
제일은행	실무면접 〉 임원면접 〉 집단토론
현대건설	블라인드 면접 〉 임원면접
한국가스안전공사	블라인드 면접 도입 계획
KT	1,2차 실무면접 〉 시뮬레이션 면접(모의과제 해결) 〉 임원면접
두산산업개발	관리자 면접 〉 사장면접 〉 회장면접
동부아남반도체	프레젠테이션 면접 〉 CEO면접
한국서부발전	집단토론 〉 임원면접

* 면접 절차는 매해 바뀔 수 있음.

03 면접관은 무엇을 보는가

CASE

'1시간도 안 되는 그 짧은 시간에 뭘 볼 수 있다는 거지?'

코앞에 다가온 면접평가의 신빙성에 대한 공연한 불신감만 키우고 있는 나열정 양. 면접에서 여러 번 탈락한 다음 생긴 자기변명 같은 것일지도 모른다. 그것이 방어가 되지 못한다는 것을 알기에 오늘도 학교에서 열리는 취업 강좌를 들으러 나선다. 강사는 열정 양처럼 실업의 늪에 허덕이고 있는 취업재수생들 앞에서 '면접관은 귀신이다'라는 소재로 열변을 토하고 있다.

'정말 면접관은 그 짧은 시간에 무엇을 보고 나를 평가하는 것일까?'

면접관의 마음만 안다면 그들을 내편으로 만들 수 있지 않을까 하는 호기심이 마구 생기기 시작했다.

면접관이 면접을 통해 무엇을 평가하는지 그 평가기준을 안다는 것은 곧 문제의 공식을 아는 것과도 같다. 면접에 꼭 이기기 위해서 면접관의 마음을 읽는 공식을 한번 배워보자.

면접은 종합적인 인간평가이다

직무수행능력, 창의력 평가

면접은 과거를 통해 미래를 예측하는 첨단 기술이다. 과거의 경험을 질의함으로써 지원자가 회사에 입사를 했을 때 맡은 직무를 얼마나 잘 수행할 것인지 그리고 직무를 수행함에 있어 창의적인 아이디어를 제시할 수 있는 인물인지를 파악하는 것이다.

인간 됨됨이를 보여줘라

회사 역시 하나의 조직이며 사람들이 옹기종기 모여 아옹다옹 고군분투하는 곳이다. 그런 만큼 조직의 일원이 되어 하루 일과의 대부분을 함께할 사람의 인품, 가치관은 매우 중요한 평가항목이다. 자신이 갖춘 성실함, 끈기, 책임감 등을 어필해야 할 것이다.

회사는 입사열의를 확인하고 싶어 한다

면접은 지원자의 회사에 대한 관심과 지원하고자 하는 열의를 평가할 수 있는 좋은 기회이다. 지원 회사에 관심이 많고 강한 열의를 갖고 있다면 그만큼 많은 공부와 준비를 하고 있을 것이며 그런 관심의 정도를 체계적으로 분석하여 진심인지 거짓인지를 판단할 수 있다. 애사심과 충성도는 적합한 인재를 선발하는 데 중요한 잣대가 된다. 회사에 대한 여러분의 강한 열정과 의지를 이야기하라.

지적수준, 교양수준을 평가한다

회사는 지원분야에 대한 전문적인 지식과 능력의 수준을 평가하는 것을 넘어 환경분석력과 기본 교양상식 수준 등을 파악하고자 한다. 급변하는 시대의 흐름에 잘 적응할 수 있는 인재인지를 사회이슈에 대한 관심도에서 확인하는 것이다.

언어구사 능력, 두뇌회전 능력을 평가할 수 있다

커뮤니케이션은 현대사회를 살아가는 데 핵심 요소이다. 면접은 사람과 사람이 대면하여 커뮤니케이션을 통해 서로를 탐문하는 과정으로써 그 사람의 언어구사 능력과 문제대처 능력 그리고 언어예절까지도 파악할 수 있다. 능수능란한 언어구사도 중요하겠지만 면접은 항상 떨리는 법, 능숙한 말하기는 많은 연습이 필요하다.

기업에 얼마나 흡수될 수 있는지를 보여줘라

기업은 절대 혼자 일하는 곳이 아니다. 혼자만 성장하고 혼자 달성하는 경우는 거의 없다. 자신의 대인관계 능력을 강조하고, 조직력과 팀워크를 위해 어떤 모습을 보여줄지 그 미래를 예측할 수 있게끔 과거의 경험을 통해 보여줘라.

면접관이 주목하는 태도

이미지와 능력, 두 마리 토끼를 잡아라

지원자의 이미지와 능력 모두가 면접관의 평가요소가 된다. 두 평가 요소 중 어느 하나도 소홀히 해서는 안 된다. 이미지에 대해 강조를 하다 보면 많은 이들이 외모지상주의자라며 불편한 시선과 야유를 보내기도 한다. 그렇지만 당신이 소홀히 한 외모 때문에 깊이 있고 실한 내면이 타인에게 보이지도 못하고 가려져 버리는 것은 아닌지 심히 고민해 볼 필요가 있다. 이미지는 뛰어난 능력과 강한 젊음의 열정을 더욱 빛나게 해줄 큰 무기이다. 이미지와 능력 둘 다 인사담당자에게는 여러분을 평가하는 데 단연 중요한 요소가 됨을 잊지 말아야 한다.

분명한 요점과 진지한 자세

고용노동부 워크넷 자료에 따르면 면접장에서 가장 많이 면접관의 주목을 받는 태도는 '분명한 요점'이라고 한다. 무려 74.2%라는 높은 수치를 차지하고 있다. 면접관의 질문에 대해 핵심을 잘 파악하고 그에 적절한 답변을 간략히 요점을 분명히 하여 제시하는 것이 중요하다. 그 다음 순으로 진지한 자세, 또렷한 목소리, 분명한 발음, 시선접촉 등의 중요함을 강조하고 있다. 무엇보다 자신감 있는 또렷한 말투와 자세가 여러분을 빛나게 해줄 수 있음을 기억하길 바란다.

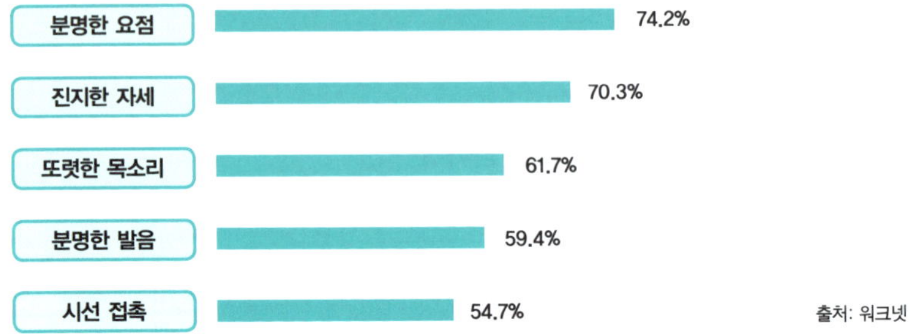

Check! Check! Check!

• 맞춤인재의 조건 : 기업 인재상에 맞는 나의 강점은?

국내 매출액 상위 500대 기업 인재상 분석을 통해 대기업에서 가장 선호하는 인재의 조건을 살펴보았다. 여러분이 어필할 수 있는 역량은 어떤 것이 있는지 확인해 보자.(복수응답)

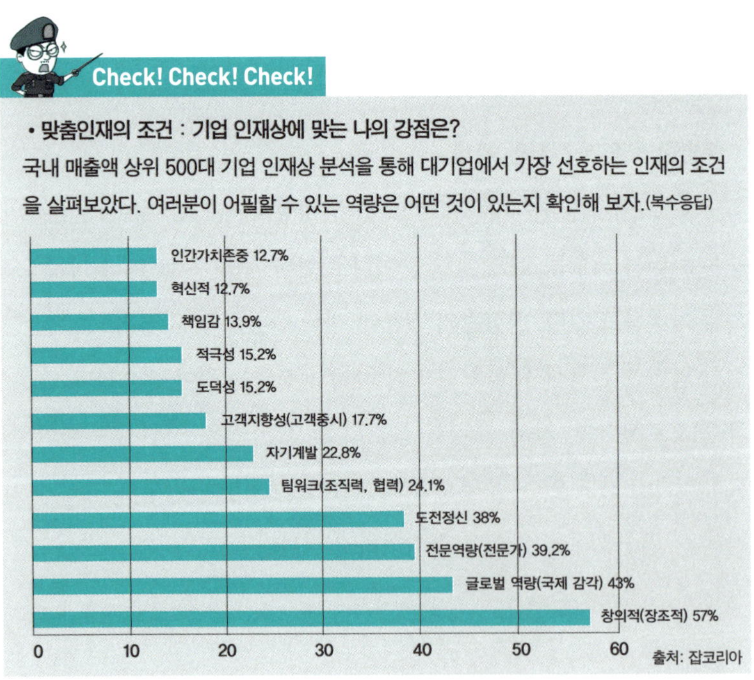

04 면접관이 알고 싶어 하는 것

Key Points
- 답변을 하기 전 Do, Will, Fit을 기억하라.
- 지원자의 강점과 특기사항을 직무와 연결시켜 어필하라.
- 무의식적인 습관은 전문가의 도움과 꾸준한 연습을 통해 극복하라.

CASE

나열정 양이 면접장에 들어서니 4명의 면접관이 일렬로 앉아있다. 한 면접관이 "일해본 적 있어요?"라고 묻기에 나열정 양은 "아! 네, 아르바이트를 많이 해봤습니다. 편의점 아르바이트였습니다"라고 대답했다. 면접관은 잠시 답변을 더 기다리는 듯 하더니 "끝인가요?"라고 되물었고 나열정 양은 당황하여 면접관 얼굴만 쳐다 보았다.

'내가 뭘 잘못했지? 면접관이 질문한 의도가 이게 아니었나?'

뭔가 실수한 것 같아 면접에 집중할 수가 없었다.

나열정 양은 무엇을 잘못한 것일까? 면접관이 짧게 질문을 던졌어도 그 의도를 정확하게 파악했다면 답변을 잘할 수 있었을 것이다.

면접관이 지원자에 대해 무엇을 알고 싶어 하는지만 알 수 있다면 얼마나 좋겠는가? 그들이 원하는 핵심에 맞춰 답변을 해줄 수 있으니 말이다. 그런데 이 질문은 생각보다 정말 쉽게 그 답을 알 수 있다. 다음 제시하는 세 가지가 바로 그것이다. 여러분은 면접관들이 어떤 질문을 하든 다음 세 가지만을 생각하며 오로지 그것에만 집중해서 답변해야 함을 명심하라.

무조건 Do, Will, Fit

Can Do! _ Measure skills

면접관은 주어진 직무를 수행할 능력이 있는지를 확인하고자 한다. 지원자의 기술, 지식, 경력 및 성취업적, 학습능력을 알고 싶어 한다. 또한 직무를 수행할 수 있는 신체적 조건이 되는지도 확인할 것이다.

Will Do! _ Measure work attitude & motivation

지원자가 주어진 직무를 잘 수행할 의지가 있는지를 알고 싶어 한다. 여기에서의 의지는 지원하고자 하는 직책과 조직 그리고 산업에 대한 관심도, 성실성, 의욕의 강도 등을 포함하고 있다. 자신의 의지나 직무를 수행하는 데 있어 관련된 기타 외부적인 사안들을 최대한 어필하라.

Will Fit! _ Measure occupational aptitude!

면접관은 면접을 통해 지원자가 회사와 조직과 직무에 얼마나 적합한가를 확인하고 싶어 한다. 적합도란 기업과 조직과 직무에 대한 호감

정도가 그 첫째 요소이다. 그리고 개인의 가치관이 얼마나 조직과 융화
될 수 있는지도 중요하게 생각한다. 조직의 적용 차원에서 공감대, 의사
소통, 업무스타일 및 관리스타일, 복장과 외모 등도 면접관들이 알고 싶
어 하는 것들이다.

면접전략은 이것에 Focusing 하라

		나	
		KNOW	DON'T KNOW
면접관	KNOW	입사지원서 내용 외형적 이미지 (외모, 의상, 표정 등)	무의적인 습관 (언어습관 및 표현, 행동 등)
	DON'T KNOW	지원자의 강점 및 특기사항	〈고려사항 아님〉

표현하지 않으면 면접관도 모르는 법

자신은 스스로를 뛰어난 능력을 갖춘 열정적인 인재라고 생각하지만
그 근거를 면접관에게 어필하지 않으면 그들은 지원자가 기업에 필요
한 인재임을 알 수 없다. 즉 나 스스로는 알고 있지만 면접관은 알 수 없
는 자신의 강점과 특기사항을 강조하고, 그것을 지원직무와 기업에 연
결시켜 기여할 수 있는 부분을 표현하라.

무의식적인 잘못된 습관을 버려라

면접관의 눈에는 보이지만 지원자 스스로는 모르는 부분이 있다. 끊임없는 평가의 대상이 되며 가장 많은 가산점과 감산점이 난무하지만 지원자는 잘 알지 못하기 때문에 교정할 수 없는 무의식적인 습관이 바로 그것이다. 말을 시작할 때마다 "어~", "쓥~"과 같은 단어를 무의식적으로 사용하는 잘못된 언어습관이나 속어, 은어 같은 잘못된 표현을 쓰는 경우가 있는데 이는 지원자의 답변에 집중하는 것에 방해가 되며 답변내용을 왜곡시킬 수 있으니 피해야 한다. 긴장을 하면 흔히 생기는 잘못된 행동적 습관(아래를 보며 이야기하기, 다리떨기, 손 꼼지락거리기 등)도 신경을 써서 수정해야 한다. 이런 무의식적 습관은 스스로 파악하기엔 어려움이 있으므로 전문가의 도움을 통해 클리닉을 받거나 모의면접을 통해 타인의 눈으로 오류를 확인하고 수정하는 작업이 필요하다.

Check! Check! Check!

• 자신의 면접전략 포인트를 찾아라.

		나	
		KNOW	DON'T KNOW
면접관	KNOW		
	DON'T KNOW		

Key Points
- 지원기업의 면접진행 프로세스와 면접형태를 미리 이해하고 경험하라.
- 개별면접에서는 긴장감을 조절하는 것이 가장 중요하다.
- 집단면접은 차별화가 최상의 전략이다.

CASE

"나열정 씨 들어오세요."

자신의 이름이 호명되자 나열정 양은 인솔자를 따라 면접장 앞에 서서 표정을 정비하고 들어갔다. 면접에선 자신감이 중요하다는 생각으로 당당한 발걸음으로 들어서자마자 나열정 양의 몸은 순간적으로 굳어버린다. 정면에는 중년의 남자면접관 9명이 의미심장한 눈빛으로 버티고 있다. 마치 째려보는 듯도 하고, 범인을 취조하는 형사의 눈빛 같기도 하다. 잘못한 것도 없는데 괜한 주눅이 들고 숨도 크게 쉴 수 없다. 발이 움직여지지도 입이 떨어지지도 않는 극도의 긴장감 속에서 표정마저 경직됨을 느꼈다. 마음속으로 "개구리 뒷다리~~"를 외치며 긍정적인 표정으로 자기소개를 시작했다.

나열정 양은 처음 1(면접자) : 다수(면접관) 면접을 맞아 예상치 못한 중압감에 긴장을 할 수밖에 없었다. 인성면접은 그 사람의 품성뿐만 아니라 다방면에서 지원자를 평가하게 되므로 면접형태별로 진행프로세스와 평가요소 등을 인지하고 그에 맞게 대응전략을 세우는 것이 필요하다. 최근 기업에서는 다양한 채용절차를 통해 가장 적합한 인재를 뽑으려고 하기 때문에 자신이 지원하는 기업의 면접형태와 특징을 살펴볼 필요가 있다. 이번 장에서는 일반적으로 가장 많은 기업에서 진행되고 있는 인성면접부터 살펴보기로 하겠다.

개별면접은 긴장감이 관건

면접방식

면접자와 면접관이 1 : 1이거나 1 : 다수인 형태로 면접자가 경쟁자 없이 혼자 들어가 참여하는 면접이다.

평가요소

주로 인성 점검에 집중된다. 성격·가치관·직업관·전공·상식 등 개인

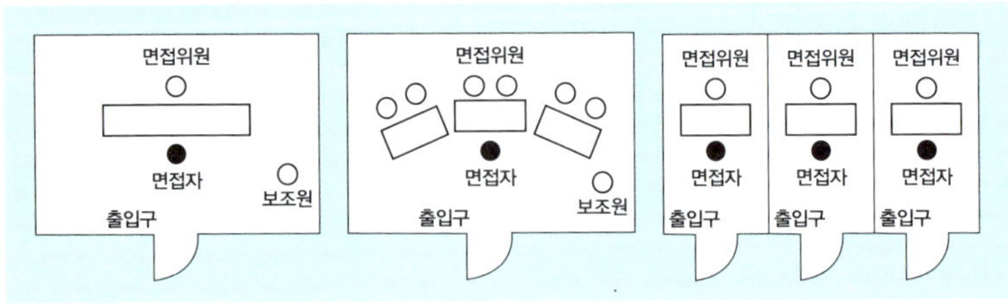

의 전반적인 면을 두루 다 평가한다.

특징

지원자 한 명에게 각 면접관들이 한 주제에 대해 깊이 있는 질문을 끊임없이 던지므로, 질문에 대해 깊게 생각하고 대답할 여유가 없다는 것이 가장 큰 특징이다. 이 방식은 면접관이 지원자를 집중 탐구할 수 있어서 심층역량 면접으로 자연스럽게 이어진다. 그렇기 때문에 지원자에게는 심리적 부담이 가장 큰 면접형태일 수 있다. 채용규모가 큰 경우보다는 소규모 채용이거나 최종 심층면접에서 주로 진행된다.

대응전략

① 마인드컨트롤에 신경 써라(심적 부담을 떨쳐내고 진정성으로 임할 것).

② 당당하게 대응하라.

③ 질문 의도를 명확하게 파악하라.

④ 경청하는 자세를 보여라.

⑤ 과도한 리액션은 자제하라.

⑥ 면접관이 여러 명인 경우 모든 면접관에게 대답한다는 전제로 임하라.

⑦ 기업의 비전과 인재상을 숙지하라.

집단면접은 차별화가 관건

면접방식

다수의 면접자와 면접관이 참여하는 형태로 대기업 1차 면접에서 많이 시행되고 있는 방식이다.

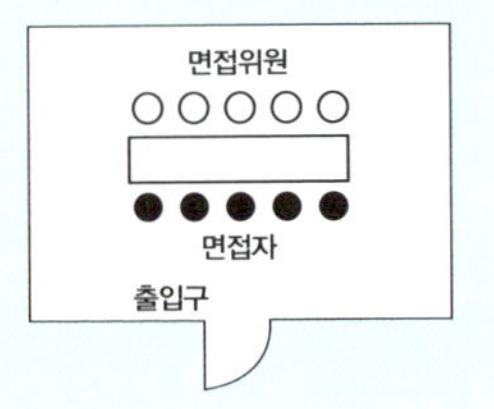

평가요소

업무 및 조직생활에 필요한 다양한 인성을 확인하는 것이 주목적이며, 개인성품을 평가하는 질문 외에도 문제해결 능력과 조직적응력을 평가하려는 질문이 많이 제기된다.

특징

기업의 입장에서는 지원자 간 비교평가가 용이하며, 시간을 절약할 수 있다는 장점이 있다. 지원자는 여러 명이 함께 참여하기 때문에 상대적으로 긴장감을 덜 수 있고, 답변을 준비할 시간을 벌 수 있다.

대응전략

① 상대비교가 가능한 면접형태인 만큼 타지원자와의 차별화에 신경을 써야 한다. 특히, 외적 이미지는 가장 비교평가가 되기 쉬우니 깔끔하고 단정한 복장과 차림새에 신경을 써라.

② 자신의 의견은 명확하게 피력하되 경솔하게 보이지 않도록 예의를

갖추어 발언하라. 또한 타면접자의 답변에 너무 신경 쓰지 않도록 한다.

③ 끝까지 경청하는 태도를 잊지 마라. 타지원자의 응답이나 그에게 주어진 질문이 다시 자신에게 돌아올 수 있으므로 다른 사람들이 말을 할 때에도 귀를 기울여야 한다.

④ 질문이 없을 때에도 바른 자세와 밝은 표정을 유지하라(답변뿐 아니라 자세, 표정, 인사 등 모든 것이 비교평가의 대상이 된다.).

⑤ 임팩트 있는 자기소개를 준비하라. 첫 질문은 1~2분 이내의 자기소개를 요구하는 것이 일반적이므로 면접관의 관심을 끌 수 있는 자기소개가 필요하다.

⑥ 기업적 마인드로 답변하라. 이젠 학생이 아닌 예비 직장인임을 잊지 말아야 한다. 개인이 아닌 기업(조직)의 관점에서 상황을 보고 판단하여 응답하는 것이 득점에 유리하다.

• 면접관은 이렇게 우리를 평가한다. - 면접 평가표 샘플

인 터 뷰 평 가 표 (Sample)

지원분야 :	지원자이름 :	면접일시 :	면접자 :

연번	평 가 구 분	가중치	질문 및 평가에 대한 착안점	평가	점수
1	용모/태도/자세		- 복장의 청결함과 단정함, 바른자세, 말하는 태도, 표정관리		
2	신 뢰 성		- 기본적인 평가항목으로 이력서에 기재된 내용의 사실성 여부에 관한 질문 (이력서 내용에 관한 질문에 대한 답변으로 일치 여부 확인)		
3	적 극 성		- 자기계발에 대한 의욕 정도(어떤 일이든지 자발적으로 나선다.) - 지속적인 자기계발 계획		
4	협 동 성		- 공동작업 수행능력에 대한 평가(공동작업 수행 경험) - 단위조직간의 이해를 조정하고 결정된 사항을 수용하려는 자세		
5	가 치 관		- 긍정적인 사고방식, 책임성과 성실함 - 인간관계에 있어서 중요한 덕목		
6	직 업 관		- 직장에 대한 올바른 가치관 및 직장인으로서의 가장 중요한 덕목 - 이직을 결심한 이유		
7	입사하고자하는 회사의 관심과 이해도		- 지원한 회사에 대한 개인적 견해 - 해당 업무에 관한 상식		
8	입사지원 동기		- 지원한 회사를 접하게 된 동기 및 지원동기 - 지원한 회사에 건의사항이 있다면		
9	논리적 사고능력		- 의견제시에 있어서 논리정연하게 설명, 논리에 맞고 일관성 있는 언변 - 주관적/감정적 요소를 배제하고 타당한 논거를 바탕으로 의견제시		
10	표 현 능 력		- 자신이 표현하고자 하는 논의의 핵심을 제대로표현 - 어휘력 및 적절한 용어를 사용하였는지		
총 점			0		

평가기준	탁월	우수	보통	미흡	불가
	5	4	3	2	1

전체평가	필입사자	합격자	합격후보자	수용가능자	입사불가자

의견 :

06 프레젠테이션 면접 준비

Key Points
- PT면접은 지원자의 전문성, 창의성, 기획력, 문제해결 능력 등을 평가하는 것이다.
- 참신한 아이디어와 논리성을 제시하라.
- 자신의 생각을 담아 시각화하여 설득력있게 표현하라.

CASE

고도의 긴장감 속에서도 자신감을 잃지 않고 당당히 임했던 나열정 양에게 2차 면접으로 PT면접이 기다리고 있다. 학교 다닐 때 임원도 많이 했고 발표도 많이 해봤는데 왜 이렇게 떨리는 걸까? PT면접이라는 것 자체가 익숙하지 않고 좀 더 전문적이어야 한다는 생각 때문에 부담감이 생긴다. 면접 당일, 침착하게 인사를 하고 간단히 자신을 소개한 후 메모지를 읽듯 말을 하기 시작했다.

잠시 듣던 면접관이 "뒤에 있는 화이트보드를 사용해도 좋네"라고 말한다. 그렇게 연습을 했는데 화이트보드 사용하는 것도 잊어버릴 정도로 과도하게 긴장한 것이다.

'허걱, 내가 이걸 놓쳤구나……'

무언가를 잘못했다는 생각을 하는 순간 머리가 하얘지며 손에 들고 있던 메모지가 덜덜 떨렸다.

청년구직자를 대상으로 면접유형별 체감난이도를 조사한 자료에 따르면 가장 일반적으로 진행되는 인성면접이 4%인데 반해 PT면접은 무려 77%로 독보적인 1위를 차지하고 있다. 그만큼 프레젠테이션은 주입식 입시교육과 일방통행식 강의에 익숙한 우리 청년층에게는 어려운 작업이며, 듣기만 해도 스트레스가 쌓이는 존재이다. 그러나 PT면접은 여러분이 생각하는 만큼 정말 특별한 전문가가 하는 것도, 엄청난 기술을 갖춰야 하는 것도 아니다. 면접의 유형과 특징을 파악하고 그에 맞는 전략만 잘 수행한다면 여러분도 최고의 프레젠테이션을 준비할 수 있다.

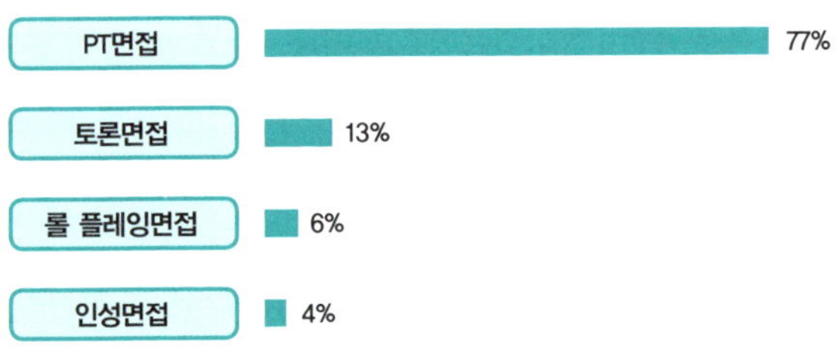

PT면접의 부담을 덜어내는 방법

면접방식 및 특징

주어진 시간 동안 한 주제에 대해 지원자들이 자신의 의견이나 지식,

경험 등을 발표하는 면접형태이다. 대기시간에 주어진 주제 가운데 한 가지를 선택해서 생각을 정리한 후 발표하는 방식이 일반적으로 많이 사용된다. 언론사 및 일부기업에서는 신문 브리핑 방식(신문기사 제시 후 자신의 의견을 발표하는 방식)이 실시되기도 한다.

보통 10~20분 정도의 발표시간이 주어지고 발표 후 5분 내외의 질의응답이 진행된다. 기업별로 차이는 있지만 대개 전문지식과 시사에 관련된 주제나 지원분야와 연관성 있는 주제가 많다. 평소 지원하는 직무 및 지원업계 동향에 대한 전문지식을 쌓아두는 것이 도움이 될 것이다. 화이트보드 등을 활용하여 주제에 대한 자신의 의견을 정리하여 발표하게 되며, 꼭 면접이 끝난 후에는 화이트보드를 지우고 나오는 것을 잊지 말아야 한다. 정확한 답이나 지식보다는 주어진 주제에 대한 논리적 사고와 분석력, 자신의 생각에 대한 표현력이 더 중요시 된다.

PT면접에서 면접관들이 살피는 것

• 주제에 대한 명확한 이해와 핵심을 잘 파악하고 분석하였는가?

• 주제에 관한 자신만의 주장 · 대안 · 생각 등을 논리적으로 전개하고 설득력 있게 이야기할 수 있는가?

• 파워포인트, 전지, 화이트보드 등을 이용하는 발표 자료의 구성능력(기획력)과 표현능력은 적절한가?

• 프레젠테이션 기술이 뛰어난가?

• 직군에서 요구되는 문제해결 능력, 전문성, 기본실무 능력을 갖췄는가?

• 입사지원자의 답변수준이 창의적 · 전략적 · 논리적 사고에 기반하고 있는가?

기업 PT면접 사례

LG	– 20분간 정리할 시간이 주어지고 5분 내외로 발표함. – 지원자는 1조에 3~4명이 참여. – LG이노텍 : 전지를 활용해 발표준비. – LG패션 : 주제 사전 공지 후 자유양식으로 A4 작성하여 면접관에게 제출하고 발표. – 면접 주제는 응시자의 직무역량을 평가하기 위한 것으로 출제.
삼성전자	– 문제를 선택하여 40분 정도 정리할 시간을 준 다음 10분 이내로 발표, 10~15분간 질의응답 진행. – 지원분야 관련 주제 제시(예: TFT-LCD(초박막액정표시장치)의 사이즈 확대와 규격 표준화, 해외지사를 설립할 때 성공할 수 있는 방법과 전략을 해외시장 상황에 맞춰 설명하라, 기업 경영에 CRM(고객관계관리) 프로그램을 적용하는 방안을 검토하라 등.
교보증권	– 주제에 대해 정리할 시간은 10분, 발표시간은 자기소개 포함해 5분 내외. – 직무역량 평가가 주목적으로 면접주제는 경제, 증권실무에 관한 것들로 출제됨.
국민은행	– 준비시간 30분 후 5분 내외로 발표, 3분 정도 질의응답 진행. – 2차 임원진 면접에서 토론면접 시행. – 주어진 시간이 끝나면 바로 면접이 종료되므로 정해진 시간에 간결하게 자신의 의견을 전달할 수 있어야 함. – 기출질문 : 직장생활 계획서 작성하기, 자기PR 그림 등.

PT면접 잘 하는 법

반드시 주어진 시간 내에 결론을 도출하라

발표시간 10~20분 이내에 자신이 전달하고자 하는 의견을 사실을 근거로 하여 논리적으로 제시하여야 한다. 흐지부지한 의견개진이나 부적절한 용어사용, 무리한 주장은 하지 않도록 한다. PT면접은 설득력이 가장 중요하며 이는 균형적인 구성에서 나온다. 해당 주제에 대한 견해를 서론, 본론, 결론으로 나눠 자신의 논리를 전개한다. 10분 발표일 경우 초반부 2분, 본론 6분, 결말 2분 정도로 적절히 시간배분을 하되 자신의 논리를 면접관이 수긍할 수 있도록 일목요연하게 진술하라.

자신의 생각을 담아라

지원자 본인의 생각과 주장이 충분히 담겨 있어야 하며, 자신만의 문제해결 과정을 제시해야 한다. 자신의 의견을 도표나 그래프 등 시각 자료를 이용해서 좀 더 설득력 있게 표현하는 것이 필요하다. 문제해결은 다음의 순서를 거치는 것이 좋다.

• 문제해결과정

전반적인 문제에 대한 상황 요약 → 원인분석 → 다양한 대안제시 → 각 방안의 장단점 소개 → 특정 대안 선택 및 이유 → 향후 발생할 문제 예상 → 해결책 제시

추측성 발언 및 데이터는 금물

프레젠테이션을 하면서 자신의 주장을 뒷받침하기 위한 근거로 미확인된 수치나 검증되지 않은 추측성 자료를 제시하는 경우가 있는데 이는 절대로 피해야 하는 부분이다. 자신의 의견, 지식, 경험 등 신뢰할 수 있는 근거를 동원하여 주장을 펴고, 설득력 있는 이유를 설명해야 한다. 평소 지원하는 업계의 동향이나 직무에 대한 전문지식 및 시사상식을 미리 준비하는 것이 필요하다.

깔끔한 복장과 시선처리는 필수!

무엇보다 깔끔한 복장과 인상이 중요하다. 발표 시 시선처리, 손동작, 목소리 톤의 조절 등에 유의해야 한다. 지나치게 긴장하거나 당황해서 말을 흐리거나 자신 없는 태도를 보여서는 안 된다. 외적인 이미지에 신경을 써야 하며 당당한 분위기를 조성하도록 한다.

· PT 면접 예상질문 15선

❶ 전문가는 해당분야에 탁월한 지식과 해박한 견해를 가지나 의사결정 과정에서의 편협주의 경향에 의해 오류를 범하기 쉽고, 제너럴리스트(generalist)는 광범위한 지식으로 인해 각 부문에 대한 조율과 전체적인 안목으로 인해 보다 합리적인 의사결정을 내릴 수 있는 장점이 있는 반면 전문성이 결여된다. 유통업 분야에 있어 미래 상황을 고려할 때 전문가로 성장해야 하는가, 제너럴리스트로 성장해야 하는가?

❷ 국내 유통산업에 있어서 할인점은 한국 사회 경제 전반에 큰 영향력을 발휘하고 있다. 할인점이 국내에 도입됨에 따라 한국 사회 및 경제에 미친 영향력이 무엇이라 생각하는지 본인의 의견을 제시하라.

❸ 시장의 급속한 성장과 더불어 할인점 업계는 경영의 내실을 다지기에 앞서 일단 점포 수를 늘리고 보자는 '묻지 마 투자' 열풍이 불었다. 할인점 출점 경쟁이 더욱 가속화되면서 국내 시장은 포화 상태가 되어 과당경쟁으로 인하여 수익을 내지 못하는 부실 점포가 늘어나게 될 것이다. 이처럼 할인점의 춘추전국시대를 맞이하여 경쟁우위를 확보하기 위한 할인점 경영의 성공 전략에 대해서 본인의 의견을 제시해 보라.

❹ 소비자들은 삼성제품에 대해 아주 좋은 이미지를 가지고 있다. 삼성제품은 품질이 우수하고 서비스가 신뢰할 만하다는 인상을 가지고 있다. 그러나 그에 반해 삼성그룹에 대한 기업이미지는 반드시 좋다고는 할 수 없다. 몰인정하고 계산적이며 차갑고 냉정하다는 평판도 듣는다. 그 이유는 무엇이라고 생각하나?

❺ 마케팅의 범위가 굉장히 넓은데 본인이 생각하는 마케팅은 어떤 것이며 그 중에서 어떤 일을 하고 싶은지 구체적으로 말해 보라.

❻ 당신이 회사의 사장인데 공개입찰에서 굉장히 불리한 조건으로 수주를 하였다. 이 건은 회사의 사활이 걸린 사안일 수 있다. 어찌하겠는가?

❼ 최근 부실기업 및 회사 경영상 문제점과 관련하여 기업윤리정신에 대한 개인적 견해를 피력하라.

❽ 금융기관이 고객으로부터 지속적으로 선택받을 수 있는 방안을 설명하라.

❾ 증권회사에서 VIP고객이란 무엇이라 생각하는가? 그리고 VIP고객을 유치하기 위해서는 어떤 전략이 필요한가?

❿ 빠른 시간에 사장의 의사결정을 얻어 내기 위한 신규 사업 기획서 항목은 무엇인가? 그 이유는 무엇인가?

⓫ 농산물파동이 큰 사회적 문제인데, 그 원인은 무엇이라고 생각하며, 어떤 대처방안이 있는지 말해 보라.

⓬ 스마트폰이 현대인의 필수 품목이 되고 있다. 스마트폰을 활용한 자사제품 마케팅 전략을 제시해 보라.

⓭ 손익계산서와 대차대조표 중에서 기업의 입장에서 가장 중요하게 고려해야 한다고 생각하는 것과 그 이유는?

⓮ 원천기술, 글로벌마케팅, 양산화능력, 상품화 능력의 네 가지 측면에서 외국기업을 100점으로 본다면 우리나라 기업의 성적은?

⓯ 3개년도 재무제표이다. 재무제표를 분석하고 경영난이 발생하는 이유와 그에 대처하는 경영진의 계획이 올바른지 분석하라.

07 토론면접 준비

CASE

토론면접장, 나열정 양은 용케 여기까지 왔다. 100분 토론처럼 찬반으로 나뉘어 자리에 앉고 최대한 상대를 공손히 거론하며 '스마트폰 대유행에 대한 긍정적, 부정적 효과'에 대해 논쟁을 시작했다.

나열정 양은 계속 본인만 공격하는 발언에 화가 치밀어 올랐지만 감정적인 표현이나 행동을 자제하고 최대한 예의를 갖추어 말했다.

"○○님의 의견 잘 들었습니다. 하지만 저는 ○○님의 의견과 조금 다른 생각을 하고 있습니다. 왜냐하면……."

등 뒤로는 식은땀이 줄줄 흐르지만, 시종일관 잔잔한 미소를 잃지 않고 조리 있게 토론을 끌어가는 나열정 양. 점점 '합격의 고지'에 가까이 가고 있는 것이 보인다.

최근 많은 기업에서 토론면접을 채용방식으로 선택하고 있는데 이는 경제위기 상황과 연관이 있다. 불황이 되면 기업은 팀워크와 애사심, 문제해결능력 등을 중요하게 생각하기 마련이다. 지원자의 이러한 능력을 파악하는 데 있어 가장 좋은 면접형태가 토론면접이다. 토론을 함으로써 조직에서의 역할, 커뮤니케이션 능력, 융화력 등을 자연스럽게 파악할 수 있고, 채용 후 업무수행 시 마인드와 애사심까지도 예측할 수 있다. 이제 자신의 조직융화력을 어필할 수 있는 토론면접을 한번 살펴보도록 하자.

토론면접에 임하기 전 알아야 할 것들

면접방식 및 특징

지원자 5~8명 내외로 조를 형성하여 특정 주제를 놓고 30분 ~1시간 정도 토의를 벌이는 과정을 면접관이 관찰, 평가하는 면접방식이다. 일반적으로 찬반 구분이 되는 주제를 통해 서로 다른 의견을 주장하고 설득하는 모습을 관찰하는 경우가 많으며, 하나의 문제 상황을 주고 의견을 모아 해결하는 과정을 평가한다. 이때 면접관은 지원자의 발언내용이나 태도, 제스처, 경청태도 등을 유심히 살피게 된다.

토론면접에선 무엇을 파악하고 싶어 할까?

지원자들의 논리력, 사고력, 협응력, 판단력, 표현력, 조직적응력, 문제

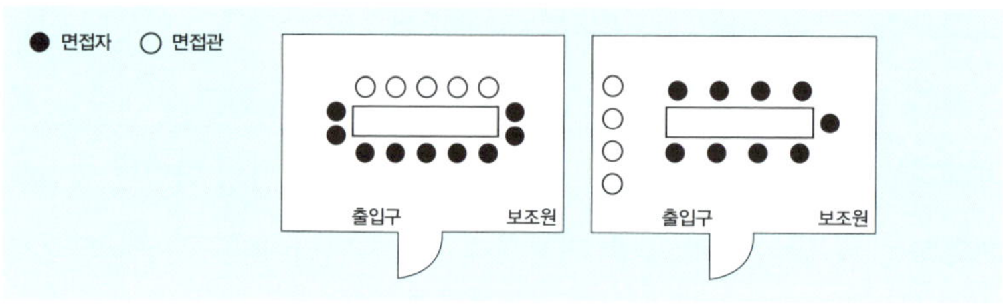

해결능력, 창의력, 의사소통능력, 지도력 등에 대해 종합적으로 평가할 수 있다. 면접관은 토론면접에서 다음 물음들의 답을 찾고자 한다.

- 발언내용이 창의적이고 적합한가?
- 적극적으로 토론에 참여하며 의사소통기술을 갖추고 있는가?(참여도, 배려 정도, 어휘력 등)
- 주제에 접근하는 방법은 어떤가?
- 자기주장을 얼마나 논리적으로 펴는가?(주제에 대한 지식)
- 다른 사람들과 어느 정도 융합할 수 있는가?(협응력)

토론면접 잘 하는 법

① 결론부터 말하라. 요지를 명확히 말하는 것이 중요하다. 장황하게 주제에 대한 의견만 늘어놓는 것은 좋은 토론방법이 아니며 면접관을 지치게 만든다. 토론의 주제가 복잡하면 중요사항부터 먼저 언급하도록 한다.

② 현실성 있는 대안을 내놓는다. 문제 상황에 대한 비판만 있고 그 해결책이 없는 토론은 탁상공론에 지나지 않는다. 현실적으로 가능한

대안들을 구체적으로 제시하라.

③ 적극적이되 자기주장을 고집하지 말라. 자신의 발언이 정답이라고 과도하게 우기지 않는다. 토론엔 정답이 없음을 기억하라. 자신의 주장을 독단적으로 내세워 그룹 안에서 튀기보다는 그룹원들과 융화되어 토론 주제에 대한 명확한 결과를 함께 이끌어나갈 수 있는 조직력과 리더십을 보여주는 것이 바람직하다.

④ 상대방의 의견에 귀를 기울인다. 다른 의견에 대해 적절히 동조하고 칭찬의 말을 아끼지 마라. 지나친 경쟁 심리는 피하고 다른 사람을 배려하고 자신의 주장을 조리 있게 펴는 능력이 중요하다.

⑤ 부분적으로 반론을 제시하면서 논리적으로 자신의 의견에 대해 보충 설명한다. 주장이나 반론에는 꼭 근거가 따라야 한다.

⑥ 절대 흥분하지 말고 감정적인 표현은 삼간다. 찬반의 대립된 상황에서 자신의 주장을 어필하다보면 상대의 의견을 비하하거나 감정적으로 공격하는 경우가 생긴다. 의견이 다를 수 있음을 인정하라. 그리고 감정적으로 흥분하거나 격한 목소리로 토론을 이어가며 자신의 점수를 깎아먹는 행동은 금해야 한다. 대화예절이 중요하다.

⑦ 필기가 가능하면 토론의 의견들에 대해 필기하면서 정리를 한다. 그렇다고 적는 것에 너무 집중하여 토론의 흐름을 놓치거나 발언의 기회를 놓쳐서는 안 된다.

• 토론면접에 자주 등장하는 주제 20선

❶ 안락사에 대한 찬반.

❷ 영어 공용화.

❸ 정밀도를 요구하는 계측기구의 구입에 관한 것.

❹ 신 모델 도입에 사용할 FET 부품을 선택하는 것.

❺ SOC를 이용한 제품개발 문제. 신제품에 대한 소개를 하고, 다음으로 선정근거 및 시장성, 효과적인 제품개발계획, 보고서 등.

❻ 회사의 조직문화 활성화를 위한 이벤트 추진과 관련한 대안(LG전자).

❼ 65세 정년 의무화에 대한 찬반 토론(삼성생명보험).

❽ 임금피크제.

❾ 조기유학에 대한 찬반.

❿ 한국증시에 외국인 투자 비율이 높아지는 상황에 대한 견해(삼성증권).

⓫ 물건을 잘 파는데 친절하지 않은 직원과 물건은 잘 팔지 못하는데 친절한 직원이 있는데 한 명만 재계약하고 싶다. 누구와 계약하겠는가?(삼성화재).

⓬ 은행 수수료 인상에 대한 은행 측 입장과 소비자 측 입장(우리은행).

⓭ 성형수술에 대한 찬반.

⓮ 신용불량자 부채탕감 찬성반대 여부(한국은행).

⓯ 기부금입학에 대한 찬반.

⓰ 양심적 병역거부 찬반(한국투자증권).

⓱ 광고가 사회에 미치는 영향력(제일기획).

⓲ 교내처벌 폐지에 관한 문제.

⓳ 대학생의 혼전 동거에 관한 문제.

⓴ 인간복제에 관한 문제.

• 토론면접 평가표(예시)

평가항목	착안점	평가점수	
공헌도	1) 적절한 논점을 제공함. 2) 논점이 되고 있는 사항에 적절한 의견을 제시함. 3) 과제 해결에 도움이 되는 지식을 제공함. 4) 얽힌 토의를 풀고, 빗나간 논의를 제자리로 돌아오도록 함.	매우 공헌함	4 3
		비교적 공헌함	2 1
	1) 주제와 그다지 관계가 없는 사항을 말함. 2) 의견이 조금씩 논점에서 벗어나는 듯함. 3) 이미 나왔던 이야기를 되풀이 함. 4) 자기의 의견에 집착하거나, 과제의 해결에 관계가 없는 비판을 하여 토의를 얽히게 만듦.	보통	0
		그다지 공헌 못함	− 1 − 2
		거의 공헌하지 못함	− 3 − 4
협동성	1) 집단의 목표를 항상 염두에 두고 있음. 2) 감정적인 대립이나 공격을 풀어줌. 3) 토의가 끊어지지 않도록 노력함. 4) 남에게서도 좋은 의견을 끌어 내려고 함.	매우 협동적임	4 3
		비교적 협동적임	2 1
	1) 자칫 자기 본위가 되고, 집단의 목표를 잊음. 2) 과제 해결 방향과 어긋나는 비판을 함. 3) 남의 생각이나 기분에 개의치 않음. 4) 자기 의견만을 강하게 밀어붙임.	보통	0
		그다지 협동적이지 못함	− 1 − 2
		협동심이 결여됨	− 3 − 4
주도성	1) 적절한 대목에서 토론을 다음 단계로 진행시킴. 2) 자진해서 토론의 첫 발언을 함. 3) 발표한 의견이 토론 진행에 큰 영향을 끼침. 4) 논점을 한정시키거나 남을 독려해서 모두가 의견을 제출 토록 함.	매우 주도적임	4 3
		비교적 주도적임	2 1
	1) 남의 뒤를 따라 의견을 말하는 정도임. 2) 요구되기 전에는 발언을 하지 않음. 3) 발표한 의견이 다른 사람들의 주목을 받지 못함. 4) 자기 의견을 말할 뿐 남의 의견을 재촉하는 일이 없음.	보통	0
		그다지 주도적이지 못함	− 1 − 2
		주도성이 결여됨	− 3 − 4

08 영어면접 준비

Key Points
- 수준 높고 복잡한 문장력 구사 보다는 간결하고 명확하게 표현하는 것이 더 중요하다.
- 적절한 수치를 언급하면 좀 더 준비된 인재라는 인상을 남길 수 있다.
- 영어면접의 지름길은 연습을 통해 자신감을 키우는 것이다.

영어?! 나열정 양에게는 포기하고 싶지만 포기할 수 없는, 정복하려 해도 쉽게 정복되어 주지 않는 취업 관문의 복병이다.

해외 경험이라곤 필리핀 어학연수 2개월이 고작인 나열정 양은 영어 울렁증까지 있다. 영어실력에 자신이 없기 때문에 더욱 면접관을 의식하게 된다. 목소리는 점점 작아지고 면접관이 어떤 질문을 던졌는데도 잘 알아듣지 못한다.

당황한 나열정 양은 면접관의 시선을 피하려 하는 자신을 다잡아 본다. '당황하지 않는 것이 중요해.' 침착하게 최대한 해석해 보려 노력한다.

'모른다고 대충 추측해서 엉뚱한 답을 했다간 끝인 거야.' 나열정 양은 조심스레 면접관에게 물었다.

"I beg your pardon?"

영어교육을 십몇 년을 받았다고 해도 어디 우리말처럼 구사하기가 쉽겠는가. 지구 어디라도 가서 물건을 팔아야 할 글로벌시대, 기업 입장에서 영어는 기본 생존력과도 같다. 대기업 면접전형에서도 대부분 영어면접을 선택할 수밖에 없는 이유이기도 하다. '토익 990점의 굴욕'이란 이야기가 이슈가 된 것은 문법과 문제에만 익숙한 수험생 영어를 가지고 영어면접을 보다보니 나온 말이다. 영어면접을 어려워 하지 말라. 그 요령만 알면 얼마든지 여러분도 쉽게 통과할 수 있다. 영어면접 성공의 지름길 함께 가보자.

영어면접, 왕도는 없어도 지름길은 있다

면접 방식 및 특징

면접이 영어로 진행되는 것 외에는 우리말 면접과 별반 차이가 없다. 영어실력 평가가 주목적이기 때문에 기본적인 회화실력이 부족하다면 적절히 대응하기가 힘들다. 전문적인 질문보다는 지원자의 인성을 파악하거나 표현력을 확인할 수 있는 질문들을 많이 한다. 인성면접(개별면접, 집단면접) 형태로 진행되는 것이 일반적이며 일부 대기업 및 외국계 기업에서는 영어PT면접, 영어토론면접 형태로 실시되기도 한다.

평가요소

영어 의사소통 능력, 상황대처 능력, 순발력, 표현력, 글로벌마인드 등을 평가하게 된다.

영어면접 준비 요령

① 두괄식으로 말하는 영어식 표현방법에 익숙해져라. 답변을 할 때 핵심어를 먼저 말하고 구체적인 예를 들어 설명한 후 다시 강조하는 방식으로 대화해야 한다.

② 영어문화권의 독특한 사고방식, 습관, 에티켓 등을 숙지하라. 외국인은 우리와 사고방식이나 습관, 문화가 다르기 때문에 그들만의 예절이나 독특한 언어표현 등을 알아두는 것이 좋다.

③ 적절한 수치를 언급함으로써 전문성을 보여줘라. 지원 회사 및 직무에 대한 이슈를 자주 접하는 것이 중요하다. 자신의 의견을 말할 때 "according to~(~에 따르면)"과 같은 표현을 사용해 적절한 수치를 언급함으로써 기업을 위해 준비된 맞춤인재임을 보여주어야 한다.

④ 영어 표현이 안 떠올라도 절대 우리말을 해서는 안 된다. 다소 유창하지 않더라도 핵심 범위 안에서 소신껏 답변하고 자신감 있는 모습을 보여주는 것이 중요하다. 영어에 자신이 없다고 우물쭈물 해서는 좋은 점수를 얻을 수 없다.

⑤ 외운 것이 아니라 생각해서 답변한다는 인상을 줘라. 그러기 위해서는 많은 연습을 해야 한다. 지원기업이나 직종에서 많이 쓰는 영어단어를 외우고, 예상 문제를 뽑아 답변을 준비하면 부담감을 줄이고 유연

하게 대처할 수 있다. 예상질문에 대한 답변을 녹음기에 녹음하여 교정하고 모의면접을 통해 실전에 대비하라.

⑥ 자기의 능력에 자만하지 마라. 영어실력이 좋다고 해서 장황한 답변을 늘어놓거나 거만한 태도를 보이는 것은 오히려 마이너스 요소가 될 수 있다.

기억하면 도움 되는 영어표현

자기소개

- Good afternoon, I'm ~

- Today I'd like to present ~

- In the first part of my presentation, I'll ~

- I'll also discuss ~

- After that, I'll ~

- Finally, I'll ~

결론

- In conclusion, I have ~

- We hope that you consider ~

- Are there any question?

인터뷰 마무리

–It has been a pleasure talking with you.

–I hope to here from you soon.

–I'm looking forward to hearing from you soon.

- 다음 질문에 대해 영어로 답변해 보자.
- Would you please tell me about yourself?
  (자기소개 해보세요.)
- How did you come here?
  (여기에 어떻게 오셨나요?)
- Tell me about your personality.
  (자신의 성격에 대해 말해보세요.)
- What's the most important things in your life?
  (당신의 삶에서 가장 중요하게 생각하는 것은 무엇입니까?_가치관/인생관)
- What is your major subject?
  (전공은 무엇인가요?)
- Why did you apply to our company?
  (왜 우리 회사에 지원하게 되었죠?)
- What's your favorite hobby?
  (취미는 어떻게 되시죠?)
- What's your future plan?
  (당신의 미래 계획은 무엇입니까?)

09 나를 꼭 기억하게 만드는 답변기술

Key Points
- 면접에서 중요한 것은 자신감이다.
- 결론부터 이야기하며 긍정적인 언어를 사용하라.
- 성실히 답변하고 최선을 다해 들어라.

면접장에 들어간 나열정 양은 자신이 속한 면접조에 본인만 여자임을 인지하고 남자지원자들에 비해 상대적으로 위축되어 보일까 봐 더욱 자세나 목소리에 힘을 주어 당당히 이야기하려 노력했다.

그러던 중 한 면접관이 나열정 양에게 이렇게 물었다.

"나열정 씨, 이력서에 재즈댄스가 취미라고 적혀 있는데, 여기서 한 번 춰보실래요?"

순간 당황했지만 더욱 밝은 표정을 지으며 이렇게 말했다.

"실례지만, 그럼 잠시 일어나도 되겠습니까?"

면접관은 흥미 있다는 표정으로 "그러세요"라고 말했고 그녀는 다소곳이 일어나 두 발짝 앞으로 나간 후 30초 간 짤막한 재즈댄스를 보여줬다.

이 당황스러운 순간은 S제약회사에서 실제 일어난 에피소드이다. 면접관은 남성들이 주로 많이 일하고 있는 직군에 여성이 적응하기 위해 얼마나 적극적으로 노력할지 알아 보기 위해 춤을 춰보라고 주문한 것이다. 면접관의 질문의도를 명확히 파악하고 그에 적절히 대응하는 요령만 안다면 면접성공은 그리 어려운 고지가 아니다.

답변에도 요령이 있다

자신감이 있는 태도로 명료하게 답하라

취업에 있어서 가장 중요한 것은 자신감이다. 자신감은 자세와 표정에서도 나타나지만 답변하는 모습을 통해서도 나타난다. 일단 말을 끌지 않고 명료하고 명확하게 답변해야 한다. 애매하고 흐릿한 표현보다는 명확한 언어표현으로 강한 의지를 어필하는 것이다. 예를 들면 "~일 것입니다" 보다는 "~입니다"라는 표현으로, "~하도록 노력해 보겠습니다"보다는 "~하겠습니다"로 표현하라.

결론부터 이야기하라

면접에서의 모든 답변은 두괄식으로 말하라. 그것이 자신이 어필하고자 하는 주요내용을 빠르게 전달할 수 있는 방법이다. 결론이 무엇인지 알 수 없는 답변은 무용지물이다. 면접관은 하루에 정말 많은 면접자를 만나게 된다. 대부분의 면접자들은 자신이 개성 있고 특별하다 생각하겠지만 답변내용이나 소재는 실제로 그리 남다르지 않다. 장황하게 나열하는 답변들은 그저 소귀에 경 읽기처럼 들리기 쉽다. 면접관의 집중과 이해를 돕기 위해서는 주제어 + 근거 형태로 답변을 구성하라.

긍정적인 언어로 내면을 보여줘라

말은 그 사람의 마음을 반영한다. 긍정적인 사고를 가진 사람은 긍정적이고 적극적인 언어를 많이 사용하고, 부정적인 사고를 가진 사람은 무의식중에 '안 된다' '못 한다' '싫다'란 단어를 많이 사용하게 된다. 기업에서 선호하는 인재상에서 살펴봤듯이 긍정적인 인재는 기업문화를 활성화시키고 진취적이고 밝은 에너지를 줄 수 있다. '~ 신입으로서 아는 것이 없지만', '~ 아직은 능력을 발휘하지 못하겠지만'과 같은 표현은 금물이다.

긴장하되 주눅 들지 말라

취업컨설팅을 하다보면 면접 울렁증을 호소는 지원자들을 많이 만나게 된다. 그럴 때마다 꼭 이런 말을 한다. "오바마도 연설 전엔 긴장할 겁니다." 타인 앞에서 평가받는 것은 누구에게나 긴장을 불러일으킨다. 그것을 두려워 하지 않고 그 긴장감을 즐기는 사람은 극복할 수 있고 그렇지 못한 사람은 울렁증이 생길 것이다. 긴장이 없으면 지루하고 의욕이 떨어지기 마련이다. 심호흡을 통해 긴장을 조절하고 스스로를 응원하라.

오만과 편견 NG!

가끔 긴장하기는커녕 건방진 태도로 면접에 참여하는 지원자가 보이곤 한다. '붙어도 안 올 거야'라는 식의 오만한 태도는 그 사람의 진실성을 반감시키고 첫인상에서부터 부정적 편견을 갖게 만들기 때문에 탈락으로 가는 지름길이 된다. 영어 및 전공용어를 과남용하거나 너무 튀는 행동, 예의 없는 행동들 역시 주의하기 바란다.

'잘 듣는 것'이 힘이다

면접관의 질문을 끝까지 자세히 듣자. 질문의 의도를 파악하지 못한 답변은 하나마나이다. 말을 끝까지 듣고 질문 의도를 파악한 후 여유롭게 답변하기 바란다. 한 템포 쉬어가며 대답하는 것이 필요하다. 질문이 끝남과 동시에 답을 말하는 것은 성격이 급하고 깊게 생각하지 않는 사람으로 보이므로 잠시 생각을 정리한 후 한 템포 쉬어 답변하라. 또한 다른 면접자가 대답할 때에도 경청하는 모습을 보여라.

모르는 질문에도 성실히 답변하라

잘 모르는 질문에 꾸미거나 얼버무리지 말고 "모르겠습니다", "생각해보겠습니다" 라고 대답하라. 아는 데까지는 최선을 다해 답변하려 노력하는 모습을 보여주는 것이 중요하다. 또 질문을 잘 이해하지 못했을 때에는 당황하거나 머뭇거리지 말고 "죄송합니다만, 질문 내용을 제대로 이해하지 못했습니다." 라고 정중히 되묻는다.

면접답변 기본공식

면접장에선 많은 면접자들이 긴장을 하게 되기 때문에 평소 논리적이고 조리 있던 말솜씨도 꼬이기 쉽다. 면접장에 꼭 가져가야 할 답변의 기본공식이 있다. 여러분이 아무리 긴장되고 당황스럽더라도 이 기본공식을 활용하여 답변한다면 좀 더 여유있고 논리적으로 보일 것이다.

- '예, 아니오' 라고 분명하게 답변한다.
- 결론부터 제시하고 단문중심으로 답변한다.
- 한마디로 말씀드리면(결론), 예를 들면(구체적인 예), 그래서(확인), 왜냐하면(근거)
- 마무리는 "이상입니다.(끝)"
- ~했습니다. 그렇습니다. → 문장의 끝은 "다"로 마무리
- 제 생각은 이렇습니다.
- 쿠션어를 사용하라. → 괜찮으시다면, 실례지만, 죄송합니다만……
- 자존심 상하는 질문에도 미소로 답변할 것.

- **면접 말하기 Tip**
- 중요한 이야기는 가장 먼저
- 예고하며 말하기
- 3단 구성을 취하며 말하기
- 번호를 이용하여 말하기
- 정리하여 다시 말하기
- **면접 목소리 Tip**
- 크게 말하기
- 천천히 말하기
- 정확한 발음으로 말하기

10 예상면접질문을 만들자

"나열정 씨, 자신의 성격의 장점이 뭐라고 생각하나요?"

불과 몇 달 전만 해도 매번 등장하는 이 질문에 당황하며 자기소개서 내용을 외워서 읽듯이 자신 없게 말했던 적이 있었다. 하지만 이번은 달랐다.

"네, 저의 장점은 새로운 경험을 좋아한다는 것입니다. 그래서 경마 장 매표 아르바이트부터 백화점 주차안내요원까지 제 나이에 비해 꽤 다양한 사회경험들을 했습니다. 이런 경험에서처럼 끊임없이 변화하는 핸드폰 산업에서도 새로운 것을 빠르게 흡수하여 프로젝트를 수행하는 모습을 보여드릴 것입니다."

나열정 양은 면접통보를 받고 나서 제일 먼저 예상 질문을 만들었다. 항상 받는 질문인데도 제대로 말하지 못해 아쉬웠던 질문도 모아 답변들을 미리 연습했는데 이번 면접에서 제대로 효과를 본 모양이다.

면접에서 신입구직자는 지원기업에 대한 열정이나 관심을 묻는 질문을, 경력 구직자는 지원분야 경력 및 전문지식을 요구하는 질문을 가장 많이 받는다. 그 다음으로 앞으로의 포부나 각오, 인생 경험 등을 질문한다. 이제까지의 면접 질문들을 조사해 보면 자신이 받을 질문을 추측하기란 어렵지 않다. 면접 예상 질문을 찾고 답변을 준비하는 것은 면접에 임하는 구직자의 필수 자세이다. 이제 면접 예상 질문을 찾고 또 답변하는 방법을 알아보도록 하자.

면접 질문의 80%는 입사지원서에서 나온다

면접족보 찾느라 인터넷을 헤매지 말라

면접통보를 받게 되면 구직자들이 제일 먼저 하는 행동이 무엇인지 아는가? 바로 인터넷 검색창에서 면접족보를 찾는 일이다. 그 귀중한 시간을 인터넷 카페를 파도타기하며 낭비하지 않기를 바란다. 앞서 면접은 과거를 통해 미래를 예측하는 첨단 기술이라 말한 바 있다. 즉 면접자의 과거 경험 등을 통해 그 사람의 미래의 행동을 예측하게 되는 것이다. 타인의 과거와 미래에 대한 질문에 호기심을 갖지 말고 자신의 과거와 미래에 대한 질문을 생각해 보라.

입사지원서 글들이 때로는 덫이 된다

실제 면접현장에서 대부분의 질문은 입사지원서와 면접 시작 시 말한 자기소개(1분 스피치)에서 출제된다. 그러므로 입사지원서에 적은 내용에 대해서는 잘 숙지하고 있어야 하며 면접관에게 꼬투리 잡힐 만한 자신의 취약점을 언급하는 일은 없어야 한다. 입사지원서에 적은 한 줄 한 줄이 자신을 덫으로 몰고 갈 수 있으니 신중하게 작성하고 면접 전에 꼭 꼼꼼히 살펴봐야 한다.

입사지원서에서 파트별 예상 질문 뽑아내기

자신이 면접관의 입장이 되어 면접관의 관점에서 입사지원서를 분석하여 예상 질문을 파트별로 만들어 보아라. 이때 친구나 스터디 그룹 동료에게 도움을 받는 것도 좋은 방법이다. 면접 전에는 꼭 입사지원서 파트별 예상 질문을 만들어 노트에 정리하고 그에 바람직한 답변들을 생각하고 소리 내어 답변하는 연습을 해 보라.

까다로운 면접, 그 의도를 파악하라(면접질문 유형 분석)

충성도 시험형

- 잦은 야근 때문에 대인관계가 소홀해진다면?(엔씨소프트)
- 야근 많고 철야도 필요한데 근무가능한가?(다음)
- 회사에서 이상한 업무를 시킨다면 어떻게 할 것인가?(현대중공업)

경력 로드맵 형

- 회사에서 10년 뒤 자신의 모습을 그려보라.(메리츠화재해상)
- 3년, 5년, 10년 후 자신의 모습 얘기해 보라.(LG CNS)

황당형

- 앞산을 100미터 옮기기 위한 가장 효율적인 방법은?(SK케미칼)
- 날아오는 총알을 잡으려면 어떤 방법이 있겠는가?(두산)
- 시각장애인에게 노란 색을 설명해 보라.(두산)

시사 이슈형

- 비정규직에 대한 견해는?(포스코)
- 한·미FTA로 우리 회사가 타격받을 것인가?(대동공업)

문제해결형

- 고객이 불필요한 요구를 계속 하면 어떻게 하겠는가?(한국휴렛팩커드)
- 난동을 피우는 고객을 어떻게 하겠는가?(하나은행)
- 사막이나 극지방을 여행하는 데 필요한 세 가지는?(동부제강)

• 반드시 나오는 면접질문 답변 전략

Q1. 자기소개 해보세요.

질문의도〉

– 구체적인 지원자에 대한 정보 수집.

– 면접 준비 정도 파악.

– 지원자의 성품, 경력, 직무관련 경험들이 지원직무와 기업에 어떤 기여를 할 것인지 확인.

답변전략〉

– 1분, 3분 스피치 분량의 자기소개를 미리 준비.

– 자신을 기억할 만한 캐릭터나 상징문구 준비.

– 가족사, 출생년도로 시작하는 자기소개는 금물.

– 강점중심의 자기소개 : 강점을 3가지로 요약하고 사례를 근거로 제시.

– 지원분야와 상관된 자기소개 : 지원분야와 관련된 자신의 기술, 지식, 성향 등을 설명.

– 성공경험담을 이용한 자기소개 : 업무 능력과 연관.

실전〉 나의 답변은?

Q2. 당신의 장점과 단점은 무엇입니까?(성격의 장단점 포함)

질문의도〉

– 지원자의 스타일 분석.

– 가치관과 직업관(사회관) 확인.

– 자기이해 정도 및 자기표현력 평가.

답변전략〉

– 업무수행과 관련된 장점을 설명.

– 장점위주로 작성하고 단점을 말할 때는 꼭 극복방법을 언급할 것.

– 극단적인 단점은 말하지 않는다. 면접장은 절대 고해성사를 하는 곳이 아니다.
   예) 내성적, 융통성이 없음 등.
 – 추상적이고 식상한 단어사용 금물. 예) 성실함, 사교적 등.

Q3. 왜 우리 회사에 지원하게 된 동기가 뭡니까?

질문의도〉

– 묻지 마 지원자 걸러내기.(사전 준비도 파악)

– 지원동기가 명확하지 않을 때 주로 하는 질문.

– 기업에 대한 관심도 파악 및 입사 의지 확인.

– 조기 퇴사의 가능성 확인.

답변전략〉

– 지원회사 정보 최대한 활용.(홈페이지, 기사 검색, 주위 인맥 등을 통해 충분한 조사 필요)

– 입사지원 동기 : 일(직무)에 대한 관심을 강력히 나타내라.

– 일에 대한 전문성이 키워드이다.

– 회사에 대한 애정과 충성도를 보여라.

– 대기업, 복지 좋은 기업, 유명한 기업 이라는 답변은 금물.

실전〉 나의 답변은?

Q4. 학창시절 의미있는 경험을 얘기해 보세요.

질문의도〉

– 적극적이고 활동적인 성격인지 확인.

– 다양한 경험을 해본 사람인지 확인.

– 직무관련 경험, 능력 보유 여부.

답변전략〉

– 에피소드 위주로 서술하되 핵심은 지원직무와 연관 지어 제시할 것.

– 단순한 경험 말고 자신의 역할과 성과를 함께 언급함으로써 자신의 강점을 어필할 것.

– 단순 사건의 나열은 금물.

– 다양한 경험을 통해 배운 점을 강조할 것.

실전〉 나의 답변은?

Q5. 장래 포부 · 입사 후 포부는 무엇입니까?

(5년, 10후의 목표가 무엇입니까? 경력 목표가 무엇입니까?)

질문의도〉

– 어떤 목표를 가지고 우리 회사에 입사를 하고자 하는가?

– 입사한 후 구체적인 경력계획 여부.

– 신입사원의 자세가 되어 있는지 확인.

– 현실감이 있는 지원자인지 확인.

답변전략〉

– 경력 목표를 실행해 가는 과정으로 지원함을 설명.

– 입사 후 포부 : 나의 성장보다 회사의 성장이 우선임을 어필.

– 현실적인 비전과 목표를 정한 후 단계별 수행과제를 제시하여 자신의 열정과 의지를
  어필.

– 학습 계획을 나열하지 말 것.

(절대 회사는 공부하는 곳이 아니다. 이익과 성과를 추구하는 집단임을 잊지 말라.)

– 신입사원으로서 부족한 면은 말하지 말 것.

– 무조건 열심히 노력하겠다는 말도 하지 말 것.

Q6. 마지막으로 하고 싶은 말은?

질문의도〉

– 기회를 얼마나 잘 활용하는가?

– 적극적인 성격의 소유자인가?

– 마지막으로 자기PR의 기회 제공.

답변전략〉

– 마지막 찬스를 잡아라.

– 최대한 기억에 남길 수 있는 답변을 미리 준비하라.

– 준비해 왔으나 말하지 못한 자신의 강점을 어필하라.

– 자기 PR을 다시 한 번 해도 된다.

– 너무 길게 말하는 것은 더 마이너스 요인이 될 수 있다. 30초~1분 이내로 짧게 이야기
하라.

실전〉 나의 답변은?

11 압박면접, 황당질문 대처법

Key Points
- 압박면접은 지원자의 위기대처능력, 순발력, 창의성 등을 평가하려는 의도이다.
- 표정변화에 유의하라. 흥분하거나 감정적인 대처를 해서는 안 된다.
- 당황하지 말고 차분하게 답변하라.

CASE

"전공 학점이 별로군요. 학교 다닐 때 공부를 많이 안했나 보죠?"

면접관의 직설적인 질문은 나열정 양을 당황하게 했다. 평점도 높은 건 아니지만 특히 전공에서 학점이 낮은 과목이 있어 평소 걱정을 하고 있었는데 그 질문을 바로 받게 되니 어찌 해야 할지 모를 정도로 당황스러워하는 나열정 양. 정말이지 왜 이렇게 학점관리를 엉망으로 했는지 자신이 원망스럽고 당장 이 자리에서 벗어나고만 싶은 심정이다.

'면접관들이 당황하는 내 표정을 봤을까?' 하는 생각이 들자, 굳어 있는 표정을 풀고 자연스러운 미소를 지으며 최대한 머릿속으로 생각을 정리해 본다. 이런 공격적인 질문을 받을 것이라고 예상하고도 왜 그

답은 생각해 보지 않았는지 지금 엄청난 후회를 하고 있다.

면접에 참여해서 자신의 약점을 파고드는 면접관의 질문에 기분이 상했거나 어이없고 황당한 질문에 멍하니 면접관만 바라보는 경우도 많다. 심층면접을 진행하는 기업들이 많아지면서 압박면접이 면접현장에서 많이 진행되어 지원자들을 긴장과 공포에 몰아넣고 있다. 압박면접, 황당 질문의 형태와 대처요령만 안다면 얼마든지 그 공포에서 벗어날 수 있다. 압박의 공포에서 벗어나게 해줄 해결책을 찾아보자.

압박면접이란 이런 것!

압박면접의 특징

대응하기 힘든 난처한 질문을 하거나 약점을 공격하고 정답이 없는 질문 등을 던짐으로써 면접자들을 스트레스 상태에 놓이게 한다. 그래서 압박면접은 다른 말로 스트레스 면접이라고도 한다. 스트레스 상태를 어떻게 받아들이고 극복하는지를 분석하여 평가하게 된다.

개인의 약점을 묻는 질문

'공백 기간에 뭐했나요?' '학점이 좋지 않군요' '성격이 내성적이라고 썼네요. 그래서 사람들이랑 일할 수 있겠어요?' '토익점수가 낮아서 영업파트 지원한 건가요?' '전공공부 안했나 봐요?' '인상이 서비스직 하기엔 별로 안 좋은데?' '나이가 좀 많은 것 같은데 어떻게 생각해요?'

와우~, 듣기만 해도 스트레스가 쫙 올라오는 느낌이 들지 않는가. 사람은 누구나 자신의 약점을 바로 지적받게 되면 당황하기 나름이다. 이런 질문을 받으면 그냥 면접장을 뛰쳐나가고 싶은 마음이 생기기도 한다. 그러나 흥분하여 감정적으로 대처하면 면접을 망칠 수 있으니 지금 이 순간은 면접 현장이며 자신은 테스트를 받고 있는 것임을 기억하고 유연하게 대처해야 한다.

개인의 순발력을 평가하는 답 없는 질문

'애인과 1주년 기념으로 이벤트를 준비한 날 저녁 상사가 야근을 해야 하는 업무를 주었을 때 어떻게 할 건가?' '서울의 바퀴벌레가 몇 마리인가?' '탁구공에 박혀있는 원은 몇 개인가?' '다른 회사도 응시했나?' '경쟁사와 동시에 합격했다면 어딜 선택할 것인가?' 답은 없지만 순발력이 매우 필요한 질문이다. 질문에 대한 요지를 빠르게 간파하고 질문에서 여러 형태로 해석이 될 수 있는 요소들을 되물어 질문을 간소화 한 후 조리 있게 답변해야 한다. 이런 질문은 답이 없기 때문에 정답을 찾으려는 것보다 자신만의 개성과 논리력을 발휘하면 된다.

압박면접은 적당한 긴장과 집중력이 필요하다

그들의 페이스에 말려들지 마라

면접은 인재를 뽑기 위한 과정이 아니다. 이 회사에 오고자 하는 많은 후보들을 떨어뜨려 최소화하기 위한 단계이다. 그러니 면접관을 절대 여러분의 편으로 오해하지 말라. 설령 밝은 미소와 친근한 목소리로 질문을 하더라도 그들의 머릿속에선 뭐가 잘못됐지, 어떻게 떨어뜨리지 하는 생각만 가득하다. 절대 그들의 페이스에 말려선 안 된다. 말꼬리 잡기, 비난하기, 약점공격하기 등 상대가 수많은 기술을 자유자재로 펼치더라도 절대 그 속임수에 걸려들지 말라. 상대방의 헛다리짚기에 속아 한순간 공이 우리의 골대를 향해 달려가는 걸 황당한 표정으로 멍하니 바라봐야 할 수도 있다. 면접관은 탈락시키기 기술자임을 잊지 말아야 한다.

당황하지 말고 차분히 답변하라

순간 공격을 당한다는 느낌이 들면 사람들은 당황하고 그래서 자신도 모르게 표정이 굳거나 불쾌감을 표현하게 된다. 압박면접 시에는 표정변화에 더욱 유의해야 한다. 당황스런 문제해결책을 물을 때는 정답이 아니더라도 재치 있게 차분히 대답하도록 하며 잘 모르겠다며 얼버무리는 것은 피해야 한다. 차분하게 자신의 목표점, 자신이 처음 설정한 콘셉트와 어필하고자 하는 자신의 가치를 이야기하라.

긴장 속에서 진실한 모습을 볼 수 있다

지원자가 임기응변을 얼마나 잘 하며, 문제해결능력이나 대처능력 등은 어떠한지, 대담성이나 적극성 등은 어떠한지 지원자의 다양한 태도를 보기 위해 이러한 면접을 시행하는 경우가 있다. 특히 편안하거나 꾸며진 상황보다 긴장을 주면 더 진짜의 모습을 볼 수 있다고 생각하여 의도적으로 압박면접이나 황당 질문을 하는 경우가 있으니 너무 당황하지 말라. 그리고 조금이라도 더 자신의 진실한 모습을 보여주려고 노력해야 한다. 예를 들어 자신의 단점에 관한 질문을 한다면 반론을 하는 것 보단 솔직히 인정할 부분은 인정한 뒤 단점을 극복하기 위해 어떻게 노력했는지 꼭 덧붙이도록 한다.

Check! Check! Check!

압박-황당 질문 예시

- 가장 취직하고 싶은 회사는 어디입니까?
- 귀하는 왜 아직까지 취업을 하지 못했습니까?
- 1년 공백 기간이 있는데 어째서입니까?
- 내부 고발자에 대해서 어떻게 생각합니까?
- 입사하면 언제 그만둘 겁니까?
- 우리 회사에 맞지 않는 것 같은데요?
- 전공과는 전혀 달라 힘들 것 같은데요?
- 평소 자기관리는 잘 안하시나봐요?
- 우리 회사에 지원하기 전에 몇 번이나 떨어져 봤습니까?
- 지금까지 사고친 일이 있습니까?
- 상사가 하는 일마다 간섭하고 괴롭힐 때 그를 골탕먹일 방법은?
- e-mail 주소를 그렇게 정한 이유는 무엇인가요?
- 다른 회사도 응시했죠?
- 맨홀 뚜껑이 동그란 이유가 뭘까요?
- 지금 생각나는 단어 세 개만 말해보세요.
- 부메랑이 돌아오는 이유는?
- 골프공에 박혀 있는 구멍의 수는?

12 면접 시 최악의 NG!

Key Points
- 면접은 예절이다. 소중한 사람의 집에 방문한 것처럼 최대한의 예의를 지켜라.
- 면접과 무관한 모든 행동을 멈춰라. 그리고 면접에만 집중하라.
- 면접 전 꼭 자신의 준비를 확인하라.

CASE

왠지 이 면접 또 떨어질 것 같은 안 좋은 예감이 든 나열정 양은 좀처럼 면접에 집중하기 어렵다. 5분 정도 늦어 헐레벌떡 뛰어 들어오느라 준비해 온 예상 질문도 체크해 보지 못했고 옷매무새를 정리할 시간이 없어 바로 면접장에 입장했더니 약간 돌아간 치마가 신경이 쓰여 계속 그쪽에 손이 간다.

자기소개를 하고 난 이후로는 머릿속이 백지장이 되었고 멍하니 바닥만 보고 있다. 근데 갑자기 주위가 조용한 듯해 정신을 차려보니 모두들 열정 양을 바라보고 있는 게 아닌가? 열정 양에게 면접관이 질문을 건넨 것이다.

"네? 죄송합니다. 못 들었습니다."

면접관은 황당한 표정으로 다시 한 번 질문을 한다.

"옆 사람이 말한 의견에 대해 어떻게 생각합니까?"

"아, 그게…… 저기……."

얼른 대답하지 못하자 면접관은 다른 지원자에게 질문을 넘겼다.

면접현장에선 모든 것이 평가의 요소가 될 수 있다. 매우 긴장되는 순간이기 때문에 주의를 기울이지 않으면 자신도 모르게 실수를 하는 경우가 많다. 우리 주변에서 작은 실수로 면접에서 탈락한 사람들의 이야기는 얼마든지 있으니 말이다. 알면서 집중하지 못한 실수도 있지만 잘 몰라서 익숙하지 않아서 한 행동이 큰 마이너스 요소가 될 수도 있다. 면접에서 절대 해서는 안 되는 행동들에는 어떤 것이 있는지 함께 살펴보고 꼭 기억하도록 하자.

면접에서 절대 하지 말아야 할 20가지

① 지각하지 마라(15분 전에 도착하도록 한다).

② 앉으라고 하기 전까지 앉지 마라.

③ 대화중에 옷을 매만지거나 머리를 긁지 마라.

④ 수식어를 지나치게 사용하지 마라.

⑤ 면접관의 시선을 피하며 다른 데로 돌리지 마라.

⑥ 혹 답변을 잘못했나 싶어서 주위를 살피지 마라.

⑦ 면접관의 책상 위 서류에 신경 쓰지 마라.

⑧ 농담하지 마라.

⑨ 장황하게 대답하지 마라.

⑩ 고개를 숙이거나 먼 산을 보지 마라.

⑪ 답변을 얼버무리지 마라.

⑫ 자신 있다고 빨리, 큰소리로 너무 많이 말하지 마라.

⑬ 면접관이 서류를 검토하는 동안에는 말하지 마라.

⑭ 면접관을 이기거나 압도하려고 하지 마라.

⑮ 면접장에 타인이 들어오더라도 일어서지 마라.

⑯ 대화를 질질 끌지 마라.

⑰ 연설하는 식으로 또는 군대식으로 말하지 마라.

⑱ 자신의 배경을 들먹이지 마라.

⑲ 최종결정이 날 때까지 급여에 대해 말하지 마라.

⑳ 전 직장에 대해 비판하지 마라.

Check! Check! Check!

다음 제시된 체크리스트는 면접 전 꼭 해야 할 일들을 정리한 것이다. 자신의 면접준비가 얼마나 완벽한지 확인해 보자.

항목	영역	확인사항	Check
서류 합격 후 면접 2일 전까지	회사 정보 수집	상호 및 사업 분야	
		지원분야	
		홈페이지	
	시사 정보 스크랩	신문, 뉴스, 잡지 등	
	예상 질문 작성	교우 관계 관련	
		동아리 활동 관련	

항 목	영 역	확인사항	Check
서류 합격 후 면접 2일 전까지	예상 질문 작성	취미·여가 관련	
		인생관 관련	
		나의 성향 관련	
		지원동기 관련	
		업무능력	
		팀워크 관련	
		상사와의 관계 관련	
		스트레스형 질문(답변이 곤란한 질문)	
면접 1일 전	제출 서류 검토	입사지원서 내용 숙지	
	면접 리허설	예상 질문에 대한 답변 연습	
	면접 코디 준비	정장	
		얼굴(메이크업)	
		셔츠 (블라우스)	
		넥타이	
		양말 (스타킹)	
		구두	
	소지품 준비	회사 요구 서류 (준비물)	
		수첩, 필기구	
		입사지원서 출력본	
		성적·졸업(예정)증명서	
		손목시계	
		손수건, 화장지	
	면접장까지의 이동	면접장소 위치	
		교통편	
		소요시간	
면접 당일 면접장 도착 전	코디 점검	구두 상태	
		정장 상태	
		헤어스타일 상태	
		손톱 상태	
	소지품 점검	준비된 소지품 지참	
	신문	당일 일간신문 읽기	
면접장 대기	면접 30분 이전 도착	시간 준수	
	휴대폰 off	휴대폰 off 상태 확인	
	최종 점검	입실 전 전체적인 점검	

13 면접스터디 100% 활용하기

CASE

나열정 양은 입사지원서를 고치다 커피 생각에 학교 전산실을 나왔다. 도서관 입구에서 커피 자판기 앞에서 동아리 선배인 한성공 선배와 마주쳤다. 한성공 선배는 최근에 전공을 살려 대기업 S사 R&D 분야에 최종합격하였다.

'취업했다는 소식은 들었지만 표정이며 스타일이며 때깔이 좋아진 것이 예전과 다르네…… 아, 부럽다!'

나열정 양은 반가우면서도 지푸라기라도 잡는 심정으로 "오빠, 어떻게 취업준비했어요? 저 좀 도와줘요~~"라며 불쌍한 척 애교를 부려본다.

"너 취업스터디는 하니? 그거 꽤 도움 많이 돼. 혼자 하는 것보다 더 체계적이고 동기부여도 되고 자극도 받고 말이야."

한성공 군은 1년간 타겟 기업과 희망직무가 유사한 공대생을 모아 취업스터디를 운영했다. 구체적인 목표를 세워 자격증 시험과 면접 스터디를 겸했다. 면접대비를 위해 기사를 스크랩하고 서로 부족한 점을 보완해 주며 스터디를 운영하였고, 결과적으로 스터디를 함께 했던 친구들 모두 원하는 기업에 입사하게 되었다. 나열정 양도 오늘부터 취업스터디를 찾아야겠다고 생각해 본다.

점점 까다롭고 다채로워진 기업의 채용방식에 대비해 많은 구직자들이 취업스터디를 활용하고 있다. 공모전 준비에서부터 압박면접 대비, 특정기업 입사준비, 공기업 대비 등에 이르기까지 그 종류도 다양하고 수도 매우 많다. 그러나 모든 취업스터디가 잘 운영되는 것은 아니다. 의욕 충만해서 구성한 취업스터디가 시간이 흐르면서 취업이나 혹은 다른 진로로 빠져나가는 사람들이 하나둘씩 생기며 흐지부지 되어버리는 경우도 많다. 그래서 취업스터디는 구성한 것 자체가 대단한 게 아니라 그것을 얼마나 효율적으로 운영하고 효과를 보느냐가 더욱 중요하다. 최근 '취업스터디 활용'을 주제로 한 설문자료(출처:사람인)에 따르면 여러 취업스터디 중 가장 도움이 된 스터디는 바로 면접스터디(65.7%, 복수응답)라고 한다.

채용관련 정보 교류

취업을 준비하는 구직자들은 실전을 위해 굉장히 많은 정보들이 필요하다. 지원하는 직무에 대한 전문지식뿐만 아니라 타겟 기업에 대한 정보, 요즘 채용시장의 분위기, 입사지원 및 면접 시 유의해야할 사항, 그리고 최근 올라온 채용공고 등. 이렇게 폭넓은 구직정보를 혼자서 다 정리하기란 쉽지 않다. 수집된 정보들은 걸러내어 자신에게 필요한 정보인지를 파악하고 검증하는 데는 상당한 시간이 걸리기 마련이다. 그러나 같은 목표를 갖고 같은 처지에 있는 사람들과 모여 정보를 교류하고 고급정보와 황색정보를 걸러내는 것은 시간과 결과적 측면에서 매우 효율적이라고 할 수 있다.

〔취업 스터디를 통해 얻은 것〕

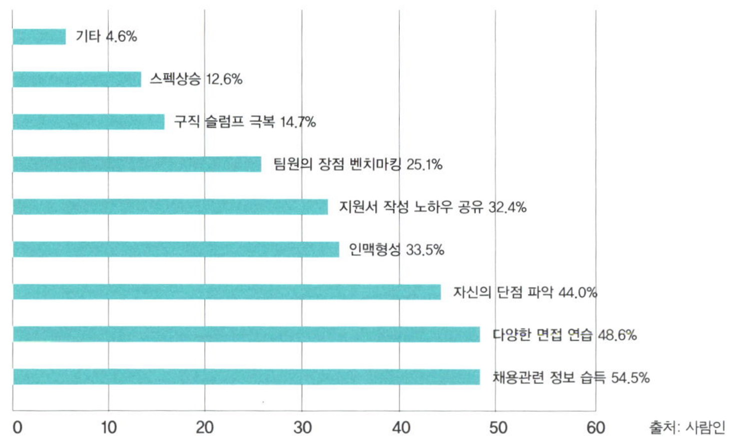

다양하고 이색적인 면접에 대한 준비

앞서 최근 채용변화 중 하나로 면접방식의 다각화를 이야기 한 적이 있다. 지금까지 살펴봤던 PT면접, 토론면접, 영어면접, 압박면접 외에도 합숙 면접, 술자리면접, 시뮬레이션 면접, 요리면접 등 보다 이색적인 면접 형식들이 많이 선보이고 있다. 면접 형식과 내용에 관한 정보를 확보하고 연구하여 스터디 구성원들과 경험해 본다면 새로운 방식의 면접에 어색함과 당황함 없이 대비할 수 있다.

자신의 단점 파악과 극복

면접관의 눈에는 바로 띄지만 자신은 잘 몰라 면접에서 실수하는 경우가 많다. 네 번째 이야기에서 논의했었던 무의식적인 습관(언어습관 및 표현, 행동 등)과 같은 것은 면접에서 치명적인 약점이 될 수 있기 때문에 스터디를 통해 확인하고 극복할 수 있다. 구성원끼리 연습을 통해 상호 미흡한 부분을 지적해 주고 피드백을 함으로써 상호 수정·보완하여 실전에서 실수가 없도록 준비해야 한다. 그런 면에서 스터디를 참여할 때는 지적의 달인이 될 필요가 있다. 취약점을 알려주는 것은 서로를 험담하는 것이 아닌 동반성장을 위한 지름길임을 서로 이해할 필요가 있다.

실전을 위한 Practice! Practice! Practice!

취업을 하는 데 있어 큰 장벽이 없을 것 같은 친구들이 자신이 왜 아직도 미취업인지 그 이유를 몰라 찾아오는 경우가 많다. 단순한 스펙이나 말을 좀 잘 하는 스타일이라는 것만으론 취업은 쉽지 않은 과제다. 스스로 준비를 많이 했다고 외치면서도 실전에 갔을 때 입 한 번 못 열고 오는 구직자들이 수두룩하니 말이다. 많은 구직자들을 현장에서 컨설팅하고 상담하면서 찾은 진리 중 하나는 '경험은 거짓말을 못 한다'는 것이다.

많은 취업준비생들이 실전과 같은 모의면접과 면접클리닉을 통해 매우 많은 변화를 갖고 오는 것을 보아왔다. 뿐만 아니라 실전과 같은 시뮬레이션을 경험함으로써 면접에 대한 두려움을 극복하고 자신감을 다지는 경우들이 많았다. 실제 면접장과 비슷한 분위기 속에서 면접관과 면접자가 되어 인성면접, 프레젠테이션 면접, 토론면접 등을 해보게 되면 자신의 단점을 파악하는 것뿐만 아니라 자신만의 강점을 발견하고 스피치 노하우도 가질 수 있다.

스마트한 면접스터디 운영법

면접스터디 그룹 결성하기

지원직종이 유사하거나 같은 기업에 입사를 희망하는 사람들을 모아 스터디 그룹을 결성하는 것이 좋다. 성비를 비슷하게 해서 4명 이상 짝수로 구성하며 온라인 카페나 블로그, 학교 취업부서 홈페이지 등을 통하여 공고를 하여 결성한다. 취업스터디에서는 리더의 역할이 매우 중요하므로 이전에 취업스터디 경험이 있는 사람이나 커뮤니케이션이 뛰어난 사람을 뽑는다. 리더는 스터디 공간, 시간, 장비 등에 관한 준비를 주관하게 된다.

면접스터디 운영방법

면접 날까지 남은 시간 동안의 계획을 짜고 스터디의 성격이나 목적에 따라 추가해야할 내용을 확인하여 반영한다.

- 진행시간 : 주 2회 이내, 일 1~3시간 이내가 적당
- 운영방법 : 온라인 커뮤니티를 조직하여 정보교류, 일정 및 과제 등을 업그레이드함으로써 체계적으로 운영.

면접유형별 스터디 운영 내용

면접유형	내 용
인성면접	• 면접관－관찰자－면접자로 구성하여 질의응답 스피치 연습. • 면접관－면접자를 다수:다수, 다수:1로 구성하여 예상질문을 바탕으로 모의면접 실시. • 미리 입사지원서를 분석하여 예상질문을 만들고 그에 적절한 답을 고민해 오도록 함. • 지원하는 기업 및 직무에 자주 출제한 질문 조사.
PT면접	• PT면접에 많이 등장하는 주제들을 선정하여 개인 생각 정리 및 의견교류. • 사전에 공통 주제를 정하고 각자 PT할 내용을 정리하여 진행하는 방법. • 각자 다른 주제를 정하고 PT를 실제 진행한 후 서로 의견을 교류하는 방법.
토론면접	• 주 1회 최근 이슈화 되는 주제를 선정하여 관련 자료를 온라인에 게재, 각자의 의견 모으기(온라인) → 상식 쌓기 • 리더가 사전에 온라인 커뮤니티에 주제를 선정하여 올리고 각자 자신의 의견을 정리하여 토론을 진행하는 방법. • 즉석에서 주제를 정하여 토론을 진행하는 방법.
영어면접	• 1분 스피치, 지원동기 등 주요 질문과 답변을 준비하여 진행. • 실제 면접처럼 즉흥적으로 질의응답 하는 방법.
공통	• 구성원 간의 상호 피드백. • '면접 스스로 평가지' 작성을 통한 면접대비 계획 수립 및 수정.

전문가와 최종 모의면접 하기

구성원들 간 상호 피드백을 받고 수정작업을 거쳤지만 꼭 마무리로 취업전문가에게 클리닉을 받아보는 것이 좋다. 전문가의 눈을 통해 좀 더 고차원적인 부분을 점검 받을 수 있으니 최종모의면접을 받아보길 추천한다.

• 면접스터디 운영상 주의할 점

❶ 적당한 의무감을 부여할 수 있는 체계를 수립하라. 한두 명의 지각이나 불참이 전체의 사기를 떨어뜨릴 수 있다. 약간의 책임감을 부여해야 한다.

❷ 면접질문에 대한 바람직한 답변의 방향을 같이 고민하라. 면접에선 어떤 질문이 나올지 모른다. 그런 만큼 각자에 대한 예상질문에 대해 가장 좋은 답변들을 같이 논의하고 모색해 보는 것이 중요하다.

❸ 지원기업의 실전면접과 유사한 프로세스로 학습방법을 선택하라. 실전과 같이 연습해야만 현장에서 실수가 없으며 효과적이다.

❹ 지속적인 피드백이 필요하다. 한두 번의 연습으론 부족하다 여러 번 연습을 통해 상호 피드백을 하고 지적된 사항에 대해 추후 수정되었는지 지속적으로 확인하는 작업이 필요하다.

❺ 면접스터디 에티켓을 지키자. 취업의 중요성이 강조되면서 스터디그룹이 많이 생겨나고 있다. 그런데 최근 길을 가다 카페 앞에 "취업스터디 모임 사절"이란 안내표지가 붙은 것을 발견한 적이 있다. 대학 인근 카페에 스터디 모임이 모여서 장시간 자리를 차지하고 소음을 발생시키거나 정리정돈을 하지 않아 영업에 방해가 될 뿐 아니라 타인에게 피해를 준다는 것이 이유이다. 이런 문제가 TV뉴스에서도 다뤄질 정도로 문제로 대두되고 있다. 여러분만을 위한 공간이 아닌 만큼 기본 공공 예절을 지켜주기 바란다.

• 모의면접 시 활용하면 좋은 면접평가표

〈면접 체크리스트〉

구분	내 용	Check
태 도	호명이 되었을 때 "네" 대답과 '인사'를 잘 하는가?	
	앉아 있거나 서 있을 때 자세는 올바른가?	
	얼굴 표정이나 인상이 밝은가?	
	복장이나 헤어스타일 등 외모 상태는?	
	대답을 할 때 면접관의 눈을 보고 이야기 하는가?	
	면접을 진행하는 과정에서 여유 있고 긍정적이고 자신감 있는 태도를 유지하는가?	
	말할 때 목소리의 크기는 적당한가? 너무 빠르거나 느리게 이야기하는가?	
면접답변	본인의 경력이나 경험을 설명할 때 추상적이지 않고 지원 직종과 연관된 경력이나 경험을 구체적으로 설명하는가?	
	본인의 장점과 강점, 능력 등을 지원 직종과 연관되게 설명을 하는가?	
	지원 동기에 대한 답변이 구체적이고 설득력이 있는가?	
	면접관의 질문을 듣고 잘 이해하며, 질문에 맞는 답변을 조리 있게 하는가?	
	본인이 원하는 직종에 대한 열정과 미래 계획이 있는가?	
퇴 실	면접 후 퇴실 할 때 "감사합니다"란 인사를 하였는가?	
	면접 후 퇴실할 때 자세는 흐트러지지 않았는가?	

〈면접 스스로 평가하기〉

모의면접 혹은 실전면접이 끝난 후 전문가, 관찰자, 자신 스스로의 생각을 종합하여 면접에서 잘한 점, 개선점을 적어보고 앞으로의 면접에 대비해 계획을 수립해 보자.

면접일	20 . .	지원분야		이름	
잘한 점					
개선할 점					
앞으로 계획(면접대비 위한 구체적인 계획)					

14 취업상담 Q&A
– 대한민국 대표 커리어 컨설턴트와의 JOB談(잡담)

Q1

울렁증이 심한 제가 어떻게 해야지 사람들 앞에서 떨지 않고 말을 할 수 있을까요? 사람들 앞에서 입만 열면 목소리가 갑자기 염소 소리 마냥 에엥엥 에에엥 떨리기만 합니다. 나름대로 목소리를 크게 낸다고 냈는데 계속 크게 얘기하라는 면접관의 재촉에 스스로 더 위축되는 것 같아요. 저 이러다 정말 영원히 취업을 못하는 건 아닐까요?

A

자신감을 가지려면 자신에 대한 철저한 분석이 먼저 이뤄져야 합니다. 자신의 강점과 특기는 무엇인지, 장차 어떤 일을 하고 싶은지, 인생에서 가장 큰 실패와 성공은 무엇인지 등에 대해 스스로 묻고 답하는 시간을 가져보세요. 이때 중요한 것은 취업을 반드시 해야 하는 명확한 이유가 있어야 합니다. 그리고 면접은 나를 PR할 수 있는 좋은 기회라는 적극적이고 긍정적인 생각으로 접근해야 합니다. 특히 이 과정은 자기소개나 지원동기, 입사포부 등을 쓸 때에도 유용하게 쓰입니다. 마음가짐과 태도를 다잡았다면 지원기업에 대한 철저한 사전조사를 시작하세요. 회사에 대해 많이 아는 만큼, 답변의 소재도 풍성해지기 마련입니다. 입사희망 기업의 사업 분야와 비전, 성장 동력은 기본으로 파악하고, 업계 동향이나 주요 이슈까지도 명확하게 알고 있어야 합니다.

마지막으로 긴장감을 극복하기 위해서는 연습에 연습을 거듭해야 합니다. 실제 면접과 가장 유사한 환경을 만들어 실전처럼 적응훈련을 해보세요. 만약 그래도 울렁증이 사라지지 않는다면 '내가 이 회사에 입사해야 하는 다섯 가지 이유'를 종이에 적은 뒤 면접관 앞에서 큰소리로 읽어보는 건 어떨까요? 신입사원의 당당한 패기와 열정을 드러내면서도 다른 경쟁자들과 확실히 차별화된 지원자로 기억될 수 있을 겁니다.

Q2

2차 면접을 보라는 연락을 받았는데, 간단한 영어면접도 실시한다고 합니다. 토익점수는 높은 편이나 어학연수를 다녀온 경험이 없어 걱정입니다. 영어면접은 어떻게 준비하나요?

A

대부분의 기업들은 영어면접을 통해 '영어로 의사소통이 가능한가'를 평가합니다. 따라서 너무 복잡하고 수준 높은 문장력을 구사하기 보다는 간결하면서도 명확하게 표현하는 것이 좋습니다. 영어실력이 좋다고 해서 장황한 답변을 늘어놓는 것은 오히려 마이너스 요소가 될 수 있으며, 만약 질문을 미처 이해하지 못했을 때는 자의적으로 해석한 뒤 답변하기보다 질문의 요지를 확인하고 대답해야 됩니다. 영어면접을 통해 면접관들은 지원자의 영어능력 외에도 상황대처 능력과 순발력, 표현력 등을 함께 평가합니다.

영어에 자신이 없다고 우물쭈물해서는 좋은 점수를 얻을 수 없습니다. 당황한 나머지 우리말을 사용하는 것도 좋지 않습니다. 다소 유창하지 않더라도 핵심 범위 안에서 소신껏 답변하고 자신감 있는 모습을 보여주는 것이 중요합니다. 영어문화권의 사고방식이나 습관, 에티켓 등을 숙지한 다음 적절한 보디랭귀지를 구사하는 것도 도움이 됩니다. 예상질문을 미리 뽑아 답변을 준비해 두면 부담감을 줄일 수 있고 보다 유연하게 대처할 수 있겠죠. 모의면접을 통해 발음, 억양, 태도 등을 교정하고 음성의 강약과 강조점, 포즈 등을 살펴보는 것도 좋은 방법입니다.

Q3 친구들은 제가 말을 잘한다고 하는데 면접만 보면 떨어지는 이유는 무엇일까요. 어디서부터 무엇을 준비해야 하는지 너무 속상하고 답답합니다. 혹시 면접 때 너무 편하고 스스럼없이 말하는 것이 문제일까요?

A 면접은 면접자의 자세가 무엇보다 중요하다고 볼 수 있습니다. 의자에 앉을 때는 등이 등받이에 닿지 않게 조금 띄우고 90도 각도

로 어깨와 허리를 편 상태를 유지합니다. 초점이 흔들리거나 다리를 흔드는 것, 몸짓이 산만할 경우 여지없이 감점 대상이 되기 때문에 주의해야 합니다.

또 질문에 답을 할 때는 자신의 견해와 생각을 명료하게 말하고 자신이 내세운 견해나 생각을 면접관이 수긍할 수 있도록 이유와 증거를 설명하도록 합니다. 이때, 면접관의 반대의견을 듣더라도 감정적으로 변하지 않는 것이 중요합니다. 면접관의 의견을 100% 수렴할 필요는 없지만 논리적으로 반박할 줄 아는 기술이 필요합니다. 또 장황하게 답하는 것도 감점요인이 될 수 있으므로 대체로 2~3분 이내로 끝내는 것이 좋습니다.

면접에 대한 경험 부족하거나 피드백을 받기를 원한다면 면접스터디에 참여하는 것을 추천합니다.

15 취업성공 사례

● 면접 재도전에서 성공한 김○○의 사례

꽃바구니가 배달됐어요. 'L사의 신입사원이 됨을 축하합니다.'
(직무 :네트워크 엔지니어 / 입사회사: 국내 대기업 L사 정보통신업)

안녕하세요~! 김○○입니다.

최종합격발표가 난 후에 후기를 쓰려다 보니 이제서야 쓰게 되었습니다. 제가 합격한 곳은 L사 정보통신기술 분야입니다. 운이 좋게도 첫 면접의 기대감과 실패의 아픔을 동시에 줬던 곳에서 최종합격이라는 기쁨을 맛볼 수 있었습니다. 아마도 이 모든 게 컨설팅 프로그램 덕분이 아닌가 합니다. 함께했던 황은희 선생님과 친구들 모두에게 너무나 감사합니다!

그럼 간단하게 취업 수기에 대해 써 볼까 합니다. 글은 잘 못쓰지만 너그럽게 봐주셨으면 좋겠네요.

ROTC로 군복무를 마치며 오로지 네트워크 분야로 취업해야겠다는 생각으로 다른 곳에는 지원조차 안하고 L사 한곳에 지원했었습니다. 하고 싶은 분야가 아니면 의미 없을 거라는 저의 생각 때문이었습니다. 최종면접까지 가게 되었던 저는 결국 최종면접에서 떨어졌습니다.

생각해 보았습니다. 뭐가 문제였을까, 하고 말입니다. 그리고 그 답을 컨설팅을 받으면서 깨달을 수 있었습니다. 면접관의 입장에서 바라보았을 때, 저는 너무나 준비가 되어 있지 않았습니다. 프로그램에 참가하면서 복장, 자세, 그리고 효과적인 이력서 쓰는 법, 갑작스런 질문에 대처하는 자세를 배울 수 있었습니다.

나의 꿈의 회사와의 인연

한양대학교에서 진행되었던 취업박람회가 있었습니다. 대기업 채용시즌이어서 그런지 다른 취업박람회 보다 많은 대기업들이 나왔습니다. 이곳에서 유독 오래 앉아 있었던 부스가 있었는데, 그곳이 바로 L사였습니다. 그곳에서 회사에 대한 이야기들과 업무에 대한 이야기들을 많이 들을 수 있었습니다. 그때 받았던 USB가 지금 돌이켜보니 합격으로 안내해준 열쇠 같다는 생각도 듭니다.

L사의 채용시스템은 다음과 같습니다.

서류면접 → 인적성 검사 → 1차면접(실무면접) → 2차면접(임원면접)

→ 신체검사 → 최종합격

그간 서류는 간간히 붙곤 했지만 인적성에서 '우수수~' 추풍낙엽처럼 떨어져서 좌절하고 있을 때 L사의 인적성을 볼 때만큼은 그 어느 때보다 맘이 편했습니다. NHN의 인적성 검사와 유사한 형태여서 낯익은 유형이 많았습니다.

그리고 드디어 발표날!! 처음으로 인적성 검사 합격메세지가 왔습니다! 공식적으로 올해 처음, 저에게 면접이라는 기회가 왔습니다. 두근두근 하는 마음에 안내메일을 보니 빨간색 글씨로 다음과 같은 글이 적혀 있었습니다.

'정장 절대 금지'

알고 보니 L사는 파격적인 시도를 많이 하는 것 같았습니다. 있는 그대로의 모습을 보여 달라는 말과 함께 면접 시에도 짜인 듯한 모습을 싫어하셨습니다.

1차 면접(실무면접) 당일

떨리는 마음에 간 본사 건물에서의 1차 면접은 실무면접이라는 이야기에 네트워크 관련 개념공부를 간단히 정리하며 눈을 붙였습니다. 하지만 정작 고민된 것은 역시나 복장이었습니다. 그래서 고민 끝에 깔끔한 블랙 계열의 세미정장식의 옷을 입고 갔습니다. 가서 보니 정말 다들 복장에 대한 고민을 많이 한 것 같았습니다. 마치 면접장이 학교교실 같다는 생각도 들었습니다. 면접은 4인 1개조로 들어갔습니다.

면접에 가장 특이하였던 것은 신입사원으로 들어 온지 2년 정도 된

선배사원분이 면접위원으로 있었던 것이었습니다. 질문은 생각 외로 실무적인 것이 아닌 인성위주의 질문들로 이어졌습니다.

두근두근~ 자기소개를 마치고 질문을 기다리고 있었습니다. 그리고 이어진 저에게 주어진 첫 질문.

"자네 왜, 토익점수가 없나?"

순간 깜짝 놀랐습니다. 분명히 이상 없이 써 넣었는데 면접관들의 자료에 점수 기록이 안 되어 있었던 겁니다. 잠시 당황하긴 하였지만 다시 마음을 가다듬고.

"아닙니다. 지원서 작성 시 분명, 점수기재를 하였습니다. ○월에 본 시험으로 ○월 ○일부로 ○○○점을 획득하였습니다. 관련 서류는 이상 없이 제출 하였습니다."

그랬더니 그러냐면서 다른 분께 질문이 옮겨졌습니다.

그래도 컨설팅 받으면서 자신감 있고 당황하지 않고 말하는 법을 배워서인지 이 정도의 당황스런 질문에도 잘 넘어갔던 것 같습니다.

2차 면접(임원면접)

일주일 후 발표 난 면접결과! 애초 발표 나기로 했던 금요일이 아닌 하루 빠른 목요일 아침에 문자가 왔습니다. 잠결에 본 문자 메세지. 실눈 뜨며 본 문자에는 '합격' 이란 두 글자가 적혀 있었습니다.

처음 도전하고 또 실패했던 바로 그곳에서 2차 면접까지 올라가게 되었습니다. 지금 생각해 보면 정말 운이 좋았던 것 같았습니다.

임원면접은 사장님 포함 총 5분께서 면접관으로 계셨고 3인 1개조로 들어가게 되었습니다. 전날 압박면접에 사람들이 당황했다는 글을 보고 밤새 전공 관련 내용을 보았습니다. 자기소개도 다시 수정하여 들어간 임원면접, 뭔가 어필할 것이 필요했습니다.

저는 3인 1개조로 들어간 가운데 자리에서 사장님과 바로 마주하였습니다. 자기소개 순서를 기다리는 그 긴장감. 앞 사람의 자기소개가 끝나고 제 차례가 되었습니다.

"안녕하십니까! 정보통신기술 지원자 김○○입니다. L사에서 함께 커나가고 싶습니다."

보통 자기소개가 끝나면 바로 다음 사람으로 계속 이어지는데 갑자기 사장님께서 저에게 질문을 던지셨습니다. 바로 자기소개서 속에 회사의 진행 프로젝트 내용이 있었기 때문이었습니다. 부대에서 통신소대장임무를 하며 사이버지식정보방 도입 관련 업무를 했던 내용을 넣었는데 이 기본 네트워크 망이 L사 전산망이었습니다. 그래서 자기소개시 살짝 언급하였는데 이것을 사장님께서 좋게 보셨던 것 같았습니다.

면접분위기는 편안한 분위기에서 진행되었습니다. 옆 지원자는 자신이 다녔던 학교 망을 지금도 그릴 수 있다고 말하자 바로 옆에 있는 칠판으로 나가 그려보라고도 하시며 한 사람 한 사람의 모습에 대해 관심을 갖는 모습을 느낄 수 있었습니다.

기억 남는 질문

- 역시나 토익점수가 왜 없냐는 질문(인사부에 확인까지 했다는 말과 함께) → 꼭 입사지원서 등록할 때 꼼꼼히 점검하세요.

- 왜 1지망 2지망을 모두 서울로 하였는가?

- 리더십이란 무엇이라 생각하는가?

- 체격이 많이 왜소해 보인다. 부대에서 통솔력 발휘에 문제 없었나?

- 사이버지식정보방 운영은 어떻게 하고 있나?

최종합격의 기쁨

그리고 일주일 후. 저는 임원면접 합격이라는 통지를 받을 수 있었습니다! 바로 선생님께도 연락드리고, 무엇보다 부모님께서 너무 기뻐해 주셨습니다.

신체검사 후 지난 주 금요일. 드디어 최종합격이라는 통보와 함께 회사에서 화환을 보내왔습니다. 거기에 선명하게 적힌 '신입사원' 네 글자. 학생이 아닌, 직장인이 된다는 생각에 무척 흥분되었습니다.

컨설팅 받으면서 썼던 수많은 이력서들

여러 번 실패하는 과정이 있었기에 지금의 결과를 얻은 것이라 생각이 듭니다.

함께 응원해 주신 황은희 선생님과 취업을 위해 달려온 친구들 모두 정말 고맙습니다. 모두의 응원 덕분에 이룬 결과라 생각합니다.

이 자리를 빌려 다시 한 번 고맙고 감사하다는 말씀 드리고 싶습니다!

지금도 취업전선에서 탈락문자에 풀이 죽어 있는 친구들에게 힘을 주고 싶네요. 전략적으로 준비하시면 꼭 이런 벅찬 감동이 여러분들의 몫이 될 겁니다. 취업준비생들 모두 힘내세요. 화이팅!

진짜 시작은 이제 부터다!

행복한 직장 생활을 위한 기본 매너

Ever Learn 정연주

굿잡!
펑
펑
해피회사 라이프

Ever Learn의 직장 생활 컨설팅

• 의뢰자 : 모든 의뢰자

취업은 직장 생활로 들어가는 관문일 뿐

많은 취업 준비생이 취업이라는 관문을 뚫기 위해 고군분투한다. 당장 눈앞에 놓인 취업이라는 큰 과제 때문에 그 이후는 진지하게 생각해 볼 겨를도 없다. 일단 취업이 되고 나면 어떻게든 잘 되겠지 하는 막연한 생각만 가지고 그 귀중한 시간을 오로지 취업 준비에 쏟아 붓는다. 그러나 취업은 끝이 아니다. 직장인으로서의 시작을 의미하는 것이다. 그리고 일을 그만두는 그 순간까지도 여러분은 직장인이다. 자영업을 하든 사업을 하든 프리랜서를 하든, 하나의 업(業)에 종사를 해야 한다는 점에서는 마찬가지이다. 입사 1년 이내에 퇴사하는 조기퇴직률이 높은 이유는 바로 이런 부분에 대해 진지하게 생각하지 않기 때문이다.

입사 초기의 힘든 시기를 견뎌야 하는 이유가 무엇인지 생각해 본 적 있는가? 그 어려움을 극복하고 나면 얻을 수 있는 것이 무엇이며, 그 다음 단계의 어려움은 무엇인지를 먼저 알아야 취업 뒤에 마련된 것들을 충분히 즐길 수 있기 때문이다. 사실은 취업 준비를 시작하기 전에 직장 생활을 어떻게 해야 할지 마음의 준비를 해놓는 게 정석이다.

입사가 결정된 지금부터라도 준비하자. 이 장에서는 신입사원으로서 준비해야 할 점과 주의해야 할 점, 그리고 성공을 넘어 행복한 직장 생활을 하기 위한 경력개발에 대한 부분을 함께 알아보기로 하자.

합격에서 출근까지

Key Points
- 입사 전에 회사의 주요제품, 기술성, 사업방향, 경쟁사 동향 등에 대해서 미리 파악해 두자.
- 체력도 경쟁력이다. 미리미리 건강을 챙겨놓아라.
- 직장생활의 스타트인 회식과 신입사원 환영회에 대비하라.

CASE

드디어 합격이다! 바늘구멍보다도 좁다는 취업문을 우여곡절 끝에 통과한 김군아 군. 이제는 꿈에 그렸던 대로 직장인으로 성공할 일만 남았다고 한껏 기대에 부풀어 있다.

그런데 웬걸. 연수에 들어간 순간부터 상상과는 전혀 다르게 흘러가고 있다는 것을 깨달았다.

신입사원 연수라면 그래도 남다른 재미가 있을 줄 기대했는데 이건 학교생활보다 더 힘든 일정이다. 하루 8시간의 교육에, 저녁 시간에는 조별 과제를 수행해서 그 다음 날 발표하는 빡빡한 일정이 계속 되었다.

고3 수험생 때보다 더한 일정도 힘들긴 했지만, 가끔 찾아오는 사장님 이하 임원들과의 미팅에서 다른 동기들은 회사와 업무에 대한 지식

에다 경쟁사 동향까지 언급하며 향후 회사의 방향성에 대해 논의하는 데 그 옆에 꿀 먹은 벙어리처럼 앉아서 냉수만 들이키는 자신이 한없이 초라하게만 느껴진다.

길고도 험난한 취업 전쟁을 뚫고 어렵게 취업에 성공하면 대부분은 '이제 힘든 일은 끝. 앞으론 좋은 일만 있을 거야'라는 환상을 갖게 된다. 합격자 발표가 난 후부터 많은 친구들이 '그냥 쉰다'. 물론 힘든 취업문을 통과했기 때문에 많이 지치기도 했을 것이고 그 동안 못했던 것을 하고 싶기도 할 것이다. 그러나 합격 통보서가 인생의 해피엔딩을 보장해 주는 보증서가 아닌 이상, 취업은 끝이 아니라 또 다른 시작일 뿐이다.

지금까지 한 번도 경험해 본 적이 없는 새로운 세상에 뛰어 들기 전의 짧지만 소중한 시간, 그냥 그대로 흘려보내지 말자. 어떤 것을 준비해야 앞으로의 직장 생활에 도움이 될까?

회사에 대한 관심 갖기

회사에 대한 정보를 수집하자

취업 준비를 어떻게 했는가에 따라 이미 많은 정보를 알고 있는 사람과 그렇지 못한 사람으로 나뉘질 수 있다. 이젠 진짜 내 회사가 되었기 때문에 회사에 대한 정확한 정보를 미리 알아 둘 필요가 있다.

꼭 알아 두어야 할 내용은 회사의 주력 상품, 경영비전, 향후 방향성, 기술력, 경쟁사 및 산업동향 등이다.

신입사원은 당장 현업에서 일을 해야 하는 사람들이기도 하지만 몇십 년 후엔 회사의 미래를 책임져야 하는 사람들이다. 그에 걸맞은 사람인지에 대한 판단은 입사 후 6개월 안에 내려지는 경우가 많다. 즉 미리 준비하지 않으면 적응하느라 정신없는 사이에 이미 나에 대한 판단은 끝나 버릴 가능성이 있다는 것이다.

비공식적인 내용까지 수집하라

회사에 대한 공식적인 자료는 인터넷이나 신문 등을 통해 많이 얻을 수 있다. 그러나 공식화되지 않은 정보까지 파악하도록 노력해야 한다. 선배나 주변 지인 중에 입사할 회사에 근무하고 있거나 근무했던 사람이 있으면 소개를 받는 것도 좋다.

혹은 경쟁사나 동종업계, 협력업체 사람들로부터도 정보를 얻을 수가 있다. 회사의 사보를 구할 수 있다면 구해서 몇 개 읽어 보는 것도 좋은 방법이다. 이런 비공식적인 정보를 미리 파악해 둔다면 회사의 분위기 파악에도 큰 도움이 될 뿐만 아니라 입사 후 선배나 상사와의 대화에서도 편안한 분위기를 연출할 수 있어서 여러 모로 도움이 된다.

경제신문을 읽어라

최근에는 필요한 뉴스를 인터넷으로 찾아보는 것이 일상화 되어서 신문을 보지 않는 사람들도 많다. 또한 무가지 신문이 많아지면서 일간지나 경제 신문을 읽는 이는 그리 많지 않은 것 같다. 그러나 경제 신문은 산업동향과 경제의 방향성과 향후의 흐름까지 알 수 있는 중요한 정보처이기 때문에 하나 이상의 신문을 꾸준히 읽는 것이 좋다. 입사하려고 하는 회사와 동종업계의 동향 파악을 가장 기본으로 해야 하는 것은 물론이다.

건강, 아무리 강조해도 부족함이 없다

몸이 약한 사람에게는 기회가 주어지지 않는다

대부분의 신입사원이 체력에는 자신 있다고 장담을 한다. 학교 때 밤샘도 많이 해봤고, 여러 활동도 한꺼번에 해봤고, 또 무엇보다도 젊다는 자신감이 있다.

그러나 회사란 곳은 지금까지 여러분이 경험했던 것과는 성격 자체가 다른 조직이다. 끊임없이 긴장하고 새로운 것을 배우고 빠르게 습득하면서도 거기에 대한 성과도 도출해야 한다. 항상 마감이 정해져 있고, 그러면서도 대인관계나 일 외의 행사에도 참여를 해야 인정받는 사원이 될 수 있다. 학교 때는 아파서 결석하거나 지각을 하면 동정과 위로를 받았지만 회사에서는 그 반대이다. 나로 인해 업무 공백이 생기거나 하면 다른 동기와 상사로부터 따가운 눈총을 받기 십상일 뿐 아니라 회사에 중요한 프로젝트가 있을 때 제외될 가능성도 크다.

입사 전에 체력 관리에 들어가자

입사하고 한동안은 개인 시간을 내기 어려울 정도로 바쁘다. 계속되는 교육, 처음해 보는 업무 습득, 회사 내 관계 형성, 신입사원 환영회에 회식까지. 반복되는 강행군에 개인적으로 운동을 할 시간은 꿈도 꾸기 힘들다. 그러니 입사하기 전에 미리미리 체력 관리를 하자. 기초 체력이 튼튼해야 회사생활도 건강해지기 때문이다. 아울러 과도한 음주와 느슨한 생활은 금물이다. 입사가 확정되었으니 쉬고 싶은 마음은 충분히 이해하지만, 이런 습관이 몸에 배면 입사 초반이 더 힘들어질 수 있다는 점을 기억하자.

취미활동을 꼭 해라

입사 초기에는 심리적, 시간적 여유가 부족해서인지 원래 가지고 있던 취미도 안하게 되었다는 사람도 많다. 그러나 회사생활을 하면서 계속되는 스트레스와 긴장을 풀 방법이 없다면 나중에는 몸도 마음도 지치게 될 수 있다. 기분 전환을 할 수 있는 나만의 취미를 가져 보자.

혹시 일 배우는 데도 바쁜데 취미 생활을 할 마음의 여유가 없다고 느껴진다면, 업무와 관련된 취미를 가지는 것도 하나의 방법이다. 관련

교육을 듣거나 업계 관련 사람들과 동호회 활동을 한다면 새로운 자극
이 될 뿐만 아니라 업무역량 강화에도 큰 도움이 될 것이다.

다양한 연령대의 사람들과 빨리 친해지기

자신 있는 노래 3곡은 준비하자

입사하고 나면 회사 사람들과 술자리를 같이 하게 되는 경우가 많아
진다. 그리고 2차, 3차로 노래방을 가는 경우도 비일비재하다. 신입사원
으로서 회식에 참여하게 되면 노래를 불러야 하는 자리가 반드시 온다
고 생각해도 무리가 아니다. 이럴 때를 대비해 자신 있는 노래를 3곡 정
도 준비하는 것이 좋다.

노래를 선곡할 때는 다양한 연령층의 사람들이 함께 부를 수 있는 노
래 1곡, 누구나 알 수 있는 최근에 유행곡 1곡 정도가 적당하다.

재미있는 유머를 알아 두자

최근에는 면접 상황에서 유머 감각을 발휘하는 사람에게 높은 점수
를 줄 정도로 유머 있는 사람들에 대한 선호도가 높다. 성공한 유명한
CEO들은 대부분 탁월한 유머 감각을 가지고 있다는 점도 이미 널리 알
려진 사실이다.

유머는 하루아침에 생기는 것은 아니다. 항상 긍정적으로 생각하고
삶을 즐기는 사람만이 유머 감각을 가질 수 있다. 그건 단시간에 해결될
문제가 아니다. 단기간에 유머 감각을 가지려면 연습을 해야 한다. 일단

내가 재미있어 했던 유머를 기록하자. 그리고 편한 사람들을 상대로 연습을 해보자. 처음에는 어색하기도 하고, 이야기를 하는 타이밍을 제대로 잡지 못해 오히려 분위기가 썰렁해질 수도 있다. 그러나 이 역시 반복적으로 연습을 하다 보면 어느 타이밍에 어떤 어투로 이야기를 해야 하는지 알 수 있게 될 것이다.

Check! Check! Check!

❶ 입사가 결정된 그 순간부터 나는 그 회사 직원이다. 회사에 대한 정보를 챙기며 애사심을 키워라.

❷ 공식적인 자료 뿐 아니라 비공식적인 자료도 수집하라.

❸ 경제신문을 꾸준히 구독해서 업계 동향과 회사 비전에 대한 거시적인 안목을 키워라.

❹ 몸이 건강해야 긍정적인 마음으로 업무에 임할 수 있다. 체력 관리와 스트레스 관리에 신경 써라.

❺ 회사는 다양한 연령대의 사람들이 모여 있는 조직이다. 모임의 성격과 분위기에 맞는 노래와 유머를 준비하라.

❻ 인터넷의 유머 사이트도 살펴보고 신문에서 본 재미있는 기사도 메모해 두자.

02 이젠 더이상 학생이 아니다

Key Points
- 이제는 당당한 사회인이다. 학생의 마인드는 버리자.
- 회사에 있는 동안에는 회사 일에 최선을 다해야 한다.
  개인 업무는 회가 근무 시간 이후나 점심시간을 활용해서 처리한다.
- 상황과 직급에 적합한 경어를 사용하자. 학생 때의 말투는 금물이다.

김군아 군이 입사하고 부서 배치 받은 것도 벌써 한 달이 되었다. 부서 사람들과도 어느 정도 친해졌고 주어지는 일들도 웬만큼 익숙해질 시기. 그런데 사실 김군아 군이 기대했던 것만큼 회사생활이라는 게 바쁘지도 특별하지도 않은 것 같다. 드라마나 영화에서 보면 직장인들은 다들 바쁘던데, 아니 사실 김군아 군 부서에서는 김 군만 빼고 다 바쁜 거 같다.

다른 부서에 들어 간 입사 동기들도 바쁘다고 입으로는 죽는 소리 하면서도 에너지가 넘치는 게 김 군은 좀 부럽기도 하다. 하지만 김 군도 일을 안 하는 건 아니다. 상사와 선배가 시키는 일은 빠짐없이 기한에 맞춰서 꼬박꼬박하고 있는데 왠지 안 바쁘고 덜 중요한 일을 하고 있는 것 같다는 생각이 든다. 다들 알고 있는 안건에 대해서 자신만 모르는 거 같기도 하고. 처음에는 신입이어서 모르는 게 당연하다고 생각했는데, 한 달 지난 지금도 선배들의 말이 이해가 안 될 때도 많다. 모든 것이 처음이라서 좀 상세히 설명해 주면 좋으련만, 선배 중에는 그렇게 친절한 사람은 없는 것 같아 점점 소외감을 느끼는 김군아 군.

많은 취업준비생들이 오해하는 것 중 하나가 사회생활도 학교생활과 크게 다를 것이 없다고 생각하는 것이다. 학교도 하나의 작은 사회이긴 하다. 그러나 회사는 철저하게 이익을 추구하는 단체이기 때문에 학교 생활처럼 회사생활을 시작하면 곤란해지는 경우가 많다. 해야 할 일에 대해 누군가가 하나부터 열까지 가르쳐 주는 경우도 없고, 개인적인 상황이나 특성에 대해 배려해 주지도 않는다. 거기다 여러분이 신입사원으로서 배려 받을 수 있는 기간은 아무리 길어도 3개월이다. 그 기간이 지났는데도 무언가 알아서 하는 것도 없고 본인 업무에 대한 파악도 제대로 되어 있지 않다면 '전도유망한 신입사원'에서 '아무것도 모르는 풋내기'로 전락하는 것은 순식간이 될 것이다.

난 더 이상 학생이 아니다

하나부터 열까지 하나하나 설명해 줄 사람을 기대하지 마라. 물론 처음 얼마 동안은 사수가 해야 할 업무와 방법에 대해 설명을 해줄 수도 있다. 그러나 사수 역시 해야 할 업무가 많다. 후배가 들어 와서 좋은 마음과 함께 자신의 시간을 쪼개서 가르쳐야 한다는 불편함 사이에서 갈

등할 가능성이 크다. 좀 친절한 사람이라면 차분하게 하나하나 설명해 줄 수도 있지만 대부분은 그런 마음과 시간적인 여유를 갖지 못하는 게 조직생활이다.

그럴 때 혼자 멍하니 앉아 있거나 책이나 신문을 펼쳐 보거나 심지어 는 휴대폰이나 메신저로 친구와 채팅을 하는 사람들도 있다. 무엇을 해 야 할지 모를 때는 사수에게 적극적으로 물어 보자. 사수가 많이 바쁘거 나 자리에 없을 때는 사내 인트라에 들어가서 자료를 살펴보는 것도 좋 다. 보통 사내 인트라에는 회사 공지사항, 사규, 문서 양식뿐만 아니라 사우들의 소식도 올려놓는다.

만일 사내 인트라가 없다면, 회사소개나 사규 등의 내용이 담겨 있는 문서를 살펴보는 것도 좋다. 아무리 둘러 봐도 그런 것도 없다고 한다면 사수에게 회사에 대해 알고 싶은 데 참고할 만한 내용이 없는지 물어 보 기라도 하라.

회사는 개인시간을 보장하지 않는다

학교는 50분 수업에 10분 쉬는 시간이 보장되어 있다. 공강도 많기 때문에 사실 개인 시간이 상당히 많은 편이다. 그러나 회사는 회사와 직 무에 따라 차이가 있긴 하지만, 일반적으로 아침 9시부터 저녁 6시까지 중에 쉬는 시간은 점심시간 1시간뿐이다. 다시 말하면 공식적으로 개인 적인 업무를 볼 수 있는 시간은 근무시간 중에는 없다. 개인직인 업무를 봐야 할 때는 주말을 이용하거나 점심시간 혹은 퇴근시간 이후를 활용 해야 한다. 마찬가지로 잠시 차를 마시거나 담배를 피우는 것도 근무 시간 중에 하는 것이라면 너무 오랜 시간을 소요해서는 안 된다. 특히 신입사원은 아직 자신의 업무가 명확하게 있는 것이 아니고, 언제 상사나 사수가 부를지 알 수 없기 때문에 업무 외의 일이 아니면 항시 자리를 지키고 있는 습관을 들이자. 업무 때문에 잠시 자리를 비울 때도 "XX 용건으로 ○○다녀오겠습니다"라고 알리고 다녀오도록 하자.

학생 때의 언어 습관을 버려라

가까운 친구나 선배 사이에서 썼던 편한 말투를 회사의 선배나 상사에게 사용해서 괜한 오해를 받는 경우를 종종 본다. 학생에게는 그에 맞는 말투가, 회사원에게는 또한 그에 맞는 말투가 따로 있다. 학생 때 사용했던 말투가 좀 더 친근하고 격의가 없어서 친해지기는 더 좋을 수도 있다. 그러나 회사는 업무를 중심으로 다양한 연령층의 사람들이 모여 있는 곳이다. 상황과 직급에 맞게 경어를 사용하지 않는다면 자칫 '버릇 없는 사원'으로 인식될 수 있으니 주의하라.

❶ 이제는 사회인이자 회사의 직원이다. 더 이상 학생이 아니란 점을 꼭 기억하라.
❷ 근무시간 중에 개인적인 통화를 오래 하거나 개인적인 업무를 보지 마라.
❸ 개인적인 통화를 할 때는 사무실 밖으로 나가서 하도록 하라.
❹ 경어를 사용하도록 하자. 은어나 비속어는 사용하면 안 된다.

성공하는 직장인의 이미지

Key Points
- 아마추어는 아마추어처럼 입고 프로는 프로답게 입는다.
- 인사도 업무의 일부이다. 분명하고 명확한 말투로 인사를 하라.
- 지각은 의욕 없음을 보여주는 증거이다.

CASE

나잘난 양은 이제 고유 업무가 생기면서 회사 업무도 제법 손에 익었다. 실수도 줄었고 선배들에게 제법 일 잘한다는 칭찬도 몇 번 듣게 되었다. 스스로가 생각해도 꽤 잘해 나가고 있다는 생각에 자신감도 생긴 나잘난 양.

그러던 어느 날 회사로 거래처 직원이 부장님을 찾아 왔다. 부장님은 회의가 길어져서 자리에 안 계신 상황. 미리 부장님께 당부를 받은 상태라 먼저 나서서 친절하게 자리로 안내했다.

그런데 이 사람 나잘난 양의 위아래를 흘끗 보더니 약간 하대하는 투로 말한다. 처음 보는 사람에게 이렇게 대해도 되는 건가 싶어 입을 삐쭉 내미는 찰나, 입사 동기인 김군아 군이 다가왔다. 그에게 깍듯하게 부장님 거취에 대해 묻는 거래처 직원.

'뭐야, 날 여자라고 무시하는 거야?'라고 생각하며 뒤돌아 서는데 뒤에서 들리는 거래처 직원의 목소리.

"저 분은 아르바이트생이신가요?"

'뭐? 내가 어딜 봐서 아르바이트생이야?'

울컥 화를 내려던 순간, 며칠 전에 부장님이 웃으면서 "잘난 씨 옷이 너무 세련됐다. 나처럼 나이 든 사람은 익숙하지 않은데." 하던 말이 생각났다.

'그게 칭찬이 아니라 내 패션에 문제가 있다는 거였나?'

우리는 흔히 눈에 보이는 이미지대로 상대방을 평가한다. 그것은 입사 후 회사생활에서도 다르지 않다. 여러분이 어떤 옷을 입고 어떤 표정을 지으며 어떤 말투를 사용하느냐에 따라 상대방이 어떻게 판단하느냐가 결정된다 해도 과언이 아니다.

그렇게 초반에 결정된 이미지는 쉽게 바뀌지도 않는다. 그것이 회사 생활을 시작하면서부터 자신의 이미지를 제고해야 하는 이유이기도 하다. 즉, 이미지 메이킹은 취업을 위해서 뿐만 아니라 성공적인 직장생활을 하는 데 있어서도 꼭 필요하다는 얘기다. 성공하는 직장인의 이미지란 무엇인지 알아보자.

프로가 되고 싶다면 프로처럼 입어라

패션은 인격의 일부이다

"일만 잘하면 됐지 입은 게 뭐가 그리 중요한가요?"라고 물어 오는 사람이 있다. 하지만 친하고 편한 친구를 만나러 나갈 때와 마음에 드는 이성을 만나러 나갈 때 똑같은 옷을 입고 나가는 사람은 드물다. 마찬가지로 학생으로서 입을 옷과 회사원으로서 입을 옷은 차이가 있다.

외국계 유명 홍보 대행사에서 최연소 팀장으로 승진한 A씨(여)는 입사 1년차 되던 해에 선배로부터 이런 충고를 들었다.

"네가 지금처럼 일 제법 잘 하는 여직원으로 남고 싶다면 지금처럼 입어. 하지만 네가 진정으로 프로가 되고 싶다면 프로답게 입어."

그 이후 즐겨 입던 미니스커트나 청바지 등은 다 버리고 무조건 정장 투피스를 입기 시작했다. 업무상 고객과의 미팅이 많았던 그녀는 제일 먼저 고객들의 반응이 달라지는 것을 느꼈고, 얼마 안 있어 회사 동료들도 자신을 어린 여직원이 아닌 동료 직원으로 대하는 느낌을 받았다. 옷만 잘 입는다고 해서 일을 잘 하게 되는 것은 아니지만, 내가 잘 하고 있는 일도 내 차림새 때문에 인정 못 받고 있는 것은 아닌지 생각해 볼 필요가 있다. 불행한 일이지만 우리 모두에게는 선입견이라는 게 존재하기 때문이다.

남성은 헤어스타일과 구두, 여성은 하이힐과 화장

남성의 정장은 어느 정도 정해져 있다. 그 중에서도 특별히 정장의 완성판이라고 할 수 있는 것은 헤어스타일과 구두이다. 머리는 헤어제품으로 흐트러지지 않게 고정시키고 구두는 항상 청결하게 해야 한다. 흔히 옷과 가방에는 신경을 많이 쓰면서 구두는 지저분한 경우를 많이 본다. 그러나 남성의 구두는 본인의 성실함과 청결함을 보여 줄 수 있는 척도라는 점을 잊지 마라.

여성은 남성에 비해 정장의 기준이 엄격하지는 않다. 그러나 옷차림은 회사원답게 잘 갖춰 입었으나 화장을 전혀 안 하거나 오히려 지나치게 하는 경우가 있다. 자신의 외모의 강점을 강조할 수 있는 자연스러운 화장을 하도록 하고 향수는 가급적 약하게 뿌리도록 하자. 또 하나 신발은 반드시 하이힐을 신도록 하자. 3~7센티미터 정도의 정장 구두가 가장 적합하며 겨울에는 부츠도 무관하지만 격식 있는 자리에 가거나 초면에는 되도록 일반 정장 구두를 신는 것이 예의이다.

인사 잘 하는 신입직원이 주목 받는다

출퇴근 시의 인사 예절

신입사원 예절에서 빠지지 않는 것이 인사 예절이다. 설마 인사도 제대로 못할까 싶겠지만 의외로 많은 신입사원들이 인사를 적절한 타이밍에 제대로 하지 못해서 눈총을 받는다. 출근할 때 큰 소리로 사무실의 모두에게 인사를 하고 들어서는 사람은 그 존재가 뚜렷하게 각인될 뿐아니라 적극적인 느낌을 준다. 반면 출근 시간에 인사 없이 조용히 자기자리에 앉는 사람은 출근을 했는지조차 인식되지 못한다. 마치 그림자처럼 조용히 자기 자리에 앉아 있는 사람 같은 느낌을 줄 수도 있다. 기운 빠지고 힘든 아침일수록 크고 힘차게 하는 인사가 다른 사람에게는 더 더욱 긍정적으로 느껴질 것이다.

입사한 후 한동안은 상사보다 먼저 퇴근하는 것은 좋지 않다. 그러나 먼저 퇴근하는 것을 용인하는 분위기이거나 혹은 급한 일이 있어서 먼저 퇴근해야 하는 상황이라면, 적어도 상사가 자리에 있을 때 퇴근 인사를 하고 퇴근을 하는 것이 좋다. 만일 상사가 회의나 외출 등으로 잠시 자리를 비운 상황이라면 돌아올 때까지 기다리는 것이 좋다. 내 할 일 마쳤다고 상사가 자리에 없을 때도 바로 퇴근한다면 기본도 안 되어 있는 사람으로 찍히기 쉽다. 출근 때만큼이나 퇴근 때의 인사도 중요하다는 사실을 기억하자.

사과와 감사의 표현도 중요하다

업무를 하다보면 실수가 있을 수 있다. 그럴 때 상대방의 지적에 대해 인상을 찌푸리거나 묵묵부답으로 응대하는 것은 좋지 않다. 만일 그렇다면 처음에는 일을 바로 잡기 위해 이야기를 꺼낸 상대방도 점점 여러분에 대해 부정적으로 볼 수 있기 때문이다. 상대방의 의견에 이의가 있다 해도 일단 사과를 하고 받아들이자. 분명히 내가 실수한 부분도 있을 것이기 때문이다. 그 이후에 이해가 잘 안 되는 부분에 대해 구체적으로 알려 달라고 부드럽게 부탁하자. 상대방도 일단 잘못을 인정하면 좀 디 부드럽게 차근차근 알려 줄 것이다.

무엇인가 도움을 받았을 때 역시 적극적으로 고마움을 표시해야 한다. 상대방의 조그마한 호의가 큰 도움이 되었다는 것을 알리고 진심으로 감사를 전하면, 다음에도 적극적으로 도와줄 가능성이 크기 때문이다. 그러나 호들갑스럽게 인사를 하거나 과장하는 것은 오히려 상대방이 부담을 느낄 수 있으니 좋지 않다.

지각은 절대 하지 마라!

의욕 없는 사원이 지각한다

어제 접대를 늦게까지 했을 수도 있다. 계속되는 야근에 지쳤을 수도 있다. 감기기운이 있을 수도 있다. 그래도 지각은 하지 말자. 회사에서는 지각을 하면 제일 먼저 성실성을 의심할 것이다. 그리고 지각이 반복되면 업무능력을 의심할 것이다. 지각을 자주 하는 직원을 인사고과에서 높게 평가하는 회사가 없다는 것이 그 대표적인 증거이다. 아무리 일을 잘하고 대인관계가 좋아도 회사의 업무 분위기를 흐리는 것으로 판단하고 좋지 않게 평가하는 것이다. 그러니 지각은 절대 하지 마라. 몸이 많이 피곤하고 힘들다면 차라리 조퇴를 하는 것이 더 낫다.

휴가를 사용할 때도 시기를 고려하라

따로 휴가기간이 정해져 있는 회사가 있는가 하면 연차에서 자유롭게 휴가를 나눠 쓰는 회사도 있다. 연차를 사용하는 경우, 연말 즈음이 되면 사용하지 못한 연차는 소멸이 된다. 외국계 회사라면 크리스마스 때부터 연초까지 휴가를 내는 Christmas Vacation이 일반적이지만,

우리나라의 일반적인 회사에서는 이때가 상당히 바쁜 시기에 해당된다. 그러므로 만일 못 쓴 연차를 쓸 예정이라면 다른 부서원들과 업무를 잘 고려해서 적절하게 사용하자. 권리를 주장하며 다른 사람들을 배려하지 않는다면 모두를 곤란하게 할 수도 있고, 나중에 자신도 같은 경우를 당할 수도 있다. 그 뿐 아니라 자기중심적인 사람으로 인식이 되어서 다른 사람들로부터 도움을 받아야 할 때 곤란해질 수도 있다.

❶ 회사원에게 적합한 차림새를 하도록 하자. 지나친 화장이나 향수를 사용하는 것은 좋지 않다.

❷ 의상을 선택할 때는 신뢰감과 청결함을 우선적으로 고려하자.

❸ 인사는 나를 상대방에게 인식시키는 아주 좋은 방법이다. 출퇴근 시 인사는 반드시 큰 소리로 활기차게 하자.

❹ 잘못했을 때의 사과와 도움을 받았을 때의 감사 인사는 대인관계를 원활히 하는 데 큰 도움이 된다. 부끄러워 하지 말고 적극적으로 하자.

❺ 지각은 절대, 절대, 절대 하지 말자.

04 '일'이란 무엇인가

Key Points
- 회사에서 중요하지 않은 일은 없다. 무엇이든 진지하고 적극적으로 배우고 실행하자.
- 하고 있는 업무를 전체적인 맥락에서 바라보는 시각을 키우자.
- 질문은 신입사원의 특권이다. 질문하는 것을 두려워마라.

CASE

오늘도 하루 일과의 시작은 커피 심부름으로 시작했다. 우리 부서의 팀장님, 부장님 커피는 이해가 된다. 근데 왜 옆 부서까지 챙겨야 하는 건지 짜증이 치밀어 오르는 나잘난 양. 고작 이거 하려고 그 고생하며 취업을 했나 싶어 우울해지기까지 한다. 그런데 그런 감상에 젖어 있는 것도 잠깐. 선배가 자리로 부른다. 어제 지시한 일은 어제 퇴근하기 전에 보냈는데 왜 그러나 싶어 얼른 달려가 본다.

"잘난 씨, 이거 하느라 수고했네요. 근데 이 부분은 왜 이렇게 한 거예요?"

"아, 네. 그 부분은 잘 몰라서…… 제 생각에는 그렇게 하는 게 맞을 것 같아서요, 혹시 틀렸나요?"

“이거 확인 안 했으면 큰일 날 뻔 했네. 이 부분은 이렇게 하면 안 돼요. 모르겠으면 물어 보지 그랬어요?”

“그게…….”

그냥 첨에 잘 가르쳐 주지 안 가르쳐 줘 놓고 왜 안 물어 봤냐고 하는 건 또 뭐야? 하며 입술을 삐죽이는 잘난 양에게 선배의 잔소리가 계속된다.

‘아! 오늘도 긴 하루가 되겠구나…….’

처음 회사에 입사하면 중요한 업무를 배정받을 것이라는 환상은 곧 깨지고 만다. 대중 앞에서 멋지게 프레젠테이션을 하며 박수를 받는 건 한참 위 선배들의 일이고, 여러분은 아마 그 보조 업무를 하느라 바쁠 것이다. 무엇을 위해 누구를 위해 해야 하는지 모를 일들이 끊임없이 생기는 것이 신입사원 때의 업무다. 그러나 원래 신입사원들은 이런 업무를 하는 거라며 체념할 필요도, 나 같은 인재를 이런 일에 부려 먹는다며 흥분할 필요도 없다. 신입 때부터 인정받는 업무 태도를 익히기 위해서는 어떻게 해야 하는지 살펴보자.

일은 기본부터 배운다

허드렛일? 누군가는 해야 하는 중요한 회사일!

많은 신입들이 자신들은 중요하지 않은 일만 하고 있다고 하소연한다. 문서 정리, 팩스 보내기, 복사하기, 은행 업무, 우편물 보내기, 심지어는 커피 심부름까지. 심부름 아르바이트생으로 취업한 것도 아닌데 말이다. 그러나 조금만 생각을 바꿔 보자. 회사에는 수많은 일들이 있다. 그리고 그 중에 정말 쓸모없는 일은 생각보다 많지 않다. 수십 년 동안 그런 업무가 지속되어 온 까닭이 있는 것이다. 물론 단순하고 반복적이며 재미가 없을 수는 있다. 그러나 나 아닌 누구라도 반드시 해야 하는 일인 것이다. 꼭 필요하긴 하지만 귀찮은 일, 그마저도 열심히 즐겁게 하는 사람이 다른 사람들보다 눈에 띄는 건 당연하지 않을까?

모 대기업은 신입사원들은 무조건 1년 동안 복사와 회의록 작성, 커피 심부름 등을 하게끔 구조화 되어 있기도 하다. 창의적이고 도전적이며 적극적인 글로벌 인재를 뽑아 놓고는 이런 일을 시킨다고 하면 기 막혀 할 수도 있다.

그러나 복사를 해서 공유를 해야 하는 파일은 사내 중요한 파일일 가능성이 크다. 단순히 복사만을 하는 게 아니라 그런 내용을 잘 숙지하면 회사에서 벌어지고 있는 중요한 일들을 파악할 수 있다. 회의록을 작성하기 위해서는 회의의 내용에 귀를 쫑긋 세우고 전체적인 맥락을 파악해야 한다. 웬만한 회의에는 그렇게 다 참석하다 보면 회사 전반에 대한 업무 파악이 쉬워진다.

또한 커피 심부름을 시킬 정도면 상당히 높은 직급일 가능성이 크지 않을까? 신입사원들이 높은 직급의 상사들과 눈 마주치며 얼굴을 익히기에 커피 심부름만큼 좋은 기회도 없다. 이렇게 1년을 보내고 난 신입사원은 그 누구보다 빠르게 업무를 파악하고 상사들과의 관계도 돈독해져서 업무수행이 원활해진다고 한다.

이처럼 하찮아 보이는 일도 의미를 찾고 열심히 하다 보면 배우는 것이 있다는 것을 잊지 말자.

처음에 배울 때 제대로 배우기

한번 들인 습관은 수정하기 어렵다는 건 누구나 알고 있다. 업무도 마찬가지이다. 처음에 업무를 배울 때 최대한 집중해서 듣고 내용을 메모해 두는 것이 좋다. 처음 혼자 하게 되었을 때는 일을 가르쳐 준 사수에게 실수가 없었는지 다시 한 번 확인을 받는 것이 좋다. 그 이후에는 본인이 메모해 둔 내용을 기준으로 실수한 부분이 없는지 두세 번 체크하는 습관을 가지도록 하자.

담당하는 일의 의미 파악하기

사회 초년생이 회사의 중요 업무를 통째로 맡게 되는 일은 흔치 않다. 대부분은 상사나 선배의 일을 돕거나 일부분을 맡아서 하게 된다. 그래서 일의 전체 맥락을 파악하지 못하고 한 단면만 본다.

그러나 단독업무를 맡으면 사정이 달라진다. 그 일이 무엇을 위한 것이고 만일 실수를 하게 되면 회사에 어떤 손실이 있는지, 성공적으로 수행했을 때는 회사와 부서에 어떤 이득이 있는지를 파악해 두어야 한다. 그래야만 일에서 재미를 느낄 수 있고, 맥락에 따라 판단하고 실행해 나갈 수 있기 때문이다. 많은 사회 초년생들이 일을 전체적인 맥락으로 파악하지 못하기 때문에 스스로를 '회사의 부속품'처럼 느끼는 경우가 많다. 그런 점을 방지하기 위해서라도 내가 담당한 업무의 중요성을 파악해 보자.

업무 마감 기한을 엄수하라

업무 마감 기한을 지키지 못하는 것은 심각한 문제가 될 수 있다. 회사에는 수많은 변수들이 있기 때문에 마감에 임박해서 업무를 처리하게 되면 전체적으로 곤란해지는 경우도 있다. 되도록 주어진 기한보다 조금 여유 있게 일을 마무리 하고 검토를 하도록 하자. 그것이 어려운 상황이라면 최소한 기한을 넘겨서는 안 된다. 내가 기한 안에 마무리하지 못 해서 다른 부서원들과 회사에 미치는 손해가 어마어마할 수도 있다는 점을 잊지 마라.

모르는 걸 질문할 수 있는 건 신입사원 때뿐이다

질문하는 것을 두려워 하지 마라

의외로 많은 신입사원들이 선배들에게 질문하는 것을 못해서 실수하는 경우를 본다. 모든 게 낯선 상황에서 모르는 게 많은 것은 당연한 일이다. 대부분의 사람들은 여러분의 그런 상황을 알고 아마 친절하게 응대를 해줄 것이다.

혹시 질문을 귀찮아하고 퉁명스럽게 응답하는 선배라 하더라도 질문하는 것을 두려워 해서는 안 된다. 여러분 앞에서 목에 힘주고 있는 그 선배들도 그런 신입사원 시기를 거쳐 왔다. 모르는 것을 물어 보는데 인상 쓰고 면박을 준다면, 그것은 그 선배의 잘못이지 여러분의 잘못이 아니다. 그러나 그런 상황이 두려워 제대로 업무 파악을 못해서 일을 못한다거나 실수를 하거나 하면 그것은 여러분의 잘못이 되는 것이다.

신입사원으로서 질문을 해도 되는 시기는 그리 길지 않다. 회사가 바쁠수록 더 그렇다. 길어도 3개월 전에는 업무에 관련된 모든 것은 습득하고 있어야 한다. 그러려면 입사 초반인 1~2개월 때 모르는 것에 대해 질문을 해서 습득을 해야 한다는 얘기가 된다. 이 시기를 놓치게 되면 "입사한 게 언젠데 아직도 이런 걸 모르고 있어?"라는 이야기를 듣기 쉽다. 초반엔 무서워서 못 물어 보고, 나중엔 일 못하는 직원으로 낙인 찍힐까 봐 못 물어 보는 그런 우는 범하지 말자.

업무적으로 부족한 점은 적극적으로 보충하자

"회사에 입사하면 처음부터 다 새로 배워야 한다."는 말은 많이 들었을 것이다. 그만큼 회사에서 업무를 수행하기 위해서는 배워야 할 것이 많다. 문서 작성방법, 상사에게 보고하는 방법, 하다못해 전화 받는 방법까지. 지금까지 해왔던 것과는 다 다른 방식으로 해야 할 것이 한두 가지가 아니다.

단순히 모르는 내용이라면, 선배에게 물어 보거나 옆에서 하는 것을 벤치마킹해서 수정하면 된다. 그러나 관련된 기술이나 지식이 부족하다고 판단된다면 보충을 하기 위해 적극적으로 노력해야 한다.

신입사원들은 회사에서 많이 사용하는 프로그램에 익숙하지 않은 경우가 많다. 일반적으로 회사에서는 MS-Word와 Excel, Power-Point를 많이 사용한다. 그 중에서도 Excel의 활용이 빈번한 편인데, 신입사원들은 다뤄본 경험이 많지 않다. 이런 경우에는 책을 구입해서 보거나 온라인 강좌 등을 활용해 적극적으로 보완할 수 있도록 노력하자. 처음에는 서툴러도 노력하는 여러분의 모습에 상사와 선배들은 긍정적인 눈길을 보낼 것이다.

Check! Check! Check!

❶ 단순하고 반복적인 업무도 회사에서는 중요한 업무의 하나이다. 최선을 다해서 완벽하게 처리해 두자.

❷ 하고 있는 업무가 회사 전반에 미치는 영향에 대해 생각해 보자. 별 것 아닌 것처럼 생각했던 내 업무의 의미와 가치에 대해 이해하면 일이 더 재미있을 것이다.

❸ 모르는 것이 있으면 적극적으로 물어 보자. 묻지 않아 일어난 실수는 돌이킬 수 없는 치명적인 것이 될 수도 있다.

❹ 업무적으로 필요한 것은 시간을 내서라도 적극적으로 배우자.

❺ 업무 마감 기한은 반드시 지키자.

Key Points
- 회사도 사람이 모인 곳. 대인관계가 좋아야 업무성과도 좋아진다.
- 회사 내 모임을 활용해서 취미 활동도 하고 대인관계도 넓히자.
- 커뮤니케이션은 모든 대인관계의 기본이다. 잘 듣고 잘 말하도록 하자.

CASE

요즘 회사 다니는 재미에 푹 빠진 고스펙 군. 일도 재미있고 인정도 받는 것 같아서 기분이 좋다. 그래서 일이 힘들다고 하는 동기나 선배들이 잘 이해가 안 된다. 점심시간에도 얼른 밥 먹고 들어가서 오전에 하던 업무를 마저 하고 싶은데 왜들 그리 천천히 먹는지. 거기다 얘기하는 주제는 일과는 전혀 관련 없는 내용들이다. 일 외에는 특별히 친구도 안 만나고 취미도 없는 고스펙 군은 특별히 할 얘기도 없다. 그리고 일 얘기 아니면 별로 관심도 없어서 조용히 밥만 먹는다.

그렇게 몇 주가 지난 어느 날 문득 사람들이 자기를 피한다는 느낌을 받았다. 둘러 앉아 웃으며 얘기하다가도 자기가 다가가면 뚝 그치고 쳐다보거나 아니면 아예 못 본 척 하기도 한다. 심지어 점심식사 때도 자기만 빼 놓고 나가는 거 같은 느낌도 받는다.

'회사생활도 업무도 누구보다 열심히 하는데 왜 다들 나를 피하지?'

알 수 없는 스트레스가 은근히 밀려온다.

회사는 사람들이 모여 만들어진 집단이다. 그렇기 때문에 일을 하고, 성과를 내는 것도 중요하지만 다른 사람들과 잘 지내는 것도 중요하다. 또한 회사는 팀워크와 협업이 기본이기 때문에 다른 사람과 관계를 원활히 해야 업무적인 도움도 받을 수 있다. 그런 의미에서 회사 사람들과의 관계를 잘 형성하는 것은 업무의 연장선상에 있다고 볼 수도 있다. 그럼 대인관계를 잘 하기 위해서는 어떤 것을 해야 하고 어떤 것은 주의해야 할까?

대인관계의 기본은 커뮤니케이션

들어라 그리고 공감하라

커뮤니케이션에서 가장 중요한 것은 잘 듣는 것이다. 잘 듣기만 해도 상대방과의 관계 형성은 이미 반 이상 된 것이나 다름없다. 상대방의 이야기를 듣다 보면 현재 상황, 관심사, 성향, 좋아하는 것과 싫어하는 것까지 다 파악할 수 있다. 많이 들을수록 상대방에 대해 이해할 수 있고 더 친근하게 느껴지는 법이다.

듣는 단계 그 다음은 공감이다. 낯선 사람과도 공통점이 있다는 것을 알고 난 뒤 빠르게 친해진 경험이 다들 있을 것이다. 누구나 같은 취미나 취향을 가진 사람을 좋아하기 마련이다. 상대방이 좋아하는 것을 같이 좋아하기 어렵다면 그 마음을 느껴 보려 적극적으로 노력해 보자. 이야기를 하는 상대방도 여러분에 대해 호감을 느끼게 되지 않을까?

같은 취미를 갖는 것도 좋다

친해지고 싶은 대상이 좋아하는 취미를 함께 해 보는 것도 좋은 방법이다. 낚시를 좋아하는 상사를 따라가 보거나 영화를 좋아하는 선배와 영화 관련 자료를 주고받는 것이다. 혹은 회사 내부에 동아리가 있다면 적극 참여해 보는 것도 좋다. 건전한 취미 활동도 하면서 회사 내부 직원들과 친목을 도모할 수 있어서 일거양득의 효과가 있다. 그렇게 넓어진 대인관계는 나중에 부서 간 협업을 요청해야 할 때 큰 도움이 될 수 있다.

다른 사람들의 뒷담화는 절대 하지 마라

회사생활을 하다 보면 본의 아니게 다른 사람의 뒷담화하는 그룹에 끼어 있게 되는 경우도 있다. 그러나 여러분이 나서서 적극적으로 뒷담화에 동참해서는 안 된다. 상대방이 여러분이 했던 이야기를 다른 사람에게 옮길 수도 있고, 여러분 역시 뒷담화의 대상이 될 수도 있기 때문이다. 그렇다고 다른 사람들이 뒷담화하고 있는 도중에 자리를 피하거나 그만두라고 얘기하는 것 역시 그 사람들과의 관계에는 안 좋을 수도 있다. 그런 상황에는 되도록 참여하지 않는 것이 좋지만, 어쩔 수 없이 함께 동석을 했다고 한다면 그냥 가만히 듣고 있는 것이 좋다. 만일 누군가가 여러분의 생각을 물어 온다면 그냥 미소로 넘기거나 화제를 전환하는 것도 좋다. 뒷담화는 결국 부메랑이 되어 돌아온다는 것을 잊지 말자.

다양한 사람들과 친해지도록 노력하라

선배나 상사로부터 배울 것도 많다

자신보다 연배가 많은 선배나 상사와 친하게 지내는 것을 어려워하는 신입사원들을 많이 본다. 그러나 그들은 여러분보다 먼저 회사에 입사해서 어느 정도 자리를 잡은 사람들이다. 여러분이 지금 겪고 있는 혹은 앞으로 겪게 될 어려움은 그 사람들은 이미 다 극복했을 수 있다. 본받을 만한 선배 몇 명과 친해 두면 여러 모로 도움을 받을 수 있다. 나이가 많다는 이유로 어려워만 하지 말고 성향이 잘 맞을 것 같은 대상을 찾아서 적극적으로 친해지도록 노력해 보자.

타부서 사람들과도 친해지도록 노력하자

우리 부서, 우리 팀과만 친하게 지내야 할 이유는 없다. 타부서 사람들 중에 의외로 성향이 더 잘 맞는 사람이 있을 수도 있다. 점심 식사도 반드시 같은 부서 사람들과만 하지 말고 타부서 사람들과도 함께 해보자. 회사에 대한 다른 정보와 다른 시각을 얻을 수도 있다. 또한 타부서에서 추진하는 내용을 이해하고 있다면 현재 진행하고 있는 업무와 연결해서 새로운 일을 기획할 수도 있다.

경조사에는 반드시 참석하자

회사생활을 하다보면 자연스럽게 알게 되는 사람들이 많다. 그러다 보면 그 사람들이 전해 오는 경조사도 생각보다 많다. 경조사에는 반드시 참석하도록 하자. 특히 좋은 일보다는 안 좋은 일이 있을 때는 참석하는 것이 좋다. 힘들고 어려울 때 마음을 나눈 사람은 더 고맙고 기억에 남는 법이기도 하고, 나 또한 힘들 때가 올 것이기 때문이다. 사정상 아무래도 참석하기 어려운 상황이라면 지인을 통해서라도 혹은 직접 마음을 전달하도록 하자.

❶ 커뮤니케이션은 말하는 것보다 듣는 것이다. 들으면서 상대에 대해 조금 더 이해해 보자.

❷ 같은 취미나 취향을 가진 사람과는 친해지기도 쉽다. 친해지고자 하는 사람과의 공통점을 찾아보자. 사내 동호회를 활용하면 다양한 사람들과 더 쉽게 친해질 수 있다.

❸ 뒤에서 다른 사람들에 대해 이러쿵저러쿵 얘기하지 말자. 결국 부메랑이 되어 돌아온다.

❹ 다양한 연령대의 사람들과 친해지도록 노력하자. 비슷한 또래들과만 친해지면 그만큼 대인관계가 한정될 수밖에 없다.

❺ 경조사에는 반드시 참석하자.

06 이 회사가 정말 내 회사일까?

Key Points
- 난생 처음 해 보는 사회생활, 힘든 게 당연하다.
- 취업준비생으로서 입사 전에 가졌던 마음가짐을 떠올려 보자.
- 어떤 조직이든 나랑 안 맞는 사람이 있는 것은 당연하다.

CASE

전자공학과를 졸업하고 SI 업체에 입사한 나열정 양. 뛰는 가슴을 억누르며 입사한지 6개월, 회사 문을 처음 들어섰을 때의 그 느낌은 어디 갔는지 요즘은 회사 가는 게 싫어 죽을 지경이다. SI 업무의 특성을 몰랐던 것도 아닌데 실제 부딪혀 보니 생각 이상으로 더 힘들다.

게다가 팀장은 왜 자꾸 나만 못 살게 구는지 알 수가 없다. 그렇게 오고 싶어 했던 회사지만, 요즘은 문득 문득 이 회사가 진짜 내 회사인지 의심이 된다. 직무도, 회사도 잘못 고른 건 아닌지. 다른 데로 옮겨야 하는지 고민이 되기도 하고, 그냥 대학원이나 갈 걸 그랬나 싶어 후회가 되기도 한다. 회사생활이 다 그렇다는 주변의 말에 평생 이렇게 살아야 하는 건 아닌지 섬뜩해지는 나열정 양. 정말 방법은 없는 걸까?

흔히 입사 3개월, 6개월, 1년째가 가장 큰 고비라고 얘기한다. 그 정도로 한 회사에 근속하기란 쉽지 않은 일이다. 그것은 회사의 근본적인 문제 때문일 수도 있지만 여러분에게 원인이 있는 것일 수도 있다. 회사가 구조적으로 문제가 있거나 여러분이 그 안에서 업무적으로 성장할 기회가 없다면 시간이 너무 많이 흐르기 전에 진지하게 이직을 고려해야 한다. 그러나 만일 원인이 여러분에게 있는 것이라면?

회사, 꿈이 아닌 현실

현실은 상상과 다르다

인턴생활을 했거나 회사에서 아르바이트를 한 경험이 있다 해도 회사생활은 어렵다. 하물며 아무런 경험 없이 처음으로 회사생활을 시작한 경우라면 모든 것이 낯설고 힘든 것은 어쩌면 당연할 수도 있다. 드라마나 영화에서 나오는 회사 장면들은 현실과는 거리가 있다. 여러분이 꿈꿨던 회사생활은 환상이었을 수도 있다. 그러나 생각과 다르다고 마냥 의기소침해져 있거나 실망만 하고 있으면 상황은 더 악화될 수 있다. 힘들게만 느껴지는 첫 회사생활에서도 반드시 긍정적인 부분이 있다. 그 부분을 적극적으로 찾는 자세가 필요하다.

입사 전과 입사 후, 마음이 달라진다

입사 전에는 취업만 하면 누구보다 열심히 일할 것이라고 누구나 다짐한다. 그러나 그 마음가짐은 보통 입사 후 3개월 즈음 지나면 180도까지는 아니어도 175도 정도는 바뀐다. 회사에 대한 지금의 불만은 어쩌면 내 마음가짐의 변화 때문일 수도 있다. 다시 한 번 초심으로 돌아갈 필요가 있다.

신입사원으로서 하고 있는 일에 대한 의미를 못 찾는 경우도 있고, 처우나 업무 환경 때문에 고민하는 경우도 있다. 그러나 이런 사항은 직무나 업종을 완전히 바꾸지 않는 이상 어느 회사를 가도 크게 다르지 않다. 물론 대기업과 중소기업의 차이는 상당하다. 그렇다고 대기업에 입사하기 위해 다시 취업준비생으로 돌아가기에는 리스크가 너무 크다. 객관적으로 자신의 경쟁력을 파악하고 결정해야 할 문제이다.

그럴 바엔 현 회사의 '현재'만이 아닌 '미래'를 고려해 봐야 한다. 지금 당장이 아닌 십 년 후를 생각해 보자. 먼저 자신의 커리어 목표가 무엇인지 분명히 한 후, 현 회사에서의 업무 경력이 그 목표에 어떤 영향을 미칠 수 있는지 고려하라. 궁극적인 커리어 목표를 세우기 어렵다면 최소 5년 후 혹은 3년 후의 목표라도 세우고 현재 업무와의 연결성을 생각해 보자. 지금 하고 있는 일을 통해 목표에 다가갈 수 있다면, 지금은 그만둘 때가 아니다.

슬럼프, 미리미리 대비하자

직장인이라면 한 번씩은 슬럼프를 겪는다. 단순히 회사가 맘에 안 들어서 의욕이 떨어지기도 한다. 그러나 재미있게 열심히 하던 일에 갑자기 흥미를 잃고 뚜렷한 이유 없이 직장에 불만을 갖게 된다면, 혹시 슬럼프를 겪고 있는 건 아닌가 돌아볼 필요가 있다. 빠르면 입사 1년 안에, 늦어도 3년 안에 한 번은 겪게 되고, 그 이후에도 간간히 찾아오는 슬럼프는 직장인에게 있어서는 감기 같은 증상이다. 그러나 이 기간을 제대로 못 넘기고 퇴사를 하는 직장인이 의외로 많다.

슬럼프가 왔을 때는 무리하게 업무를 진행하려 하지 말고, 현재 슬럼프 기간임을 주변에 알리고 일 외적인 부분에 좀 더 집중하는 것이 좋다. 운동을 시작하거나 새로운 교육을 듣거나 혹은 취미 활동을 열심히 해보자. 슬럼프가 지나치게 길어진다면 문제가 되지만, 일반적으로는 몇 주 안에 다시 의욕과 새로운 각오를 다지게 된다.

직장인 퇴사 사유 1위, '인간관계'

어느 조직이나 잘 안 맞는 사람은 있다

많은 신입사원들이 상사와의 관계에 어려움을 느낀다고 호소한다. 다른 팀의 상사들은 다 괜찮은데 우리 팀장님만 성격이 이상하다거나, 혹은 평소엔 성격이 괜찮은데 일할 때는 성격이 이상해진다고 상사에 대해 불평하는 경우를 많이 보게 된다. 그러나 회사는 친목 단체가 아니다. 하나의 목표를 함께 공유하며 빠른 시일 안에 성과를 보여야 하는 특수 조직일 뿐만 아니라 수직적인 구조이다. 어쩌면 상사와 잘 안 맞는 것이 당연하다고 생각해야 할지도 모른다.

상사의 말은 일단 존중하자

전혀 이해할 수 없는 일을 시키거나 중요하지 않은 절차를 밟게 하기도 할 것이다. 그러나 그러는 데는 이유가 있다. 설명해 줄 수 없는 부분이거나, 개인적인 신념이나 경험에 의한 것일 수도 있다. 혹은 윗선에서 내려온 지시사항일 수도 있다. 이해할 수 없더라도 일단 상사의 말은 존중하자. 상사는 여러분이 아직 알지 못 하는 업무 노하우와 경험을 가진 사람이다. 그리고 만일 여러분이 주장을 해야 하는 순간이 오더라도, 일도 제대로 안 해놓고 말만 많다는 얘기를 듣지 않기 위해서라도 일단 지시받은 일은 정확히 수행하라.

업무적인 일 외에 상사와 트러블이 있을 때

이유 없이 나만 트집을 잡거나 면박을 준다면 어떤 오해가 있을 가능성이 크다. 당신의 어떤 부분을 못마땅하게 생각하고 있다는 간접 표현의 하나일 수도 있고 나에 대한 잘못된 정보를 가지고 있는 것일 수도 있다. 이런 경우라면 정중하게 상사에게 개인 면담을 요청하는 것이 좋다.

면담 시에는 절대 따지듯이 묻지 말고, 정중하게 최근에 본인이 실수한 것이 있는지, 서운한 게 있는지에 대해 물어 보는 것이 좋다. 만일 나도 모르게 실수를 한 경우라면 수정할 수 있는 기회이기도 하다. 특별히 그런 것이 없다고 한다면 좀 더 상사와 인간적으로 친해지도록 노력하는 것도 좋다.

퇴사를 결정했다 해도 대책 없이 지르지 마라

아무리 노력하고 긍정적으로 생각해도 그만두어야겠다고 결심하게 되는 경우가 있다. 그렇다 하더라도 대책 없이 사직서 먼저 쓰지는 말자. 옮길 곳이 정해진 이후에 사직해도 늦지 않다. 아니라면 적어도 구체적인 대책을 세운 후에 퇴사를 하도록 하자.

퇴사 경험이 있는 사람은 한 번도 회사에 안 다녀본 사람에 비해 심리적으로 더 어려움을 겪는 경우가 많다. 이미 한 번 실패를 해봤기 때문에 더 조심스러워지고, 기존 회사보다 더 좋은 곳에 가야 한다는 생각에 조건을 지나치게 고르다가 기회를 놓치는 경우도 많다. 혹은 퇴사 후에 의욕을 잃고 NEET(Not in Education, Employment, or Training)족이 되는 경우도 많기 때문이다.

Check! Check! Check!

❶ 상상과 현실은 다르다. 직장생활은 상상과 다른 것이 당연하다.

❷ 현 처우나 환경만을 두고 생각하지 말자. 현재 하고 있는 업무가 내 커리어 목표와 일치하는지 여부가 가장 중요하다.

❸ 갑자기 일과 회사에 대해 불만이 생기는 슬럼프 시기가 온다. 그 시기를 지혜롭게 극복하도록 하자.

❹ 잘 맞지 않는 상사라 하더라도 상사의 말은 일단 수긍하고 받아들이자.

❺ 대책 없이 사직서를 먼저 제출하는 실수는 하지 말자.

자기계발, 어떤 삶을 살기 위한 노력인가

Key Points
- 나만의 커리어 목표를 세워라. 그리고 그에 맞는 커리어 지도를 그려 보자. 자기계발은 그 다음이다.
- 직업에 대한 나만의 가치를 명확히 하자.

CASE

입사 6개월차 김군아 군. 얼마 전부터 영어 학원 새벽반을 끊었다. 현재 하고 있는 직무가 영어를 직접 쓰는 것은 아니지만, 글로벌 시대의 경쟁력은 역시 영어라는 입사 동기의 주장에 끌려 새벽반을 신청한 것.

그러나 아직 2주도 안 되었는데 아침마다 눈 뜨는 게 괴롭기만 하다. 업무도 익숙하지 않은 데다 야근에 회식에 개인적인 모임까지. 밤늦게 자기 일쑤인지라 새벽에 일어나서 학원을 나간다는 게 사실 쉽지만은 않다. 결국 한두 번 지각하기 시작하더니 이젠 아예 포기하고 말았다. 오늘도 알람을 끄고 다시 누워서 중얼거린다.

"그래 내가 무슨 부귀영화를 보겠다고. 당장 필요한 것도 아니니 영어는 좀 나중에 시작해도 돼."

자기계발이 선택이 아닌 필수인 시대가 되었다. 회사에 입사해서 맡은 업무만 성실히 잘 해내면 자연스럽게 승진했던 얘기는 20세기와 함께 사라졌다. 이제는 스스로를 위해서도 꾸준한 자기계발을 해야 한다. 회사에서도 자기계발을 하지 않는 직원들에게는 부정적인 평가를 내리고 있다. 그러나 일도 해야 하고 자기 생활도 가져야 하는 신입사원, 학생 때보다 시간이 더 없다. 이렇게 부족한 시간에 무엇을 해야 할지 몰라 막연히 영어 공부만 하고 있는 것은 아닌가?

자기계발 이전에 커리어 목표를 정하라

도달하고 싶은 목표 지점을 먼저 정하라

무엇을 위한 것인지 그 목적이 명확하지 않다면 지금 하고 있는 자기계발은 시간낭비가 될 수도 있다. 물론 배우고 익혀두면 언젠가는 사용할 때가 오겠지만 기간이 오래 걸리고 어쩌면 기회가 아예 안 올 수도 있다. 그러므로 초반에는 커리어에 필요한 것이 무엇인지를 먼저 생각해서 우선순위를 정하라. 현재 담당업무가 생산관리이고 관련 분야에서 전문가가 되는 것이 목표라면 자격증 취득이나 관련 지식 습득이 우선이지 영어 공부가 먼저는 아니라는 말이다.

목표에도 정기점검이 필요하다

빠르게 변화하는 사회이다. 불과 5년 전에는 없었던 직업이 주목받기도 하고, 10년 전에는 잘 나가던 직업이 지금은 사라지고 없기도 하다. 그리고 직업이나 직무마다 필요한 역량은 끊임없이 변하고 있다. 예전에는 해외영업을 할 때 영어만 잘하면 됐지만, 지금은 중국어를 함께 잘하는 사람을 선호하는 것만 봐도 알 수 있다. 적어도 1년에 한 번씩은 본인의 커리어 목표를 되돌아 보자. 그리고 그에 맞는 자기계발 계획을 다시 세우자.

자신의 가치를 알아야 커리어 목표가 뚜렷해진다

이제 막 사회생활을 시작한 이들에게 최종 커리어 목표를 잡으라고 하면 굉장히 곤란해 한다. 자기소개서와 면접에서 [입사 후 포부] 항목을 가장 어려워 했던 것과 마찬가지이다. 그러나 너무 어렵게 생각하진 말자. 먼저 '어떻게 살고 싶은가'에 대해 생각해 보자. 금전적으로 풍족하게 살고 싶은지, 직업적으로 성공하고 싶은 것인지, 여유 시간을 많이 갖고 싶은 것인지 등. 이 부분이 어느 정도 윤곽이 잡힌다면, 커리어 목표도 자연스럽게 나올 수 있다.

금전이 삶의 목표라면 '연봉 얼마'가 자신의 커리어 목표가 되는 것이고, 여유 시간이 삶의 목표라면 '일과 가정의 조화' 등이 커리어 목표가 될 수 있다. 물론 이 모든 것을 다 중요하게 생각할 수도 있다. 그래도 우선순위를 정해야 한다. 자신이 무엇을 가장 중요하게 생각하고 우선적으로 이뤄낼 것인지 한번 생각해 보자.

❶ 커리어 목표를 정하는 것이 먼저다.

❷ 커리어 목표 설립을 위해 직업에 대한 가치관을 정리해 보자. 만일 가치관이라는 단어가 어렵다면 좋아하는 것과 싫어하는 것으로 구분할 수도 있다.

• 나에 대한 이해

좋아하는 활동	싫어하는 활동
하고 싶은 것	되고 싶은 것

• 직업 가치의 예시

성취 / 자율 / 몸과 마음의 여유 / 금전적 보상 / 봉사 / 개별활동 / 직업안정 / 변화지향 / 영향력 발휘 / 지식추구 / 애국 / 사회적 인정 / 실내활동 / 이타주의 / 창의성 / 다양성 / 공익성 / 도전 / 혁신 / 변혁 / 자기신뢰 / 문제해결 / 외부활동

08 자기계발, 계획 수립하기

'10년 안에 내 분야에서 전문가가 되자!'

나열정 양의 다이어리 제일 앞장에 적혀 있는 말이다. 커리어 목표를 세워야 한다는 말에 며칠 간 고심 끝에 정한 커리어 목표이다. 목표도 세우고 다이어리에 적기까지 했으니 이제 이루는 것은 시간문제라고 의기양양한 나열정 양. 그러나 시간이 지날수록 적어 놓은 목표를 향해 다가가고 있는 느낌이 들지 않는다. 목표를 정하는 것만으로는 부족한 것일까? 자기계발을 위해서 더 해야 하는 것이 있는 것일까?

목표의 중요성은 이미 많이 알고 있다. 목표를 정하는 것뿐만 아니라 구체적으로 목표를 적어 놓는 것이 중요하다. 그래서 다들 시험기간이 되면 자신만의 구호를 적어 책상 앞에 붙이는 것이 아닌가. 그러나 단순히 목표만 설정했다고 해서 그 모든 목표가 쉽게 이루어지는 것은 아니다. 목표를 이뤄나가기 위해서는 구체적인 실행력이 따라줘야 한다. 구체적인 실행력을 어떻게 만들 것인지 알아보자.

구체적인 계획의 중요성

목표를 정할 때 구체적인 시기도 함께 정하라

누구나 목표를 세워 본 경험은 있다. 그래서 그런지 커리어 목표를 세워 보라고 하면 고민을 하기는 하지만 하나씩은 세우는 것 같다. 그러나 여기서 멈춰 버린다면 그것은 목표가 아니라 '망상'이 되어 버린다. 회사 생활을 하면서 자신만의 커리어 목표를 향해 자기계발을 한다는 것이 생각보다 쉽지 않다. 그래서 목표와 함께 달성 시기도 함께 정해야 단순한 작심삼일로 끝나지 않게 된다. 또 하나, 목표 달성 시기가 정해지면 그것을 이루기 위한 구체적인 실행 계획 세우는 것이 조금 더 수월해진다.

구체적인 실행 계획 세우기

행동이 뒤따르지 않는 목표는 목표가 아니라 헛된 꿈일 뿐이다. 목표가 점점 내 눈 앞으로 다가오는 것을 느끼기 위해서는 구체적인 실행 계획을 수립해야 한다. 실행 계획은 구체적이어야 하며 측정이 가능해야 한다. 예를 들어 독서가 실행 계획이라면, '책을 많이 읽는다'가 아닌 '경영 관련 서적을 2주에 1권씩 정독한다'로 정해야 올바른 실행 계획이 되는 것이다.

정기적으로 목표와 실행에 대해 검토하라

자기계발은 평생에 걸쳐 진행이 된다. 스스로의 커리어 목표를 달성하면 보통 그 다음 목표를 세우기 마련이다. 단기간에 이룰 수 없기 때문에 중간 점검을 하는 시간이 필요하다. 처한 환경이 변할 수도 있고, 새로운 분야에 관심이 생겼을 수도 있다. 가치관이 변해서 커리어 목표 자체를 새로 수정해야 하는 경우도 생각보다 많다. 처음 세운 목표이고 실행 계획이기 때문에 무슨 일이 있어도 고수해야 한다는 생각은 옳지 않다. 목표든 시기든 실행 계획이든 항상 변동이 있을 수 있기 때문에 정기적으로 중간 점검을 하고 스스로를 뒤돌아보는 시간을 갖자.

Check! Check! Check!

다음은 국내 중소기업 의료기기 업체의 엔지니어로 입사한 사회 초년생이 10년 후 외국계 회사 한국지사장이 되기 위해 세운 커리어 목표와 실행 계획의 예시이다.

• 외국계 회사 한국 지사장

기간	목표	액션 플랜
1년	– 제품에 대한 기술적 습득 – 영어 회화 능력 향상 – 관련 분야에 대한 인적 네트워크 형성	– 직무 관련 전문 월간지 정기 구독. 관련 세미나 2달에 1회 이상 참석. – 출퇴근 시간 영어 듣기. 잠자기 전 30분간 큰 소리로 따라 읽기. 스터디에 가입해서 1달에 1번 외국인 친구와 대화하기. – 직무 관련 카페에 가입해서 지속적으로 활동. 1달에 1회 이상 오프라인 만남 지속하기.
3년	– 영업 능력 키우기 – 해외시장 및 국내시장에 대한 분석 – 비즈니스 영어 회화 향상	– 기술영업직으로 직무 변경. 영업 실적 3위 이상 유지. – 2주에 1회 국내외 관련 자료조사. 해외논문 검토. – 영어를 업무적으로 사용할 수 있는 환경 조성. 월스트리트저널 구독.
5년	– 마케팅 이론 및 현장 경험 익히기 – 중간 관리자로서의 역량 기르기	– 국내 야간 MBA 진학. 마케팅 세미나 2달에 1회 이상 참석. – 리더십 교육 수강. 커뮤니케이션 교육 수강. 부하 직원들과 1달에 1회 허심탄회하게 얘기할 수 있는 기회 만들기.
10년	– 경영에 대한 이해 넓히기 – 외부 인적 네트워크와의 관계 다지기	– 재무, 회계 관련 교육 수강. – 1주일에 1회 이상 외부 사람과 점심 식사하기. 단, 공적으로만.

09 직장 안에서의 자기계발

CASE

　　자신의 커리어 목표를 찾은 고스펙 군. 경쟁력을 높이기 위해 업무 관련 자격증을 취득하기로 결정하고 학원도 신청했다. 그러나 아직 업무에 익숙하지 않아 맡은 일을 근무 시간 안에 다 못하는 경우가 종종 생긴다. 야근을 할 것인지 학원을 갈 것인지 선택해야 하는 상황에서 고스펙 군은, 자신의 미래를 위해서는 자격증이 우선이라고 생각, 일을 미루고 학원에 가는 일이 잦아졌다. 그런데 처음에는 노력하는 모습이 기특하다며 칭찬하던 부장님이 점점 자신을 못마땅한 표정으로 보는 것이 아닌가.

　　'자기계발을 위해 열심히 했을 뿐인데 왜 그러시는 거지?'

직장 생활을 하면서 자기계발을 하는 것은 생각보다 쉬운 일이 아니다. 회사일이 언제나 예측대로 진행되는 것도 아니고 해야 할 업무량은 항상 많기 때문이다. 그렇다고 회사일 때문에 자기계발이 계속 뒷전으로 밀린다면 항상 제자리를 맴돈다는 느낌을 갖게 돼서 의욕이 떨어질 수도 있다. 회사생활과 자기계발, 두 마리의 토끼는 정말 잡을 수 없는 것인가?

직무에 대한 전문성을 키우는 것, 그것이 자기계발이다

경험과 실력을 능가하는 것은 없다

회사에서 경력직을 채용할 때 가장 우선적으로 생각하는 것은 스펙이나 교육이 아니라 바로 경력이다. 유사 업종에서 관련 직무를 몇 년을 했는지, 어떤 프로젝트를 어떤 위치에서 진행했고 어떤 결과를 냈는지, 다른 사람들과 비교해서 어떤 두드러진 성과를 냈는지가 가장 중요한 것이다. 현업에서의 3년 경력이 웬만한 자격증보다 더 인정받고 높게 평가 받는 것도 이런 이유 때문이다. 즉 현재 하고 있는 업무에 충실해서 탁월한 성과를 보이는 것, 그것이 바로 자기계발이다.

공부보다는 현장 경험이다

한동안 MBA 열풍이 불었던 적이 있었다. 기업들이 해외 유수의 MBA 출신을 모시기 위해 파격적인 연봉과 직급을 제안했기 때문에 우수한 인재들이 너도나도 회사를 그만두고 해외 MBA를 떠났다. 그러나 MBA

열풍은 채 5년을 가지 못했다. 그 이후 돌아온 해외파들은 본인들이 떠날 때와는 다른 처우에 실망을 감추지 못했다. MBA를 떠나기 전 준비한 기간 1년, 입학하기 전 연수 기간 1년, MBA 2~3년, 총 4~5년의 시간과 고비용을 투자했는데 그 비용만큼의 평가를 받지 못했기 때문이다.

그러나 상대적으로 그 기간 동안 착실하게 자신의 직무에서 경험과 실력을 쌓으며 자기계발을 해 온 동기들은 자신보다 더 높은 직급과 연봉을 받고 있는 경우도 비일비재해서 해외파들의 기운을 더 빠지게 했다. 기업은 우수한 인재를 원한다. 그렇기 때문에 현업에서 자신의 가치를 뚜렷하게 보여준 사람을 더 선호할 수밖에 없다.

〔예시: 해외 MBA를 다녀 올 때〕

기대효과	기회비용
– 관련 분야에 대한 전문성을 인정받을 수 있다. – 석사로서 학력을 인정받음. – 연봉을 높일 수 있는 기회. – 학벌 업그레이드의 기회. – 규모가 있는 회사에서의 승진 기회를 얻을 수 있다.	– 경력단절이 될 수 있음. – 비용이 많이 투자. – 그 기간 동안의 수입이 없음. – 복귀 시기가 만 35세가 넘어가면 오히려 재취업이 어려울 수 있음. – 학벌보다 경력을 중시하는 업종의특성.

자기계발 때문에 회사 일을 뒷전으로 미뤄서는 안 된다

그럼에도 불구하고 회사일로만 자기계발을 하는 데 한계가 느껴질 때가 있다. 그럴 때는 학업이나 자격증, 기타 교육에 대해 진지하게 고민을 해 봐야 한다. 추가로 얻을 수 있는 것과 잃을 수도 있는 기회비용에 대해서도 객관적으로 평가해 보자. 그리고 만일 회사일과 학업을 함께 병행하기로 결정했다면 회사 일에 해가 되지 않도록 학업계획을 짜야 한다. 자기계발은 나 하나만을 위한 것이 아니라, 회사의 성장을 위해서도 필요하기 때문에 많은 경우 학업을 병행한다고 하면 배려를 받을 수 있다. 그렇다고 자신이 해야 할 일을 남에게 미루거나 학업을 핑계로 회사 일에 소홀히 해서는 안 된다. 회사 일에 전혀 지장이 없도록 시간과 노력을 분배하도록 하자.

Check! Check! Check!

❶ 현장에서의 경험과 실력, 성과를 쌓는 것이 가장 훌륭한 자기계발이다.

❷ 일과 학업을 병행해야 할 때는 일을 우선시 하자. 학업 때문에 회사 일에 지장이 있어서는 안 된다.

취업상담 Q&A
- 대한민국 대표 커리어 컨설턴트와의 JOB談(잡담)

Q1

직장 상사가 저만 미워하는 것 같습니다. 저 이전에도 못 버티고 나간 신입사원이 여러 명이라고 합니다. 회사에서도 알고 있지만 업무 능력이 탁월해서 건드리지 못한다고 합니다. 어떻게 해야 할까요?

A

상사가 상대하기 쉽지 않은 성향을 가진 분인 것 같네요. 그런데 주로 어떤 면 때문에 갈등을 겪으시는 건가요? 만일 인격적인 부분을 구박하거나 질책하는 것이라면 상사의 문제일 수 있습니다. 그러나 혹시 업무적으로 지적 받는 것은 아닌가요?

업무 능력이 뛰어난 상사들은 부하직원의 업무 성과에 대한 기대 수준이 높습니다. 자신은 쉽게 하는 일을 다른 사람이 제대로 하지 못하는 것을 잘 이해하지 못하기도 합니다. 혹은 부하직원이 걸림돌이 된다고 생각하기도 합니다. 일 중독자인 경우도 있습니다. 이런 경우 부하직원이 일도 다 안 마치고 퇴근하는 것을 이해 못할 수 있습니다. 또한 하나부터 열까지 자신의 스타일대로 하길 원하는 경우도 있지요. 원인이 무엇이든 간에, 쉽지 않은 상대이죠.

그래도 일단 질책은 최선을 다해 받아들이십시오. 상사로부터 질책을 받을 때는 겸허히 받아들이는 자세를 취하세요. 틀린 부분에 대해서는 적극적으로 수정하시기 바랍니다. 그것이 당신의 발전을 위해서도 좋기 때문입니다. 그리고 상사도 사람인 이상, 겸손히 잘못을 받아들이고 수정하려 노력하는 모습을 본다면, 당신에 대한 평가가 바뀔 가능성이 큽니다.

이미 해봤다고요? 그러면 면담을 신청해 보세요. 자신의 어떤 점이 부족하다고 생각하는지에 대해. 그러면 상사의 평소 생각을 들을 수 있을 것입니다. 이때도 마음을 열고 받아들이세요. 절대 따지듯이 묻고 인상 찌푸리고 스스로를 변호해서는 안 됩니다.

그래도 안 된다고요? 인간적으로 상사와 동화되거나 아니면 아예 포기하고 일만 열심히 하는 것밖에 방법이 없네요. 하지만 그렇다 해도 상사의 업무 능력은 배우도록 노력해야 합니다.

Q2 미래를 위해 자기계발을 하고 싶습니다. 그러나 매일 같은 야근에 회식에 접대에, 휴일은 지쳐서 잠만 자다가 지나가 버리는 경우가

허다합니다. 어떻게 시간을 내야 할까요?

회사생활은 정말 쉽지 않습니다. 현 업무를 잘 하기도 어려운데 그 와중에 미래를 위한 자기계발도 해야 하니, 현대 직장인은 정말 슈퍼맨이 되어야 할 것 같습니다.

자기계발을 하고자 하는 직장인들의 가장 큰 고민은 '시간이 없다'입니다. 하루하루 보내는 것도 빠듯하고 전쟁 같은데 미래까지 대비할 정신적 시간적 여유가 없는 것은 어쩌면 당연합니다. 그러나 조금만 잘 생각해 보면 우리가 그냥 흘려보내고 있는 시간이 생각보다 많다는 것을 알 수 있습니다. 출퇴근 시간, 걷는 시간, 화장실에서 보내는 시간, 커피를 마시거나 담배를 피우는 시간, 점심 후 여유 시간, 퇴근 후 잠깐 쉬는 시간, TV 보는 시간 등. 물론 앉아서 지속적으로 공부를 할 시간은 안 되겠지만 틈틈이 시간을 내면 하루 30분~1시간 정도는 낼 수 있을 것입니다. 하루 30분씩 하루도 빠지지 않고 꾸준히 한다고 생각했을 때 1년이면 182시간 30분인 거죠. 결코 적지 않은 시간입니다.

자기계발에서 가장 중요한 것은 자신의 목표를 향해 포기하지 않고 꾸준히 나아가는 것입니다 현재 상황에서 시간이 없다고 한탄만 하지 말고 조금이라도 짬을 낼 수 있는 시간이 어디 숨어 있는지 한번 찾아보세요. 그리고 그 시간을 그냥 흘려보내지 않는다면, 몇 년 후 당신은 크게 성장해 있을 것입니다.

11 성공적인 직장생활 사례

● 자신의 부족함을 성실성과 근성으로 이겨낸 사례

취업 재수 끝에 대기업에 취업하게 된 A씨, 그 동안의 마음고생을 다 털어 버리고 승승장구할 자신의 미래에 가슴이 뛰었다. 3개월의 신입 연수 기간을 끝내고 부서에 배치가 된 그 날을 잊을 수가 없다. 전자 공학을 전공하기는 했으나 연구개발이 성향에 맞지 않았던 그에게 구매 부서는 더 이상 좋을 수 없는 곳이었다. 평소에 관심 있어 했던 영어도 업무에 활용할 수 있고, 외부 거래처 사람들과의 미팅도 잦고, 외근과 해외 출장도 많고, 꿈인지 현실인지 분간이 되지 않을 정도였다.

그런 그와는 달리 주변에서 자신을 불쌍한 눈으로 쳐다 는 것이 아닌 가. 영문을 알 수 없었던 A씨. 부서에 배치된 지 얼마 안 되어 그 이유를 알게 되었다. 자신의 직속 상사가 악명이 높았던 것이다. 자기 이전에 여러 명의 부서원들이 상사와의 갈등을 이유로 퇴직을 하거나 부서 변경을 요청했다고 한다. 그럼에도 불구하고 회사에서는 그 상사의 업무 성과 때문에 함구하고 있는 상황이었다. 워낙 탁월한 성과를 보이기 때문에 그 누구보다도 빠르게 승진해서 회사에서는 이례적으로 30대 초반에 차장 직급을 달고 있었다. A씨의 험난한 직장 생활이 시작된 것이다.

A씨는 사실 눈치가 빠르거나 영민한 스타일은 아니다. 그래서 하나를 알려 주면 열을 알진 못한다. 그러나 하나를 알려 주면 그 하나만큼은 확실히 자신의 것으로 만드는 끈기와 열정을 가지고 있었다. 누구보다 성실하고 과묵함이 그의 큰 장점이었다. 그러나 일 잘하기로 소문난 그의 상사는 그런 그를 탐탁찮게 여겼다. 사람들 앞에서 수시로 무안을 주기 일쑤였고 일을 맡기고도 못 미더워서 몇 번이고 재촉하고 확인했다.

처음 몇 주는 그냥 묵묵히 견디던 A씨도 반복된 질타와 면박에 고민을 시작했다. 그러나 어렵게 입사했는데 얼마 되지도 않아서 퇴사를 하는 것도 말이 안 되는 것 같았고, 일 자체는 재미가 있었기 때문에 부서 변경도 좋은 방법은 아닌 것 같았다. 결국 상사와 관계를 풀어야겠다는 결심을 하게 되었다. 그러나 아무리 상사의 마음에 들기 위해 기를 써 보아도 상사는 자신을 부족하게만 보는 것 같아서 점점 기운이 빠졌다.

그러던 어느 날, 연수 때 배웠던 내용을 토대로 부서원들 앞에서 PT를 할 기회가 생겼다. 일종의 신입사원 평가제도였다. 일반적으로 배운 내용을 제대로 이해하고 있는지 파악하는 수준으로 진행되고 평가가 되는 것인데, A씨는 자신의 노력하는 모습을 보여 줄 기회로 생각하고 최선을 다해 준비를 했다. 2주 전부터 개인 시간을 쪼개어 교육 받은 내용을 리뷰 하는 한편, 거기에 그치지 않고 대학 때 배웠던 내용과 따로 찾은 내용을 포함해서 자료를 구성했다. 연구개발 직무가 아닌 마케팅이나 영업 쪽 직무를 희망해 왔던 A씨라 수많은 공모전에 응시한 경험이 있었고, 덕분에 여느 공학도보다 파워포인트 활용 능력에 자신이 있었다. 물론 근무 시간 뿐 아니라 야근을 하면서 업무에 대한 집중도는 떨어뜨리지 않았다.

떨리는 발표 날, 오랜 시간 준비했던 자신의 발표를 끝내고 나서 상사의 얼굴을 본 A씨는 감탄하는 표정에 오히려 놀랐다. 이어지는 칭찬과 격려에 어안이 벙벙했던 A씨에게 상사는 "이런 재주가 있는 줄 몰랐다."는 말을 연신 했다. 나중에 상사와 술자리에서 마주하게 된 A씨는 상사로부터 처음엔 미련하고 못 미더운 사람으로 생각했는데, 불평 한마디 안 하고 성실하고 꾸준히 따라 오는 모습이 의외라고 생각했다는 말과 함께, 자신이 A씨의 장점을 오히려 몰라 봐서 미안하다는 이야기를 듣게 되었다.

이렇게 상사로부터 다시 평가받게 된 A씨는 현재도 열심히 직장생활을 하고 있다. 물론, 그 상사로부터 아직도 질책과 꾸지람은 받고 있다. 그러나 더 이상 그것이 자신이 미워서가 아님을 알고 있는 A씨는 오늘도 열심히 직장 상사의 기대에 따라 가기 위해 노력하고 있다.

면접예상질문

유명 취업카페를 다 뒤져 찾은
알짜배기 대기업 기출 면접정보

특징) 청년 구직자들이 선호하는 기업 엄선, 기출면접정보 정리
기업별/지원분야별/면접형태별 정보 정리

30대 기업 기출 면접질문

기업명	지원분야	질문내용
LG	일반 공통	**인성면접** 자기소개 직업의 의미 일과 가족 중에 중요한 것과 이유 자신을 한 단어로 표현하고 그 이유 말하기 자신의 장점 **토론면접** 신혼집은 남자가 사야 되는지 그렇지 않아도 되는지에 대한 토론 **임원면접** 이력서에 써 있지 않은 짧은 자기소개 취미가 요리, 특기가 요리인데 좋아하는 길로 가지 않고 왜 물류를 지원했는가? 대학 전공에서 무엇을 배웠는가? 아버지 소개 교환학생을 다녀온 적이 있는지, 다녀왔다면 그 이유 자격증에 관한 질문 인턴경험에 대한 질문 30초 동안 자신을 PR
S-OIL	일반 공통	**PT면접** 주제 : 환율 헤징 방법과 최상의 방법에 대해 조언 더불어 정유업계의 전통적인 헤징 방법인 순외화부채에 대해 설명 **영어면접** 5분간 간단한 대화 **역량면접(블라인드 면접)** 전공관련 질문 정유업계의 가장 이상적인 재고자산평가법은? 순외화부채의 적정 비율은 어떻게 무엇으로 산정해야 하는가? 재무제표로 회사를 평가할 때 가장 중요한 것은? 정부에서 정책을 입법하려고 하는데 공익적으로는 좋지만 회사 입장에서는 큰 손실이 발생한다면 어떻게 하겠는가 S-OIL의 이미지 어제 뭘 했는가? 별명은? 졸업하고 무엇을 했나?(졸업자의 경우)

기업명	지원분야	질문내용
금호건설	건축직	**영어면접** 꿈이 무엇인가? 투명인간이 되면 무엇을 할 것인가? 외국에 나가본 적 있나? 이 회사 사장이 된다면? **인성면접** 전공관련 질문(기초의 종류, 거푸집 종류) 휴학기간이 있을 시 휴학기간에 대한 질문
코오롱 건설	건축직	**전공면접** 친환경을 건축에 어떻게 적용시킬지 콘크리트 충전에 관한 질문 패시브와 액티브의 개념 태양광 발전과 태양열 발전의 차이 **영어면접** 목표가 무엇인가? 최근에 보낸 휴가는? 최근에 본 영화는? 군대에서 힘들었던 경험 **토론면접** 리섹트 시스템(아이디 가입할 때 중복방지 위해 쓰는 프로그램)에 관한 질문
GS건설	플랜트 시공	**전공면접** RC구조 장단점 네트워크 공정표 철골내화피복 말뚝의 파괴원인과 대책 **인성면접** 자기소개서 위주의 질문 영어로도 질문 여러 사람과 함께 일을 할 때 가장 필요한 덕목 직장 상사와 트러블이 있을 시 어떻게 할 것인가?
삼성건설	플랜트 시공	**전공면접** 상 : 타워크레인 관리 계획 중 : 철골관련(제작순서에 따른 품질계획) 하 : 한중 콘크리트 시공계획 **인성면접** 자기소개서 위주의 질문 학교에 대한 프라이드 소개 기억나는 교가 대기업의 역할 2가지(중소기업과 관련하여) 가족구성원 소개와 가족 중 존경하는 사람

기업명	지원분야	질문내용
대한전선	일반 공통	**PT면접** 중국 경제성장 녹색성장 청년실업 무상급식
		역량면접 학교 재학기간이 긴 이유 마케팅과 세일즈의 차이 자신이 위험에 처했을 때 가져가고 싶은 물건 2가지(무인도, 전쟁 등) 자기소개가 아닌 지원동기 한자 관련 질문 LME/ 거래물품목록 전기동 출구전략 와이파이 파레토 법칙 임금피크제 TEC리딩스가 다루는 업무 하고싶은 말
		최종면접 이름에 관한 질문 자기소개 TEC리딩스에 관해 알고 있는 것 싫어하는 전공과목, 좋아하는 전공과목 영어점수가 왜 낮은가? 경제통상과 경제무역학의 차이 마지막으로 하고 싶은 말
GS글로벌	일반 공통	**만남의 시간 면접** 술자리 면접 **임원면접** 배우자를 선택할 때 무엇을 고려하나 이윤이 먼저인가? 법이 먼저인가? 강점은 무엇인가? 이직을 어떻게 생각하나? 나이가 많은데 어떻게 직장생활을 할 것인가? 영어는 얼마나 하는가? 무슨 일을 해봤는가?

기업명	지원분야	질문내용
기아자동차	품질	**실무면접** 토론형식/ 블라인드 면접 (토론) 품질지수와 관련해서 개인적으로 어느쪽을 더 중요하게 생각하는지 토론 후 토론 때 냈던 의견에 관한 질문 or 인성면접 유형의 질문 or 어떤 상황을 가정한 후 어떻게 하겠는가? **영어면접** **임원면접** 자기소개 자기소개서 내용에 관한 질문 자동차 산업 전반에 대한 본인의 생각 공장의 위치나 수 매출
롯데 캐논코리아	마케팅	**PT면접** 주제 : 소셜미디어를 접목시켜서 자사제품 마케팅전략 제안하기 아이디어 관련한 간단한 질문 **역량면접** 자기소개 자기소개서 내용에 관한 질문 성공, 실패 경험에 관한 질문 경험과 관련한 하부질문 회사정보에 관한 질문 **임원면접** 자기소개 인성관련 질문 : 사는 동네, 아버지 직업, 특기, 연고지에서 떨어진 학교를 간 이유 **그룹토론** 주제 : 악플을 줄이기 위한 사회적 운동 제안하기
삼성 에이스 디지텍	기술기획분야	**인성면접** 식사는 했는지, 메뉴는? 어떤 메뉴가 제일 맛있었는지? 자기소개 특기가 왜 이것인가? 금융자격증이 있는데 왜 땄는가? 〈1박2일〉과 〈남자의 자격〉의 차이는 무엇인가? 우리가 왜 당신을 뽑아야 하는가? **PT면접** 주제 : 전공관련 지식을 묻는 주제, 논리성을 요구하는 주제도 있음 지구가 멸망하려는데 주어진 10명 중 7명만 지구를 탈출 할 수 있는데 누구를 탈출시킬 것인가?

기업명	지원분야	질문내용
삼성 에이스 디지텍	경영관리	**인성면접** 자기소개 왜 에이스디지텍이 당신을 꼭 뽑아야 하는가? 이메일 주소를 이것으로 만든 이유 특기가 왜 이것인가? 20살 이후 뭘 했는가?(대학을 늦게 들어간 경우) 마지막으로 질문과 하고 싶은 말
		PT 면접 주제 : 최근 제일 이슈되는 시사, 환율 관련 문제
삼성 엔지니어링	일반 공통	**임원면접** 타 회사 인턴을 했는데 왜 우리회사 인턴을 안 했는가? 학점이 이 정도면 학교에서 좋은 편인가? 자신이 무언가에 도전해서 넘어선 경험 어떻게 해서 우리 회사에 지원하게 되었나? 특기가 OO인데 설명해줄 수 있나? 우리 회사 말고 다른 회사 지원한 곳이 있는가? 지원분야가 OO인데 왜 1지망 2지망은 OO이고 3지망은 다른가?
		PT면접 주제 : 키워드를 보고 문제를 택함 단위가 뭔지 모르나? 압력의 단위에 대해 설명해 줄 수 있나? 그걸 다 변환할 수 있나? 제일 잘하는 과목은 무엇인가? 우리 회사에 대해서 얼마나 아나? 다른 회사 인턴하면서 배운 것은 무엇인가? 마지막으로 하고 싶은 말은?
		토론면접 평상시 사회 이슈
롯데햄	영업	**역량면접** 리더로서 활동한 경험 창의적으로 일을 해결한 경험 열정을 갖고 했던 일 전에 직장은 왜 그만두었는가? 마지막으로 하고 싶은 말은?
		임원면접 졸업하고 그동안 뭘했나? 학교 다닐 때나 아르바이트 때 했던 경험 영업에 대한 자신의 철학(영업경험이 있는 지원자에게)

기업명	지원분야	질문내용
두산중공업	시공	기업을 선택하는 기준은? 그런 기준이 두산중공업과 어떤 면에서 맞는지?
		다른 기업 어디에 지원했나? 어디로 갈건가? 왜 두산중공업으로 오려고 하나?
		여자인데 시공직무에 왜 지원했는가? 힘들지 않겠나? 해외현장은 갈 수 있는가?
		해외 나가면 남자친구랑 떨어져 지내야 하는데 괜찮은가?
LG 디스플레이	연구개발	자기소개
		학교생활 전반에 대한 질문
		동아리활동, 졸업작품, 리더경험, 갈등 해결 등
		기술 쪽 질문 – 3D와 IPS 기술에 대해
		어떤 일을 하고 싶은가?
		면접 준비는 어떻게 했는가?
		마지막으로 어필하고 싶은 것은?
	일반공통	자기소개
		특별히 학점관리한 이유는?(학점이 좋은 경우)
		전공을 살린 프로젝트 경험?
		긴 휴학기간
		가족관계
		외국 연수
		면접 보거나 합격한 다른 기업
		마지막으로 하고 싶은 말
LG전자	AC사업부	**토론면접** LG전자가 어떤 공터에 직원들을 위한 시설을 지으려고 하는데 어떤 시설을 짓는 것이 좋은가? : 자기소개, 영어로 기조 연설 후 토론 진행
		인성면접 자기소개서 내용에 관한 질문 왜 LG전자에 오고 싶나? 왜 AC파트에 지원했나? 왜 우리가 당신을 뽑아야 하나? 질문하고 싶은 내용은? 마지막으로 하고 싶은 말은?

기업명	지원분야	질문내용
두산 인프라코어	일반 공통	지원동기
		우리 회사에 대해 아는 것
		우리 회사의 특징을 3가지로 요약
		영어점수가 왜 이렇게 낮은가? 해외 연수 경험은?
		우리회사에 아는 사람이 있는가?
		과외활동은 무엇을 했는가?
하이닉스	공정	자기소개
		지원동기
		관심있는 공정
		프로젝트 수행질문
		기본적인 전공질문
		동료와의 갈등 해결 어떻게 할것인가?
		마지막으로 하고 싶은 말
		G20 회의 의미
		낸드플래쉬메모리와 디램의 차이
코오롱 인더스트리	화학소재	**영어면접** 전공 선택 이유 입사 후 하고 싶은 일 군대에서 배운 것 끝으로 하고 싶은 말
		전공면접 전공관련 질문 배운 전공중에 아는 것 말해보기(대답을 못했을 경우)
대한항공	일반직	**일반면접** 자기소개 지원동기 입사해서 하고 싶은 일 다른 회사는 어디 지원했는가? 어디로 갈 것인가? 우리 회사에 대해 하는 것은? 취미 해당직무를 하려는 이유 특기 주량 가장 힘들거나 어려웠던 경험 마지막으로 하고 싶은 말은

기업명	지원분야	질문내용
대한항공	일반직	**영어면접** 해외경험 전공 소개 지원동기 여행경험 가족소개 존경하는 인물 휴일, 여가시간 사용법 면접받는 지금 심정
		토론면접 주제 : 인터넷실명제 찬반/ 대학 기부금 입학제도에 관한 찬반/ 교내 학생체벌에 대한 찬반/ 북한 핵문제/ 성형수술 찬반
신한은행	행원	**일반면접** 당사와 경쟁사 비교 설명 당사 입사를 위해 준비한 것 실패경험 주식경험 꿈이나 비전 지원분야에서 자신의 강점
		영어면접 학점이 낮은 이유
		토론면접 군가산점에 대한 찬반/ 신용불량자 워크아웃 찬반/ 부동산 시장을 잡기 위한 금리인상
		PT면접 회사의 해외진출 방안 당사 마케팅 전략 녹색성장 기업의 사회적책임(CSR)
우리은행	행원	**일반면접** 동아리 활동 영어로 자기소개 아르바이트 경험 10년 후 자신의 모습 자신이 읽은 책 희망치 않는 분야에서 일하게 된다면? 지원한 분야를 위해 준비한 것은? 마지막으로 하고 싶은 말은?

기업명	지원분야	질문내용
우리은행	행원	영어면접
		토론면접 금산분리 완화에 대한 찬반/ 혼전동거 찬반/ 황우석박사의 윤리문제/ 헤지펀드 도입에 대한 찬반
		PT면접 당행의 IB진출 방안 윤리경영에 대한 견해 은행의 고객서비스 향상 방안 원달러 환율 전망
삼성전자	영업 (기본, 인성)	마지막으로 하고 싶은 말은?
		다른 회사는 어디 지원했는가?
		취미
		지방근무(비연고지 근무) 가능 여부
		특기
		주량
		입사 후 포부
		가장 힘들거나 어려웠던 경험
		가족소개
		자신의 강점
		당신을 채용해야 하는 이유
		자신만의 경쟁력
		10년 후 자신의 모습
		삼성전자 이미지는 어떠한가?
		새로운 환경에서 타인을 사귈 때 두려움이 있는가?
		자기계발을 위해서 계획하고 있는 공부나 일은 있는가?
		업무 중 상사가 자신의 업무와 전혀 관련이 없는 업무를 시킨다면?
		삼성전자가 세계 최고라고 하는데 당신도 세계 최고인가? 그걸 어떻게 보장할 것인가?
		LG전자가 아닌 왜 삼성에 지원했는가?
		떨어지면 무엇을 할 건가?
		기업이 부를 취득하면 어떻게 환원하는 것이 좋겠는가?
		최근 난처했던 경험, 대처는?
		인생에서 이룬 가장 큰 성과
		학교 다닌 기간 설명

기업명	지원분야	질문내용
삼성전자	영업 (기본, 인성)	휴학 동안 무슨 일로 돈을 벌었는가?
		신문을 볼 때 주로 관심을 갖는 분야는 무엇인가?
		당신의 신념은 무엇인가?
		지금 제일 하고 싶은 게 무엇인가?
		다시 대학생이 된다면 하고 싶은 것 세가지
		당신이 뽑힐 것 같나? 떨어지면 삼성을 싫어할 건가?
		친구들과 의견이 대립될 경우 어떻게 해결하는가?
		만약 삼성전자에 취업을 한다면 평생 직장으로 다닐 의향이 있나?
		공백기간 동안 무엇을 했는가?
		해당직무를 하려는 이유는?(직무동기)
		희망치 않는 분야에서 일하게 된다면?
		지원한 직무에서 어떤 일을 하는지 아는가?
		마케팅 관련 수업을 들었는가?
		전 직장 경력 설명
		학점이 안 좋은 이유는?
		성적이 낮은데 R&D 업무를 할 수 있겠는가?
		영업을 하고 싶은 이유
		전공이 희망직무와 안 맞는데 지원한 이유는?
	LCD (기본, 인성)	자기소개
		스트레스 푸는 법
		여자친구 유무
		학교에서 재미있고 관심 있었던 공부
		학교 공부 말고 미치도록 한 일
		리더십이란?
		인생목표
		마지막으로 하고 싶은 말은?
포스코	공통 (기본, 인성)	인생에서 중요하게 여기는 것
		중요한 약속시간에 회사일을 해야 한다면?
		주위에서 자신을 어떻게 평가하는가?
		스트레스는 어떻게 푸는가?
		당신을 채용해야 하는 이유

기업명	지원분야	질문내용
포스코	공통 (기본, 인성)	당신이 추구하는 것이 무엇인가?
		친구들은 많은가?
		만약 조선시대로 돌아간다면 하고 싶은 일은 무엇인가?
		노조에 대한 견해
		당신이 가장 잘할 수 있는 것은?
		체력이 안 좋아 보이는데 체력은 좋은가? 아픈 곳은?
		술, 담배는 하는가?
		아르바이트는 뭘 해봤나?
		우리 경제의 가장 큰 문제는 무엇인가?
		전공하고 다른 자격증은 왜 취득했는가?
		존경하는 인물은?
		한국사회가 가지고 있는 3가지 문제점은?
		포스코의 비젼은 무엇인가?
		휴학하면서 무엇을 했나?
		나이가 어린 선배들이 일을 시킬 경우에는 어떻게 행동하겠는가?
		현재 포스코에서는 담배를 피우지 말자라고 하는데 찬반 견해는?
		포스코의 핵심가치 5가지
	공통 (전공면접)	재료공학이란?
		연속냉각곡선 설명
		6시그마 설명
		열역학 1법칙 설명
	공통 (PT면접)	생산성 향상을 위한 프로젝트 진행하는 상황에서 자신이 맡은 부서가 할 수 있는 일은? 프로젝트의 기대치는 어느 정도인가? 자신의 목표는 얼마인가? 프로젝트는 2년동안 구체적으로 어떤 식으로 진행할 것인가?
	공통 (토론면접)	프로젝트 성과에 따른 성과급 배분
현대자동차	생산직 (기본, 인성)	지원동기
		당사에 대해 아는 대로 설명
		주량
		입사 후 포부

기업명	지원분야	질문내용
현대자동차	생산직 (기본, 인성)	생산직원이 술자리를 하자는데 피곤한 상태여서 거절하고 싶다면 어떻게 말할 것인가?
		외국인 노동자와 비정규직에 대한 견해
		다른 ○○부서에서 일할 생각은 없는가?
		생산현장에서 자신이 가장 중요하게 생각해야 할 것은 무엇인가?
		본인이 생각하는 창의란? 창의적으로 문제를 해결한 경험은?
		주말에는 무엇을 하나?
		어떤 분야에 미쳐본 적이 있는가?
		상사와 의견이 대립하게 되면 어떻게 풀어갈 것인가?
		토끼와 거북이 중 어느 캐릭터가 더 좋다고 생각하는가?
		본인이 지원한 직무에 배치되지 않으면 어떻게 하겠는가?
	공통(전공질문)	IQS(초기품질지수)와 VDS에 대해 아는 대로 이야기 해보라
		혁신적인 제품은 무엇이 있다고 생각하는가?
		최신 다양한 소재의 금속이 자동차 제작에 사용되는데, 당신이 아는 최신 신소재는?
		앞으로 어떤 제품들이 영향력 있는 제품이 될 것 같은가?
		자동차 연비를 높이려면 어떻게 해야 하나?
		자동차에 쓰이는 금속이나 폴리머에는 어떤 게 있는가?
		현대자동차가 10년 전 똑같은 자동차를 스웨덴에서는 싸게, 신흥선진국(예를들어 동남아시아)에서는 더 비싸게 값을 책정했는데 이에 대한 당신의 견해는?
		제네시스에 대해서 설명
	공통(돌발질문)	남녀의 단추 위치가 다른 이유
		미혼남녀가 제일 많을 것이라 생각되는 지명이나 장소와 함께 이유 제시
현대중공업	공통 (기본, 인성)	전현직 대통령 중 좋아하는 사람과 그렇지 않은 사람을 고르고 그 이유를 설명
		지금까지 살아오면서 가장 행복했던 일과 그 이유
		학생신분과 사회인 신분의 차이점을 구분해서 설명
		대학교 3, 4학년 때 들었던 전공과목을 나열하고 가장 좋아했던 과목과 그 이유를 설명
	공통 (전공질문)	지원한 직무가 하는 일은 무엇인가?
		지방근무 가능 여부
		흑묘백묘란 무엇인가?

기업명	지원분야	질문내용
현대중공업	공통 (전공질문)	전략적 경영을 위한 방안은?
		3불 정책 설명
		창의적 행동을 한 경험
		서비스업 증가에 대한 견해
		북한과 남한의 철도연결에 대해서 어떻게 생각하는가?
		한자가 왜 중요하다고 생각하는가?
		효가 무엇이라고 생각하는가?
		블루오션전략을 자신의 전공과 관련 지어 제시
		성장과 분배 중 어떤 것을 더 중요시 여기는가?
LG화학	공통 (기본, 인성)	조직이 무엇이라 생각하는가?
		조직에서 같이 일하고 싶은 사람과 일하기 힘든 사람 유형
		리더십이란?
		자네는 직장에 급한 일이 있는데 아내가 회사 앞에서 같이 식사하자고 기다리고 있다. 어떻게 할 것인가?
		LG화학에서 무엇을 이루고 싶은가?
		다른 회사에 지원한 곳은?
		지금까지 도전한 것 중 가장 큰 도전은 무엇이었나?
		단점을 보안하기 위해 어떤 노력을 하였나?
		연구소에 아는 사람이 있나?
		열정을 다한 경험
		인생에서 중요하다고 생각하는 점
		좌우명
	공통 (돌발질문)	LG야구팀이 꼴찌 하는 이유와 1등을 하기 위한 방법은?
국민은행		모임에서 본인은 리더형인가? 참모형인가?
		본인의 외국어 실력을 상, 중, 하로 표시한다면?
		행원이 되기 위해 무슨 준비를 했는가?
		아르바이트 경험이 있는가? 아르바이트는 금방 그만두는 편인가?
		친구가 많은가?
		처음보는 사람하고 친해질 수 있는지?
		까다로운 사람에게 다가갈 수 있는 더 구체적인 방법이 있는가?
		가족에게 최근 선물해 본 경험이 있는가?

기업명	지원분야	질문내용
국민은행	행원 (기본, 인성)	어떤 유형의 사람을 싫어하는가?
		남에게 어려운 부탁을 받으면 어떻게 하나??
		직원이 권유한 상품 때문에 손실을 입고 화가난 고객에 대한 대처는?
		국민은행 하면 떠오르는 것은?
		국민은행이 나아가야 할 방향은?
	공통(전공질문)	고객관리는 어떤 식으로 하는가?
		B/S, P/L에 대해서 설명
		인플레이션의 원인과 사회적 비용
		펀드의 적정 투자성과는 어느 정도가 되어야 하는가?
		최근 녹색금융 관련하여 금융상품을 제안한다면?
		한미FTA의 파급효과의 긍정과 부정, 자신의 견해
		은행이 가지고 있는 리스크는 무엇인가?
		펀드열풍은 언제, 어떻게 시작되었는가?
		펀드투자의 3원칙
삼성생명	보험영업관리직 (기본, 인성)	해외 연수는 다녀왔나?
		리더십, 책임감, 열정 같은 것이 경쟁력이 된다고 생각하나?
		한 달 용돈은 얼마인가?
		학교 다니면서 힘들었던 경험이나 잘했다고 평가 받았던 경험
		가입한 보험은?
		삼성생명이 당신을 뽑아야 하는 이유는?
		술은 잘 마시는가?
		삼성이 최근에 저지른 실수는?
		경영권을 기업 2세에게 넘기는 것에 대해 어떻게 생각하나?
		삼성생명에서 이루고 싶은 포부
		한 분야에 정통한 전문가가 되고 싶은가? 여러 분야를 섭렵한 All round player가 되고 싶은가?
		삼성생명의 타 경쟁사 대비 장단점은?
		보험영업 관리직은 험한 일이 많은데 괜찮은가?
		은행이나 증권사가 아닌 보험사에 지원한 이유
		삼성생명의 자산규모가 얼마인지 알고 있는가?
		삼성생명의 경쟁력은 무엇이라고 생각하는가?
		하고 싶은 업무와 잘할 수 있는 이유
		우수한 FC를 확보하기 위한 효율적인 방안

기업명	지원분야	질문내용
삼성생명	공통(PT면접)	보장성 보험의 매출 향상을 위한 전략 제시
		고령화 시대에 보험사의 대응방안
		부유층 가입 확대 방안과 기존 가입자 추가 확대방안
SK에너지	공통 (기본, 인성)	이름은 누가 지어주셨나?
		입사하면 어떤 부분이 회사에 도움이 되겠나?
		SK에너지의 현 문제점은 무엇이라고 생각하는가?
		시장 개척한다면 어느 곳, 어느 분야를 하고 싶은가?
		단체 내에서 남을 도왔던 경험
		단체 내에서 부조리를 겪었던 경험
		단체 내에서 목표 이상의 것을 얻은 경험
	공통 (PT)	SK에너지가 집중적으로 육성해야 할 분야와 그 이유는?
	공통 (전공질문)	향후 신재생 에너지를 육성한다면, 어떤 에너지를 개발해야 하며, 왜인가?
		SK에너지가 중국 이외에 진출하면 좋을 것 같은 나라는?
		셀프 주유소의 장단점과 시행 여부
	공통 (돌발질문)	전국의 주유소가 몇 개인가?
		현재 우리나라 자동차 수는 몇대인가?
LG 디스플레이	공정 (기본, 인성)	타인과 갈등 발생 시 해결방법은 무엇인가?
		자신만의 스트레스 해소 방법이 있는가?
		LG디스플레이에서 무엇을 만드는지 아는가?
		교대를 하게 되면 주간뿐아니라 야간에도 일을 하게 되는데 할 수 있겠는가?
		만약에 불합격하게 된다면 어떻게 할 것인가?
	공통(전공질문)	베르누이의 방정식 설명
		토크가 무엇인지 아는가?
		열역학 제 1법칙이란?
		자신의 전공에 대해 알아듣기 쉽게 설명
		전공으로 배운 SPUTTER랑 LG디스플레이의 SPUTTER랑 어떤 관련이 있는가?
		OP가 무엇인가?
		IPS와 VA의 차이점은
		3D TV의 원리
		품질관리를 위한 다섯가지 단계 설명

기업명	지원분야	질문내용
SK텔레콤	공통 (기본, 인성)	지금 소지하고 있는 핸드폰 설명
		SKT 요금과 관련되어 비싸지만 프리미엄이라는 식으로 강조하겠는가? 다른통신보다 별로 안 비싸다는 식으로 강조하겠는가?
		비윤리적인 것에 회사 이익이 연관되어 있다면?
		스카우트 제의를 받으면 어떻게 하겠는가?
		어려움을 극복한 경험은 무엇인가?
		지금까지 가장 큰 실수라고 생각되는 것은 무엇인가?
		끝으로 꼭 하고 싶은 말은?
		인간관계는 좋은가? 친구 많나?
		원치 않는 직무 또는 지방으로 발령이 난다면 어떻게 하겠는가?
		통화 상품 아이디어 제시
		가장 기분 좋은 순간은 언제?
		신사업 아이디어
	공통 (PT면접)	중국시장 철수에 관한 견해
		정보고지가 불출분하게 된 상태에서 과다하게 발생한 데이터요금 클레임에 대하여 상사에게 보고하는 상황이다. 어떤 식으로 말하겠는가?
		스마트폰 시장 진출에 대한 타당성과 방안 제시
		노년층을 대상으로 한 신규 브랜드명과 전략
		스마트 그리드 분야에서 발생하는 보안 문제를 해결하기 위한 대안 제시
롯데백화점	공통 (기본, 인성)	롯데, 현대, 신세계의 서비스 비교 설명
		중국 OR 지방 근무가 가능한가?
		롯데 일산점에 대한 소개
		롯데백화점의 이미지는 어떠한가?
		우리회사가 당신을 놓치면 후회하게 되는 이유를 설명
		롯데백화점의 문제점과 개선방안, 자주 이용하는 백화점
		이제껏 다른 곳에 원서는 얼마만큼 넣었고 그 결과는 어떠했나?
		자신의 별명은? 그러한 별명을 가지게 된 이유는?
		마트가 24시간 영업활동을 하면서 고객들은 편해졌지만 일하는 직원은 더 힘들어졌다. 이 문제에 대한 해결방안은?
	공통 (전공질문)	평가절상과 환율절하는 ?
		포트폴리오 이론에 대해서 아는가?
		대형마트와의 경쟁에서 백화점만의 차별성을 어떻게 추구할 것인가?

기업명	지원분야	질문내용
롯데백화점	공통 (전공질문)	대북사업을 하면 어떤 사업이 유리하겠는가?
		CRM에 대해서 알고 있는가?
		MD란 무엇인가?
		SCM에 대해 설명해보라
신세계 이마트	공통 (기본, 인성)	신세계 성공의 주된 요인은?
		신세계의 윤리경영에 대한 견해
		최근 신입사원들이 채용 후 이탈하는 경우가 잦다. 당신이 인사담당자라면 어떠한 방법으로 이 사태를 방지할 것인가?
		백화점과 이마트의 차이에 대해 말해보라
		유통업이란 무엇인가?
		홈플러스와 이마트의 차이점은?
	유통 (전공질문)	할인점 무한경쟁 시대에서 이마트의 경쟁확보 방안은?
		쇠고기 수입사건 관련해 이마트는 어떤 전략을 취했는가?
		식품안전의 문제가 두각되면서 소비자들은 직접 조리해 먹을 수 있는 신선식품에 관심이 높아졌다. 이에 비해 가공식품의 소비가 떨어지고 있는데 당신이 유통업자라면 어떻게 소비를 활성화시킬 것인가?
		이마트 경쟁력의 강화방안
		이마트 에브리데이 장애요인 및 해결책
		비닐 쇼핑백 폐지 시 예상되는 문제와 해결책
		우리나라 이마트의 개수는?
		수익구조 개선을 위해 문화센터를 폐지하고 매장을 넓히려고 한다. 찬성하는가?
신한투자금융	공통 (기본, 인성)	인적네트워크란?
		신한투자를 어떻게 알게되었나?
		고객과의 마찰 시 어떻게 극복하겠는가?
		군대에서 무엇을 배웠나?
		왜 하필 증권회사 중 우리회사에 지원했나?
		은행과 증권의 차이점에 대해 설명하라
		아버지가 무얼하시나?
	행원 (전공질문)	30억을 가지고 어떻게 투자하겠는가?
		엔케리트레이드에 대해 설명
		신용불량자 양산에 대한 자신의 의견
		출구전략이 무엇이며 현 상황에서 필요한가?

기업명	지원분야	질문내용
신한투자금융	행원 (전공질문)	자신이 선호하는 주식분석 방식은?
		향후 주식시장이 어떻게 될 것이라고 전망하는가?
		지역특성을 살린 영업이란?
		자동차 수출이 너무나 잘되는 상황에서 주변 투자자들에게 해줄 조언은?
삼성SDS	일반 공통	학과 정원이 어느 정도였는가?
		친구들도 여기에 많이 지원했는가?
		언제부터 시험을 보려고 준비했는가?
		부모님의 어떤 점이 자랑스러운가?
		해외 연수 경험이 있으면, 가서 무엇을 배우고 왔는가?
		삼성SDS 오기 위해 무엇을 준비했는가?
		취업을 하기 위해 어떤 자격증을 취득했는가?
		산업공학 선택은 스스로 했나?
		시간, 공간, 차원에 대해 설명
		현재 면접장에 휴대폰을 가지고 들어왔는가?
		살아오면서 타인에게 큰 도움을 준 적이 있다면?
		5회 이상 읽은 책이 있는가? 있다면 그 이유는?
		자신이 생각할 때 LG와 삼성의 차이점은 무엇인가?
		수상경력이 있는가? 어떻게 대회에 참가하게 되었는가?
		학교 생활 중 가장 보람 있었던 일은 무엇인가?
		자기 자랑
		SDS 새로운 슬로건인 유크레이터에 대해서 어떻게 생각하는가?
		현재 우리나라의 IT사업 및 발전 기대성향에 대해서 어떻게 생각하는가?
		당사에 입사하게 된다면 가장 해보고 싶은 분야는 어떤 분야인가?
		기업의 역할은 무엇이라고 생각하는가?

공사, 공기업 기출 면접질문

기업명	지원분야	질문내용
국민연금 관리공단	기본, 인성	이직사유는?
		다른 사람의 실수로 인해 본인이 퇴사할 위기에 처해 있다면?
		기독교인인데 휴일에 나와서 일을 해야 한다면?
		무인도에 가지고 갈 3가지
		최근 공무원시험 열풍으로 인하여 사회적 낭비가 심하다는 의견에 대한 생각
		상사가 부당한 일을 시켰을 때 어떻게 대응하겠는가?
		연고지가 없는 곳에 가서 일주일 만에 어떤 보고서를 작성해야 할 경우 어떻게 대응하겠는가?
		국민연금의 단점과 그 개선방안은?
		국민연금의 사명을 말하면?
		국민연금을 계절에 비유한다면?
		국민연금은 온라인 업무가 많은데, 홈페이지가 다운 됐을 경우 대처방안은?
		국민연금에 8년, 공무원연금에 19년 가입했을 경우 받을 수 있는 연금은?
		국민연금의 소득재분배 효과에 대해 설명
		국민연금 기금운용위원회장의 이름을 아는 대로 소개
		기초연금제를 제안한 정당과 그 내용
		국민연금 관련 광고를 본 느낌
		국민연금기금운영의원회의 최고의결기구는?
		가장 행복한 사람과 가장 불행한 사람은 누구라고 생각하는가?
	직무공통	불만고객이나 해약고객 대처 방안
		고객이 이유없이 화를 낸다면?
	공통(집단토론)	FTA 득실에 대해 토론
		사형제도 찬반토론
		안락사 찬반토론
		국민소환제에 대한 토론

기업명	지원분야	질문내용
국세청	기본, 인성	(9급)최근 1~2년 또는 학창시절에 자신이 노력하여 성과를 낸 사례 1가지 – 위 사례와 관련하여 어려움을 해결한 자신만의 독특한 해결방법
		(7급) 의사소통이 어려웠던 경험 또는 까다로운 사람을 설득해 본 경험
		(7급) 필요한 정보/자료를 수집하기 위해 노력한 경험과 과정 설명
		7급이 아닌 9급을 지원한 이유
		봉사란 무엇인가?
		가족소개
		흥분하여 억지를 부리는 고객이나 민원인 대처 방법은?
		전공 소개
		10년 후 자신의 모습
		일반기업이 아닌 공공기관을 지원한 이유
	직무 공통	입사하면 어떤 일을 하고 싶은가?
		해당직무를 하려는 이유
		희망치 않는 분야에서 일하게 된다면?
		자신이 지원한 직무담당자로서 갖춰야 할 역량은?
		자신이 지원분야에 적합하다고 생각하는 이유는?
농협	기본, 인성	자기소개
		지원동기
		(경력)이직 사유
		마지막으로 하고 싶은 말
		당사에 대해 아는 대로 설명
		취미/특기
		주량
		입사 후 포부
		가장 힘들거나 어려웠던 경험
		장단점
	직무 공통	입사하면 어떤 일을 하고 싶은가?
		희망치 않는 분야에서 일하게 된다면?
		지원 분야 관련 자격증이 있는가?
		오늘 환율은 어떻게 되는지 알고 있는가?
		옵션이란?
		어제(오늘)의 종합주가지수는 얼마?

기업명	지원분야	질문내용
농협	영업	영업이란?
		영업을 잘하려면? 영업에서 중요한 점은?
		자신을 상품으로 마케팅
	재무	IFRS란? 국제회계기준 설명 – 국제회계기준과 기존 회계기준의 차이는? – 국제회계기준이 최근 이슈가 되는 이유는? – IFRS 적용 또는 개정에 대한 견해는?
	증권	PER란 무엇인가?
대한 적십자	기본, 인성	자기소개
		특이한 경력사항, 특이한 과, 특이한 특기에 관해 개인적인 질문
		과정과 결과가 있을 때 본인이 중요하다고 생각하는 것에 대한 견해
		적십자에 꼭 들어와야 하는 이유 한 가지
		적십자에서 일하고 싶은 사업분야와 이유
	홍보/기획	지원동기와 자신의 강점을 드러낼 수 있는 자기소개 1분
		현재 홍보의 문제점과 자신이라면 어떻게 개선할 것인지?
		원래 전공과 홍보직무와 차이점이 있다면?
		전공이 다른데 홍보로 지원한 까닭은?
		영어 점수가 높은데 원래 영어에 특별히 관심이 있는지?
		가족 중 다른 유사 단체에서 일하는 사람이 있는데 그곳에 지원하지 않고 적십자사에 지원한 이유는?
		여러 개의 언어를 배웠는데 다양하게 배운 이유는?
		(영어면접) 적십자 운동의 정신이 무엇이며 이것이 한국인들에게 어떻게 인식되고 있는가? 또 그 정신을 한국인들에게 바르게 심어주기 위해서는 어떻게 해야 하는가?
무역협회	공통(1차 면접)	(면접에 들어가기 10분 전) 해외마케팅 사업본부의 신입직원이라고 가정하고 협회가 회원사를 도울 수 있는 새로운 사업방안 구상(토론면접)
		전공이 무역과 전혀 관련 없는데, 그럼 무역협회에 들어오기 위해 어떤 걸 준비했나?
		학교 다닐 때 공부만 한 것 같은데, 다른 대외활동은 하지 않았는가?
	공통(2차 면접)	한중FTA와 한일FTA 중 어떤 것을 먼저 체결해야 하나?
		우리나라 수출 10대국과 5대 품목은 무엇인가?
		앞으로의 꿈은 무엇인가?
		주말에 무엇을 하나?

기업명	지원분야	질문내용
무역협회	공통(2차 면접)	입사 후 어떤 업무를 하고 싶나?
		중국이 한국 전체 교역에서 차지하는 비중은 얼마인가?
		kita와 kotra의 차이점은?
		Post-G20을 어떻게 활용해야 할까?
		무역협회가 아니면 안되는 이유는?
		마지막으로 하고 싶은 말은?
예금 보험공사	기본, 인성	입사하면 어떤 일을 하고 싶은가?
		다른 회사는 어디 지원했는가? 어디로 갈 건가?
		입사하면 무엇을 기여할 수 있는가?
		인생에서 중요하게 여기는 것은?
		그린메일이란?
		자신의 장점
		만약에 상사가 야근을 하고 있는 걸 보았다면 어떻게 할 것인가? 그 일이 회사와 아무 관련도 없는 일이라면?
		은행과 기업의 위험평가는 어떻게 다른가?
		CRC와 CRV, CRF의 차이는 무엇인가?
		콜금리에 대해 아는 대로 설명
		원서를 몇 군데 썼는가?
		예금보험공사에 오기위해서 어떤 준비를 했는가?
		목적과 절차 중에서 어느 것이 더 중요한가?
		예금보험공사의 팀장이 된다면 팀원들과 의견이 다를 때 어떻게 대처하겠는가?
	공통(토론면접)	북한에 대한 경제지원 토론
		교원평가제 찬반토론
		영어공용화 찬반토론
		기업의 사회적 책임에 대한 토론
		대북지원에 대해 토론
		상호저축은행의 부실을 막고 건전성을 재고하기 위한 방안에 대해 토론
	공통(PT면접)	지장, 덕장, 용장 중에서 21세기에 적합한 리더는 누구이며 그 이유는?
		고령화 사회에 대해 설명
		리디노미네이션에 대해서 설명

기업명	지원분야	질문내용
예금 보험공사	공통(PT면접)	공기업 선진화/공기업 민영화에 대해 발표
		리더의 자질에 대해 발표
산업 안전공단	인턴	자기소개
		오기 전에 무슨 일을 했나?
		지원동기가 무엇인가?
		산업안전공단의 역할이 무엇인가?
		산업안전사고에 대한 이슈에 대해 알고 있는 것이 무엇인가?
		특수건강검진에 대해 아는 대로 말하자면?
		발령이 지원지랑 다르면 어떻게 할 것인가?
		관심있는 분야와 그걸 위해 자신이 준비한 것이 무엇인가?
신용 보증기금	기본, 인성	군생활은 어떠하였는가?
		희망연봉
		회사에서 몇 년까지 일할 생각인가?
		신용불량자에 대한 견해와 구제대책은 무엇인가?
		블로그에 대한 견해와 활용방안
		SOFA에 대한 견해는?
		당3역은 누구인가?
		경영정보란?
	공통 (실무진면접)	차이나 플레이션이란 무엇인가?
		오늘 신문을 읽었는가? 인상깊었던 내용은?
		최근에 읽은 책 소개
		SWOT분석을 설명하고 거기에 맞추어 자신을 분석
		부메랑 효과란?
		알파걸에 대해서 아는가?
		세이프가드란 무엇인가?
	공통 (토론면접)	스크린쿼터제에 대한 토론
		행정수도 이전 찬반토론
		세포복제에 대한 찬반토론
		여성의 군복무에 대한 토론
		출자총액제한제도 제한에 대한 찬반
		수도권규제완화에 대한 찬반
	공통(PT면접)	군복무관련 여성지원병제에 대해 발표

기업명	지원분야	질문내용
신용 보증기금	공통(PT면접)	배아줄기세포 연구에 대한 견해 발표
한국 가스공사	기본, 인성	(영어면접) 자기소개
		가족관계
		인의 의견과 조직의 의견이 일치하지 않을 때는?
		장단점
		당사에 대해 아는 대로 설명
		견마지로의 의미
		지원 동기
		최근 읽은 책 소개
		현재 건강한 편인가?
		새만금 사업에 대한 견해
		업무에 대해서 알고 있는가?
		영어로 지금 웃기라면?
		한국 가스산업에 대해 아는 대로 설명
		CNG에 대해 설명
	영어면접	자기소개
		면접장 올 때까지의 상황 설명
		친한 친구 소개
		어디에 사는가?
		한국 저출산율에 대한 견해
		지구온난화에 대한 견해
		면접장에 몇 시에 도착했는가?
	공통(PT면접)	(재무) 현금주의 회계와 발생주의 회계특징 비교 설명
		(건축.토목) 프아송의 비를 설명해보라.
		(건축.토목) 사진측량과 지상측량 비교 설명
		(건축.토목) 유효능력 설명
		(건축.토목) 2방향 슬래브 설명
		(건축.토목) 극한강도설계법과 허용응력설계법 설명
		(건축.토목) 건조수축에 대해 설명
한국 감정원	기본, 인성	30초 자기소개
		아파트란 무엇인가?
		1층에 주차장이 있는 경우 층수 계산은 어떻게 하는가?

기업명	지원분야	질문내용
한국 감정원	기본, 인성	상사의 부당한 명령에 대해서 어떻게 대처하겠는가?
		노동조합에 대해 어떻게 생각하는가?
		평소 살아오면서 존경하는 인물은 누구인가?
		신은 어떤 인품을 보유한 사람이라고 생각하는가?
		당사의 당기순이익은?
		월급은 누가 준다고 생각하는가?
		한계이익이란 무엇인가?
		자신이 이루고 싶은 목표는?
		우리기관의 미션(설립취지)은?
	공통(PT면접)	서브프라임이 미치는 영향
		뉴타운을 설명하고 그에 따른 문제점을 발표하시오.
		(건축.토목) CM(건설사업관리)의 개요 발표
		(건축.토목) VE활동 또는 VE기법과 그 효과 발표
		(건축.토목) BTL(민간자본유치사업) 설명
		(건축.토목) 도시 안에 지하 4층, 지상 20층 오피스텔 신축할 때 고려해야 할 사항
		(건축.토목) 주택성능평가제도
		(건축.토목) 건축물 규모 제한요소
		(건축.토콕) 재건축의 장단점
		(경영) 애그플레이션에 대해 발표
		(경영) 프로젝트파이낸싱에 대해 발표
		(경영) MIS의 개요 발표
한국 공항공사	기본, 인성	부모님 성함을 한자로 말하면?
		근검절약의 한자 뜻은 무엇인가?
		가족소개
		평소 생활신조, 좌우명
		스트레스는 어떻게 푸는가?
		고객이란?
		ICAO 설명
		장주와 FIP 설명
		Curfew time 설명
		TWR관제의 시작점은 몇 마일 지점인가?

기업명	지원분야	질문내용
한국 공항공사	법무	형성권이란?
		이원권이란?
		황견계약이란?
		철회, 무효, 취소를 비교
	공통(PT면접)	고객이란 누구라고 생각하는가?
		당신 주위에 최고의 고객과 중요한 고객은 누구인가?
		고객을 잡기 위해 당신이 할 수 있는 중요한 일과 행동은 무엇인가?
		당사 광고 홍보방안 발표
		자신을 합격시켜야 하는 이유
		20년 후 공항의 모습에 대해 발표
		공항 여객서비스 향상 방안 발표
한국 도로 공사	기본, 인성	대입 시험에 대한 문제점과 해결방안은?
		리더십 경험
		결혼 후 순환근무로 비연고지에 갈 경우 어떻게 하겠는가?
		성희롱의 기준은?
		공기업의 역할은?
		본인은 입사 후 자기계발을 위해 무엇을 어떻게 하겠는가?
		컨이 자신의 얼굴에 책임져야 하는 나이가 언제라고 했는지 아는가? – 본인은 그 나이에 무엇을 하고 있을 것인가? – 그러기 위해 어떤 노력을 할 것인가?
		가정과 직장의 균형을 맞추기 위한 극복 방안은?
		인터넷의 장단점
		명절 고속도로 대란 극복 방안
		한국도로공사가 관리하는 도로는 무엇인가?
한국방송공사	기본, 인성	졸업 후 무엇을 했나?
		KBS방송사가 공영방송사로서 가져야 할 덕목 3가지
		공영방송사의 일원으로서 도덕성을 갖추어야 한다는 말을 어떻게 생각하나?
		KBS의 작년 당기순손실은 얼마인지 아는가?
		KBS 경영에 있어서 공영방송사라는 측면이 가지는 기회와 위협은?
		KBS에 들어오면 하고 싶은 분야는?(영어면접)
		인터넷VOD서비스 유료화에 대한 견해
		자신의 성격이 KBS에 들어오면 어떤 도움이 된다고 생각하나?

기업명	지원분야	질문내용
한국방송공사	기본, 인성	KBS는 팀제로 개편했는데 팀제의 장단점은?
		만약 지하철에서 돈 만 원을 줍게 된다면 어떻게 하겠는가?
		이번 면접에서 불합격된다면?
		당사 경쟁사들을 꼽는다면?
	기자	신문기자와 방송기자의 차이는?
		즉석에서 뉴스 기획안을 짠다면?
	PD	만들어보거나 해보고 싶은 프로그램은?
		방송 프로그램 중 좋아하는 것과 싫어하는 것, 그 이유 - 싫어하는 프로는 무엇을 개선해야 할까?
		TV PD와 라디오 PD의 차이
		영화와 TV드라마의 차이
한국 석유공사	기본, 인성	왜 우리회사에 들어와야 하는가?
		왜 이 전공을 택하였는가?
		존경하는 사람이 누구인가?
		근래 읽은 책은 무엇인가?
		사회간접시설에 대해서 설명
		RE-engineering이란 무엇인가?
		IT, BT, NT, ET에 대해서 각각 설명
		OEM이란? 자신의 견해는?
		우리 회사에 들어오면 어떤 분야에서 일을 하고 싶은가?
		우리나라의 앞으로의 발전방향을 제시한다면?
		공기업의 파업과 구조조정에 대해서는 어떻게 생각하는가?
		봉사활동으로 특별히 했던 활동이 있는가?
		대학 때 공부 말고 몰두했던 것이 있는가?
		동아리 활동으로는 무엇을 했는가?
		IMF체제를 등장하게 한 국제 협정은 무엇인가?
		Safe-guard란 무엇인가?
		공기업의 경영실적을 평가하는 정부기관은 무엇인가?
	영어면접	(사진을 보여주며) 우리나라 풍속화가(김홍도)가 그린 전통적인 풍경에 대해서, 면접관들이 바이어라는 가정 하에 설명
		석유를 대체할 에너지가 왜 필요하다고 생각하는가? 그리고 대체에너지가 있다면 무엇이고, 지금 어떤 단계에 와 있다고 생각하는가?
		주 5일 근무제에 대해서 어떻게 생각하는가?

기업명	지원분야	질문내용
한국 석유공사	영어면접	인터넷에서 정보 교환을 할 때의 장단점
		Work for bread와 Work for pleasure에 대해 본인의 견해는 어느 쪽인가?
		좋아하는 유명인사는?
	공통(PT면접)	한중일 영유권 문제와 한국의 대처방안
		10년 후 당사에 예상되는 경영위기와 대응방안 발표
		당사에 필요한 블루오션 전략
		펀 경영에 대한 실천방안
		감성마케팅 적용 방안
		공기업의 민영화에 대한 발표
		NIMBY란 무엇인가?
		화석연료의 환경파괴와 대체 에너지 개발에 대한 본인의 견해
한국 수자원 공사	기본, 인성	본인이 기획하고 추진한 일 중 성공적으로 이끌었던 일 소개
		가장 성취감을 느낀 일은 무엇인가?
		퇴사 후 공백 기간 동안 어떤 일을 했는가?
		대학교에서 어떤 클럽활동을 하였는지 구체적인 예를 들어 설명
		혈연이나 지연에 대한 견해
		외국의 물 분쟁 설명
		이런 물 분쟁 사례를 통해 우리나라 물을 국제화할 수 있는 방안은?
		노조에 대한 견해
		지원한 타 회사와 그 결과
		주량
	영어면접	전공을 선택하게 된 이유는 무엇인가?
		수자원공사에 대해서 아는 대로 설명
		본사를 지원하게 된 동기
		가족 관계
		어떤 종류의 영화를 좋아하는가?
		최근에 본 영화는 무엇이고 어떠했는가?
		우리 회사를 선택한 이유는 무엇인가?
한국수출 보험공사	기본, 인성	기억에 나는 여행지가 있다면?
		알라딘의 요술램프가 있다면 무엇을 할 것인가?
		30초 정도 자기소개

기업명	지원분야	질문내용
한국수출 보험공사	기본, 인성	자격증 종류와 그 자격증들이 한국수출보험공사의 일과 어떻게 연관될 것인지 말해보시오.
		당사가 상대하는 회사들이 대부분 소규모여서 재무제표를 거의 믿을 수 없는 수준인데 이러한 회사들을 어떻게 평가할 것인가?
		해외근무 가능한가?
		가장 감명깊게 본 영화는?
		자신이 CEO라면 회사를 어떻게 이끌 것인가?
		서브프라임에 대해 어떻게 생각하는가?
		중국경제의 성장세에 대한 견해
	공통(임원면접)	지원동기는 무엇인가?
		하고 싶은 업무는 무엇인가?
		세계경제가 불안정한 이유는 무엇인가?
		북한 핵실험에 대한 견해
		한미 FTA 이후 농업 경쟁력 향상을 위한 대책
	공통(사장면접)	경영학과 경제학의 장단점을 비교해서 설명
		면접 보는 동안 가장 인상 깊었던 질문이 무엇이었고, 어떻게 답변했는가?
		우리나라 증시의 발전을 위해서는 어떤 조치들이 이루어져야 하는가?
		우리나라 GDP는 얼마이고 세계 몇 위인가?
		세계화에 대한 견해
		부모님 생신선물로 뭘 해드렸는가?
		자신의 리더십은 뭐라고 생각하는가?
		WTO와 GATT의 차이는 무엇인가?
	공통(토론면접)	중국이 세계경제대국으로서의 발전가능성에 대해 토론
		기금균형과 보험지원확대의 상충성은 무엇인가?
	공통(논술)	환율 하락에도 불구하고 수출 호조를 보이고 있는 현상을 마샬러너 조건과 제이 커프효과에 근거해 설명하고, 이에 대한 정책방향을 논하시오
		한국경제의 성장중심론자와 분배중심론자의 논점을 정리하고, 이에 대한 정책방향을 논하시오
		CEO에게 있어 고객만족과 직원만족의 우선순위, 기업의 사회적 책임과 수보의 바람직한 사회적 책임 중 택일
		광속시대에 있어 느리게 사는 즐거움은 무엇인가?
	공통(PT면접)	주유소 가격공시가 물가와 경제에 미치는 영향에 대해 발표
		정부의 부동산정책에 대한 견해

기업명	지원분야	질문내용
한국전기 안전공사	기본, 인성	왜 경영학을 전공했는가? 전기안전공사에 경영학 전공자가 어떤 도움을 줄 수 있는가?
		호팩에 대해 설명하시오.
		업무와 관련된 경험을 말해보시오.
		이직을 할 경우 어떻게 하겠는가? 누구와 상담할 것인가?
		전기안전공사가 하는 일이 무엇인가?
		감전 사고를 예방하기 위한 방법은?
		자신의 자랑스러운 점은 무엇인가?
		스트레스는 어떻게 해소하는가?
		탕평책이란 무엇인가? 해피콜 제도란 무엇인가?
		술에 대해 어떻게 생각하는가?
		한 해 동안 전기로 인해 일어나는 화재 건수는?
	공통(집단토론)	사회양극화 해소 방법 (40분 토론 후 각자 발표 2분)
		서울시 '현장시정추진단' 문제
		좋은 기업문화를 만들기 위한 방안
		공기업의 민영화에 대한 토론
	기본, 인성	당사에 대해 아는 대로 설명
		취미
		지방근무(비연고지 근무) 가능한가?
		입사 후 포부
		가족소개
		가장 힘들거나 어려웠던 경험
		동아리 활동
		아버지 소개
		변압기에 대해 설명
		대체 에너지에 대한 견해
	직무 공통	입사하면 어떤 일을 하고 싶은가?
		해당직무를 하려는 이유
		희망치 않는 분야에서 일하게 된다면?
		지원한 분야(지원한 직무, 부서)에서 무슨 일을 하는지 아는 대로 설명
		자신이 지원한 직무담당자로서 갖춰야 할 역량
	발전, 에너지업	우리나라 발전설비 용량은 얼마나 되나?

기업명	지원분야	질문내용
한국 전력기술	기본, 인성	자격증 관련 질문
		프로젝트 경험
		입사하면 무엇을 기여할 수 있는가?
		창의력을 발휘한 경험
		6시그마 설명
		남을 설득시킨 경험
		희생해 본 경험
	영어면접	자기소개
		취미
		해외경험
		자신의 장점
		직무지원동기
		원자력발전소가 필요한 이유
		외모지상주의에 대한 견해
	공통(토론면접)	인터넷 실명제 찬반토론
		국군의 해외파병에 대한 찬반토론
		써머타임제 찬반토론
		낙태에 대한 찬반토론
한국주택 금융공사	기본, 인성	지금 10억 원이 주어진다면 그것을 어떻게 운영하겠는가?
		인생에서 가장 힘든 일이 무엇인가?
		단점이 무엇인가?
		자신의 삶에서 가장 도움을 많이 받은 사람(것)은 누구(무엇)이었는가?
		타인과 의견충돌 시 어떻게 대처하겠는가?
		부동산 투기를 막기 위한 정부정책에 대한 견해는?
		한국 경제의 문제점은?
		혼자서 끝내지 못할 분량의 업무를 받았다면?
	공통(PT면접)	보금자리론에 대해 설명
		역모기지론의 경제적 영향에 대해 설명
		카이클포터의 5-Forces경쟁모델로 공사의 성장가능성에 대해 발표
		당사가 대출시장과 유동화시장에 미친 영향에 대해 발표
		부동산대책을 보완하기 위한 공사의 역할

기업명	지원분야	질문내용
한국주택 금융공사	공통(PT면접)	실업에 대해 신케인즈학파와 신고전학파의 이론을 비교하고 해결방안을 모색
		부동산 버블은 있는가?
한국 철도공사	기본, 인성	영어 자기소개(혹은 자신있는 외국어)
		철도를 이용하면서 느꼈던 점
		철도에 관한 추억
		야스쿠니 신사 참배에 대한 견해는?
		당사 경영이념
		당사 비전
		철도 하면 어떤 이미지가 연상이 되는가?
		최근 사회이슈와 자신의 견해
한국토지 주택공사	기본, 인성	당사 홈페이지에 대한 느낌은 어떠한가?
		당사 입사를 위해 준비한 것은 무엇인가?
		사람들과 갈등한 경험은? 어떻게 해결했나?
		교외활동
		야근이 많은데 할 수 있는가?
		면접 보러 와서 회사에 대해 느낀 점은?
		당사 관련 기사를 읽은 적이 있나?
		환율하락의 이유와 득실은?
		회사 분위기는 어떤 것 같나?
		미국 금리인하가 한국증시에 미치는 영향은?
	공통(토론면접)	FTA 득실에 대해 토론
		부동산 대책에 대한 토론
		노령화 문제에 대한 토론
		여성채용 할당제 찬반토론
		개인성과급 강화에 대한 찬반토론

외국계 기업 기출 면접질문

기업명	지원분야	질문내용
GM대우	기본, 인성	마지막으로 하고 싶은 말은?
		다른 회사는 어디로 지원했는가?
		해당 직무를 하려는 이유는?
		지방근무 가능한가?
		주량은 어떻게 되는가?
		학점이 안 좋은 이유는?
		당사 장단점은?
		가장 성취감을 느끼는 일은?
		친구 몇 명 있나?
		사람들과 갈등한 경험은? 어떻게 해결했나?
		자동차에 대해 얼마나 알고 있는가? 자동차에서 가장 중요한 것은?
	재무	연결재무제표를 설명
		세무조정이란?
	생산, 연구	엔지니어가 가져야 할 역량은 무엇이 있는가?
	홍보	대북홍보 방안
	영어면접	자기소개
		취미
		지원동기
		해외경험
		5년, 10년 후 모습
		출신학교 소개
		면접이 끝나면 무엇을 할 것인가?
		준비해 온 말
		소비자가 우리회사를 어떻게 생각할까?

SC 제일은행	기본, 인성	자기소개
		은행에서의 세일즈에서 중요한 것은?
		고객 성향은 어떻게 파악할 것인가?
		면접관을 10억 원을 가진 할아버지라고 생각하고 세 가지 질문을 통해 고객의 성향을 파악한다면?
		갑자기 카드 10장을 팔아오라고 한다면 가족 친구 제외하고 어떻게 팔 것인가?
		마지막으로 하고 싶은 말은?
		(자유발표 종이 제비뽑기 후 1분 발표) 주제로는 화장하는 남자/최악의 직장/외모지상주의/짜장면 VS 짬뽕 등
		SC제일은행에 지원한 이유와 앞으로 10년 뒤 나의 모습은?
		유재석과 강호동의 리더십에는 차이가 있는데 어떤 차이라고 생각하는지, 또 자신은 어느 쪽에 가깝다고 생각하는지?
		존경하는 사람과 그 이유는?
		친구들에게 어떤 평판을 받는가?
	영어면접	해외경험
		자신의 강점
		옆사람 답변을 영어로 한다면?
	공통(토론면접)	FTA 득실에 대해 토론
		양심적 병역거부 찬반토론
		군가산점에 대한 찬반토론
		부동산 대책에 대한 토론
		행정수도 이전 찬반토론
		인간복제 찬반토론
		청년실업에 대해 토론
		대북지원에 대해 토론
		연예인의 누드집
		새만금 간척사업 찬반토론
		공무원 퇴출에 대한 찬반토론
		동성애에 대한 토론
		고교 평준화 찬반토론
		국내 스포츠 선수의 해외진출
		로또 열풍
		당사에 필요한 블루오션전략 토론
		유비쿼터스에 맞는 금융상품개발

르노삼성 자동차	기본, 인성	만약 여자친구와 약속이 있는데 회사에서 야근을 해야 한다면?
		지원동기
		기숙사를 사용할 경우 1인 1실과 2인 1실이 있다고 하는데 어느 방을 쓸 것인가?
		면허증을 소지하고 있나?
	영어면접	면접관에게 질문이 있다면?
		당사 제품과 서비스에 대해 설명
		당사 장단점은?
		팀워크에 있어서 가장 중요한 것이 무엇인가?
	영업	자기소개
		아버지가 무슨일을 하시나?
		SM5의 LPG에 대해서 설명
	디자인	직장인이 가져야 할 자세는?
		수요와 공급의 법칙에 대해서 설명
		르노삼성자동차 비판
		본인의 학교 학생들은 졸업하고 무엇을 했는가?
		본인의 영어에 얼마나 자신 있는가?
	연구품질	자기소개
		현 직장에서 하는 일이 무엇인가?
		자신의 장단점을 업무상 장단점을 포함해 말한다면?
		르노삼성자동차에서 생산하고 있는 차종 열거
		노조를 어떻게 생각하나?
		10년 뒤 자기모습
		본인의 차종은?
		입사하게 되면 차를 바꿀 의사가 있는가?
		가장 좋아하는 자동차가 무엇이고 그 이유는?
		사용할 줄 아는 장비와 프로그램
		외국인과 같이 일해 본 경험은?
	기술직	우리나라를 단일 민족이라고 생각하나?
		40세의 자신의 모습을 설명
		자신의 신조가 있다면?
		노조 임금 투쟁에 대해 설명

르노삼성 자동차	기술직	도요타 자동차에 대해 아는 대로 설명
		미국 자동차 회사와 일본, 한국 자동차 회사와의 차이점을 공학적 관점에서 접근해 설명
	공통(임원)	회사 들어올 때 제일 처음 무엇을 보았는가?
		10년 뒤 자기 모습
		노조를 어떻게 생각하는가?
	재무	원가분석 설명, 이외의 것도 주문
		지원동기
소니코리아	기본, 인성	회사 매출 증대 방안은?
		대학입시에 관한 의견은?
		동시에 일을 수행하여 성공해 본 경험이 있는가?
		왜 이 부서를 지원했나?
		이 부서말고 다른 부서에서 일해보고 싶은 생각은?
		대학 생활동안 성공적으로 한 일은 뭐라고 생각하나?
		자신의 감정이 뭐라고 생각하나?
		여행을 하면서 느낀 것을 3가지
	경영, 기획, 전략	자신의 성격
		회계원칙의 공준, 우리나라 기업회계 기준의 원칙 설명
		경영지원분야에 대해 설명
		자신이 했던 일 중 가장 뿌듯했던 것은 무엇인가?
	웹프로그래머	자신이 다른 취미 활동을 더 발전시킨 것이 있다면?
		소니 하면 생각나는 제품은?
		소니 하면 떠오르는 이미지는?
		가정용 오락기의 앞으로의 발전 가능성은?
		당신이 고객이라면 디자인을 보겠는가? 제품의 기능을 보겠는가? A/S를 보겠는가?
		희망 연봉이 어떻게 되는가?
		What can you contribute to sony?
		What was your most difficult decision?
		온라인 마케팅과 오프라인 마케팅의 차이
		만약 소니에서 떨어진다면 어떤 일을 할 것인가?
		자기소개
		취미
		마지막으로 하고 싶은 말

유한 킴벌리	무역, 해외영업, 수출입관리	일하는 스타일은 어떤가?
		가장 크게 실수했던 기억은 어떤 건가?
	재무, IR, 자금, 감사	aicpa를 uscpa라고도 하는데 그 차이가 무엇인가?
		관리회계의 중요성이 예전보다 큰데 그 이유가 무엇인가?
		마지막으로 하고 싶은 말이 있다면?
		지금의 환율정책은?
		강남, 강북의 세율문제는 어떻게 해결하나?
		10만원 권 화폐 발행에 대해 어떻게 생각하나?
		게임이론을 아는가?
	마케팅, 마케팅기획	국내 대형할인매장에 대해서 어떻게 생각하나?
		영업목표에서 매출과 이익 중 무엇을 우선시 할 것인가?
		평소 영업이나 마케팅에 대해서 어떤 생각을 하고 있었나?
	영어면접	희망분야는?
		회사에서 늦게까지 근무가능한가?
		세포복제에 대한 견해는?
		이성친구가 좋은 이유는?
외환은행	텔러	자기소개와 지원동기
		10억 원을 어떻게 자산운용 할 것인가?
		한미FTA 빼고 자유주제로 말한다면?
		UCC장단점
		한꺼번에 많은 일을 처리해야 할 경우 어떤 기준으로 우선순위를 정하겠는가?
		본인이 생각하는 좋지 않은 인간상은?
		본인 성격이 어떤거 같은가?
		스태그플레이션을 이용하여 한국경제와 연관해서 설명
	영업, 영업기획	자기소개
		지금까지 살아오면서 가장 기뻤던 순간과 후회스러웠던 순간은?
		당신의 작은 행동으로 인하여 다른 사람이 감동을 받았던 경우와 다른 사람이 실망하였던 경우는?
		직장생활에서 가장 중요하다고 생각되는 세 가지
		현재우리 은행에서 갖추어야 할 것이 있다면?
		외환은행을 지원한 동기는 무엇이며 외환은행이 귀하를 반드시 채용하여야 하는 이유는?

외환은행	영업, 영업기획	다른 사람과 팀을 이루어 활동한 경험을 비추어 원만한 팀워크 형성을 위한 노하우가 있다면?
		앞으로 우리회사에서 근무하면서 생길 어려움이 무엇이라고 생각하는가?
		자신의 매력은 무엇이며 남들에게 매력이 있다고 보는가?
	경리, 회계	우리나라 교육시스템에 대하여 어떻게 생각하나?
		입사하면 어떻게 기여할 건가?
		취미는?
	공통(토론면접)	뉴욕 주에서 길을 건널 때 mp3를 듣거나 휴대폰으로 통화를 하면 처벌하겠다는 법안에 대한 찬반토론
		성형수술 찬반토론
		프랑스의 해변 노출 금지법에 대한 찬반토론
	공통(PT면접)	외환은행을 잘 표현하는 색이 무엇이고 왜 그렇게 생각하는지?
		건강보험료 산정 시 소득을 감안하는 것에 대해 발표
		빨리빨리 문화의 긍정적, 부정적 영향
		일상생활속에서 느끼는 불경기 설명
		(마케팅) D-Marketing에 대해 설명
푸르덴셜 생명보험	기본, 인성	직장, 회사를 선택하는 기준은?
		왜 취업하려 하는가? 왜 직장을 구하려 하는가?
		경력개발 희망경로는?
		평소 보험사 이미지는?
	보험, 부동산	지원동기
		성격은?
		먼저 입사한 나이가 어린 직원과 어떻게 지낼 것인가?
		지점 이동을 많이 할 수도 있는데 괜찮은가?
	경리, 회계, 사무	자기소개
		성격 장단점
		지금까지 교과목 수업 중 무슨 과목이 가장 기억에 남는가?
		회계라는 것이 조금 지루한 일인데 잘 할 수 있는가?
		궁금한 사항이 있다면?
		본인 소개
		좌우명
		주말 및 시간이 날 때 주로 무엇을 하는가?
		보험회사에 관한 의식은 어떤가?

푸르덴셜 생명보험	경리, 회계, 사무	한국시장에서의 보험의 역할은 무엇인가?
		인사부는 무엇을 하는 곳이라고 생각하나?
	은행, 증권, 투신	왜 이 분야를 택했나?
		푸르덴셜보험사는 어떻게 알게 되었나?
		무엇을 하고 싶은가?
		다른 업무를 시키면 어떻게 할 건가?
		가족관계가 어떻게 되나?
		연봉은 얼마 정도를 원하나?
	일반사무	직무는 안 보고 회사만 좋다고 지원하는 사람들은 금방 나가던데, 어떻게 생각하나?
		꿈이 뭔가?
		어디서 자랐나?
		가족소개
		푸르덴셜 입사를 위해서 어떠한 노력을 기울여 왔는가?
	영업관리	푸르덴셜에 대해서 어떻게 알게 되었나?
		보험 쪽에 원래 관심이 있었나?
		어떤 교내외 활동을 하였나?
		업무가 급여, 보상에 관련된 것인데 자신의 성격과 맞는다고 생각하나?
		자신이 지금까지 살면서 무언가 이루었다고 생각하는 것이 있다면?
		자신의 career path에 대해 간략히 설명
		푸르덴셜에 아는 사람이 있는가?
		회사에 지원할 때, 중요하게 생각하는 것은 뭔가?
	IT개발	회사와 집은 거리가 얼마만큼 되는가?
		꼼꼼한 성격인가?
		어떻게 일할 생각인가?
		야근이 있을 예정인데 어떻게 생각하는가?
한국 오스카 제약	기본, 인성	당사를 알게 된 계기는?
		희망근무지역 선택사유는?
		5년 후 자신의 모습은?
		리더로 활동해 본 경험이 있는가?
		면접관이라면 무엇을 물어보겠는가?
		가장 기억에 남는 일은?
		행정수도 이전에 대한 견해는?
		프로와 아마추어의 차이는?

회사	분야	질문
한국 오스카 제약	기본, 인성	광우병에 대한 견해는?
		옆 지원자보다 자신이 적합한 이유는?
		차기 대통령으로 누가 적당한가?
		자신이 대통령이라면 현시국을 어떻게 해결하겠는가?
		이명박 대통령이 나라를 어떻게 이끌었으면 좋겠는가?
	영업	영업이란 무엇이라고 생각하는가?
		영업을 잘 하려면 어떻게 해야하는가?
	인사부	HR이란?
한국 화이자 제약	기본, 인성	자신의 대인관계는 어떠한가?
		지원분야를 어떻게 잘할 수 있겠는가?
		주말, 휴일에 주로 뭐하는가?
		당사에 아는 사람이 있는가?
		계획을 세워 이루어낸 경험
		성장과 분배에 대한 견해
		영어공부가 왜 필요하다고 생각하는가?
		당사 업종 전망
	영업	영업을 잘 하려면?
		자신만의 영업전략
		대학 4년간 배운 것들을 사용 못 할 텐데 괜찮은가?
		학교 생활을 하면서 대인관계에 문제가 생겼을 때 해결했던 사례
		화이자가 당신을 뽑아야 하는 이유 3가지
		지금까지 구직활동한 것이 있다면?
	동물약품	자기소개
		지원한 지방이 아닌 다른 지역으로 근무를 하게 된다면?
		묻고 싶은 말은?
	인사부	자기를 PR 할 수 있는 것 딱 두 가지
		공무원 파업을 주도하는 사람들이 원하는 것과 주장의 근거는 무엇인가?
		공무원의 단체행동권에 대한 의견
		자신의 성격이 인사분야와 맞는다고 생각한다면 그 이유는?
	일반사무	주말에 하는 것
		어떤 영화를 좋아하는가?
		외국이 한국을 어떻게 생각할 것 같은가?

커리어 취업백과사전

1판 1쇄 인쇄 2011년 6월 1일
1판 1쇄 발행 2011년 6월 8일

지은이 · 커리어경력개발연구소
펴낸이 · 주연선

책임편집 · 오가진
편집 · 이진희 정종화 김준하 박은경 김류미
디자인 · 정혜욱 홍세연
마케팅 · 장병수 윤우성
관리 · 윤석호 구진아

도서출판 은행나무
121-839 서울특별시 마포구 서교동 384-12
전화 · 02)3143-0651~3 | 팩스 · 02)3143-0654
등록번호 · 제 10-1522호(1997. 12. 12)
www.ehbook.co.kr
ehbook@ehbook.co.kr

잘못된 책은 바꿔드립니다.

ISBN 978-89-5660-523-4 13320